Heinz Niemann

HINTERM ZAUN

Politische Kultur und
Meinungsforschung in der DDR –
die geheimen Berichte an das
Politbüro der SED

edition ost

ISBN 3-929161-26-5
© edition ost, Berlin 1995
Alle Nachdrucke sowie die Verwertung in Film, Funk und Fernsehen
und auf jeder Art von Bild-, Wort- und Tonträgern honorar- und
genehmigungspflichtig.
Alle Rechte vorbehalten.

Typographie und Gestaltung: SATZZEICHEN, Berlin
Dokumente: Archiv Heinz Niemann

Rücktitel: Christian Bach: 6. Oktober 1989 – Fackelzug der Jugend
           in Berlin Unter den Linden zum 40. Jahrestag der DDR
Druck: Nørhaven $^A/_S$, Dänemark

Inhalt

Die nagende Kritik der Mäuse

Eine Vorbemerkung

Lautes Gelächter soll nachts durch das Haus geschallt sein, als die beiden über ihrem Manuskript saßen. So jedenfalls erinnerte sich Lenchen Demuth, die treue Haushälterin, an jene Wochen, in denen Marx und Engels über einem Papier saßen, dem sie dann den Titel »Die deutsche Ideologie« gaben. Doch die ausgelassene Fröhlichkeit verging den beiden Denkern schnell. Weder 1845 noch zu ihren Lebzeiten sollte ein Verleger den Mut finden, das Manuskript zu drucken. Sie mußten es, wie Marx mit bitterem Sarkasmus schrieb, »der nagenden Kritik der Mäuse« überlassen.

Dieser Vergleich drängt sich mir auf, seitdem ich mich mit der Meinungsforschung in der DDR beschäftige: mit der spannenden Geschichte des Instituts für Meinungsforschung, seinen geheimen Berichten an das Politbüro des ZK der SED sowie den aufschlußreichen Ergebnissen seiner Umfragen.[1] Und natürlich mit seinem unrühmlichen Ende und dem widersprüchlichen Umgang mit seinem Nachlaß in der heutigen Zeit.

Im Frühjahr 1979, nach knapp fünfzehnjähriger Tätigkeit, wurden die Dokumente des Instituts für Meinungsforschung zwar nicht den Nagezähnen der Mäuse, sondern denen des Reißwolfs übergeben. Kein Geringerer als SED-Generalsekretär Erich Honecker erteilte dafür die Order. Mündlich verfügte er über die Leiterin des Büros des Politbüros, das gesamte eingezogene Schriftgut des Instituts zu vernichten.[2] Dies war nicht einmal in dem skandalösen Auflösungsbeschluß des Politbüros vom Januar 1979 vorgesehen und stellte selbstverständlich eine klare Verletzung eigener Beschlüsse wie des staatlichen Archivgesetzes der DDR über die Aufbewahrung von Schriftgut dar.

Gleichwohl dürften Vernichtungsbeschluß und -aktion ein indirekter Beweis dafür sein, daß es sich dabei um Material gehandelt hat, welches ein weitgehend ungeschminktes, wahrheitsgetreues Spiegelbild der öffentlichen Meinung in der DDR dieser Jahre gewesen sein muß. Wissenschaftliche Umfrageergebnisse, die nicht belegten, daß die »werktätigen Massen« zu 90 oder gar 99 Prozent die »Parteilinie« bejubelten, lagen Honecker und seiner Führungsriege immer schwer im Magen. Dokumente, die geschönt und für Honecker schmeichelhaft gewesen wären, hätte er kaum dem Reißwolf anheimgegeben.

Die Ironie der Geschichte: Was vor anderthalb Jahrzehnten nicht in die Honeckersche Traumlandschaft paßte, scheint mitunter auch heutigem Zeitgeist zuwiderzulaufen. Belegen doch die Umfrageberichte, daß die DDR zumindest über den Zeitraum 1965 bis 1978 von einer deutlichen Mehrheit der Bevölkerung »angenommen« und der Anspruch der SED auf die Führung von Staat und Gesellschaft anerkannt wurde. Das System konnte sich also qua Massenloyalität als mehrheitlich »legitimiert« betrachten.

Nach dem Wegbrechen des Staates DDR infolge seiner »De-Legitimierung« wurden aber zur Überraschung Außenstehender die Umrisse einer anderen »Gesellschaft« und von Menschen mit einer in Ansätzen relativ gefestigten spezifischen Identität sichtbar.

Dies widerspricht natürlich sowohl dem in den Medien vorgemalten Ölschinken namens »Unrechtsregime SED-Staat« als auch dem hauptsächlich von altbundesrepublikanischen Wissenschaftlern oberflächlich reflektierten Bild von der politischen und Alltagskultur der DDR. Hier gilt es hilfreich zur Seite zu stehen, zu vervollständigen, aufzuhellen und gewiß auch manches zu korrigieren. Damit die gelebte und nachgewiesene spezielle DDR-Identität nicht einer erneuten »nagenden Kritik der Mäuse« anheimfällt, soll ihr in diesem Buch auf der Grundlage abgedruckter Umfrageberichte nachgegangen werden.

Leider ist es bis jetzt nicht gelungen, alle im Zeitraum von 14 Jahren gemachten 246 Umfragen[3], von denen sich knapp über 100 mit relevanten Problemkreisen der politischen und Alltagskultur der verschiedenen Bevölkerungsgruppen befaßten, wieder aufzufinden.

Dankenswerterweise stellten mir ehemalige leitende Mitarbeiter des Instituts für Meinungsforschung aus ihrem Privatbesitz Dokumente zur Verfügung, die sich bisher im SED-Archiv nicht auffinden ließen. Sie gaben mir auch wichtige Auskünfte, die das allgemeine Bild über die Arbeit des Instituts für Meinungsforschung vervollständigten.

Dafür wie für die Überlassung von Dokumenten möchte ich besonders Herrn Dr. Hans Erxleben (Berlin) herzlich danken. Er war es auch, der unmittelbar nach der Wende sich an den von der SED-PDS eingerichteten Untersuchungsausschuß zur Aufklärung von Verletzungen der Gesetze sowie von verbindlichen Beschlüssen durch den ehemaligen SED-Generalsekretär Erich Honecker wandte und über den »Fall« DDR-Meinungsforschung informierte.

Der Umfang der inzwischen aufgefundenen 25 Umfrageberichte mit mehr als 300 Seiten gestattete es nicht, sie vollständig in dieses Buch aufzunehmen. Die berufsmäßigen Zweifler, die der Meinung sind, daß die Auswahl der veröffentlichten Auszüge nach manipulativen Gesichtspunkten erfolgte, verweise ich an die im Bundesarchiv, Stiftung Archiv der Parteien und Massenorganisationen der DDR (SAPMO, BArch.), vorliegenden und der wissenschaftlichen Öffentlichkeit zugänglichen Bestände.

Allen, die sich nach der Veröffentlichung meiner ersten Arbeitsergebnisse veranlaßt sahen, sich mit persönlichen Erinnerungen oder Hinweisen an mich zu wenden, möchte ich hiermit ebenso danken wie dem Verlag edition ost, der den Titel kurzfristig in sein Programm aufgenommen hat.

Bergfelde bei Berlin, im März 1995   *Heinz Niemann*

Sorgen und Nöte

Ulbrichts Auftrag
oder trocken durch den Regen

Seit Anfang 1963 hatte es im internen Zirkel der Ulbricht-Führung und des SED-Apparats sowie bei einigen Wissenschaftlern des Instituts für Gesellschaftswissenschaften beim ZK der SED Überlegungen und auch ideologische Auseinandersetzungen hinsichtlich der möglichen Akzeptanz und Nutzung der Meinungsforschung für die wissenschaftliche Führungstätigkeit der Partei gegeben. In deren Ergebnis setzte sich die Auffassung durch, daß die bisher fast ausschließlich in westlichen Ländern betriebene und vorwiegend als ein Instrument der Manipulation der Massen verstandene Meinungsforschung für die Qualifizierung und Effektivierung der Planung und Leitung der DDR-Gesellschaft eine wichtige Rolle spielen könnte.[4] Hinzu kam die Erfahrung bei Walter Ulbricht und seinen zum Teil langjährigen Mitarbeitern, auf die sein persönlicher Referent Gerhard Kegel in seinem ersten Beschlußentwurf vom 27. April 1963 expressis verbis hinwies: daß nämlich Fehleinschätzungen und/oder schöngefärbte Berichte zu Fehlbeurteilungen und folgenschweren Beschlüssen führen können. Da auch die Presse höchstens ein Zerrspiegel der öffentlicher Meinung war und das Ministerium für Staatsicherheit zu dieser Zeit die »Stimmungen und Meinungen der Bevölkerung« noch nicht so flächendeckend überwachen konnte wie Ende der 80er Jahre, befand sich die SED-Führung in einer von ihr selbst konstruierten Zwickmühle. Mit der Gründung eines Instituts für Meinungsforschung wollte man aus diesem Dilemma herauskommen. Freilich machte man dabei keinen Hehl daraus, trocken unterm Regen spazieren zu wollen. In dem Beschlußentwurf von Gerhard Kegel zum Aufbau eines zentralen Systems für Meinungsforschung liest sich dies so:
»Die Einschätzung von Massenstimmungen in der DDR, der Arbeit und Wirksamkeit unserer propagandistischen und

agitatorischen Arbeit wie der Wirkung der gegnerischen Propaganda erfolgt überwiegend auf Grund subjektiver Erfahrungen, Auffassungen und Meinungen, die zumeist keine Allgemeingültigkeit beanspruchen und kein wissenschaftlich-exaktes Bild ergeben können... Um den Charakter dieses zentralen Systems sozialistischer Meinungsforschung als Hilfsmittel der Parteiführung von vornherein sicherzustellen und jeden gegen die Interessen der Partei gerichteten Mißbrauch auszuschließen, ist dieses wichtige politische Instrument unmittelbar dem Politbüro zu unterstellen.«[5]

Nach dem Verweis auf internationale Erfahrungen, darunter auf zwei große und ein Dutzend kleinerer Institute der Bundesrepublik, heißt es weiter:

»Ein wissenschaftlich exakt arbeitendes System sozialistischer Meinungsforschung wäre für die Planung und Durchführung grundlegender wirtschaftspolitischer Maßnahmen, wichtiger innen- und außenpolitischer Maßnahmen und bei grundlegenden Argumentationen auf verschiedenen Gebieten eine außerordentlich wertvolle Hilfe.«

Unbeschadet der strikten Unterstellung sowie der klaren macht- und gesellschaftspolitischen Instrumentalisierung sollte aber unbedingt ein möglichst wahrheitsgetreues Spiegelbild der Bevölkerungsmeinung ermittelt werden:

»Die Bereitschaft dieses Personenkreises, auf die Befragung ehrliche Antworten zu geben, könnte vorher festgestellt werden. Dabei ist selbstverständliche Voraussetzung, daß auf den einzelnen Fragebogen der Name der Befragten nicht erscheint und niemand wegen seiner Antworten ein Nachteil entstehen darf.«

Nach Beratung im Politbüro am 21. April 1964 faßte das Sekretariat des ZK der SED am 22. April 1964 einen entsprechenden Beschluß, der die Gründung des Instituts gemäß dieser Aufgabenstellung und Intention sanktionierte. In ihm wurde festgelegt:

»1. In der DDR wird ein ›Institut für Meinungsforschung‹ gebildet, das dem Politbüro des ZK untersteht. Die Leitung des Instituts erhält ihre Anleitung und ihre Aufträge vom Politbüro. Das Institut arbeitet eng mit der Agitationskommission und der Ideologischen Kommission zusammen. Die Ergebnisse der

Meinungsforschung sowie auf dieser Grundlage angefertigte Analysen und Vorschläge werden dem Politbüro vorgelegt, das über die weitere Verwendung, z.B. über eine etwaige Veröffentlichung entscheidet.«[6]

Die verständliche Sorge, daß auf Grund bisheriger Praktiken und negativer Erfahrungen manche befragten Bürger nicht bereit sein könnten, an den Umfragen teilzunehmen bzw. ihre wahre Meinung zu äußern, zeigte sich auch in diesem Beschluß, indem nicht nur auf die formale Einhaltung methodischer Prinzipien und die Gewährleistung der Repräsentativität der jeweiligen Population verwiesen wurde, sondern auch hier ausdrücklich hervorgehoben wurde, daß es notwendig sei, »vorher festzustellen, ob die Betreffenden bereit sind, bei den Befragungen ehrliche und ungeschminkte Antworten zu geben... Suggestivfragen sind auf jeden Fall zu vermeiden, um bei den Befragten die gewünschte psychologische Unbefangenheit zu gewährleisten.«[7]

Damit war das Erkenntnisinteresse der SED-Führung klar definiert und die wissenschaftliche Arbeit des Instituts auf höchster Ebene abgesichert.

Das Institut wurde anfänglich der Verantwortung des Mitgliedes des Politbüros und Sekretärs des ZK, Prof. Albert Norden, unterstellt. Zum Gründungsdirektor wurde der 1963 nach den Volkskammerwahlen als Innenminister ausgeschiedene Karl Maron ernannt. Ihm standen zuerst ein (Prof. Dr. Günther Heyden), ab 1968 zwei Stellvertretende Direktoren (Dr. Kurt Rückmann und Dr. Joachim Jauch) zur Seite.

Über den Beschluß zur Gründung und ihre Aufgaben zur Unterstützung der Arbeit des Instituts für Meinungsforschung wurden die Ersten Sekretäre der Bezirks- und Kreisleitungen der SED informiert.

Zum Auftrag des Instituts äußerte sich Albert Norden in einem Referat vor der Ideologischen Kommission im Juli 1964 ausführlich. Das Redemanuskript war von Mitarbeitern des Instituts ursprünglich für Karl Maron vorbereitet worden, der in Absprache mit Kurt Hager diese Rede halten sollte. Offenbar hat sich Norden dann entschlossen, dies selbst zu tun, was die Bedeutung in den Augen der Führung unterstrich.

Diese Rede offenbarte nicht nur die unterschiedliche Resonanz bei jenen, die von der Institutsgründung erfuhren, sondern auch die Spezifik des Auftrags und die Bestrebung zur ideologischen und methodischen Abgrenzung gegenüber der westlichen Meinungsforschung. Der Redner warnte eingangs vor übertriebenen Erwartungen und wandte sich zugleich gegen die Skeptiker:

»Die bisher bei uns vorherrschende Meinung kommt z.B in solchen Tatsachen zum Ausdruck, daß man in unseren neuesten Lexika, wie z.B. im Meyers Neuen Lexikon im Band 2, der im Jahre 1962 herauskam, lesen kann: ›Demoskopie: In kapitalistischen Staaten angewandte Methode zur Erforschung der öffentlichen Meinung durch Umfragen mit Hilfe statistischer Mittel. Die Demoskopie ist völlig unzulänglich und führt zu unzutreffenden Ergebnissen.‹

Hier haben wir wieder einmal mehr in geradezu klassischer Form das Kind mit dem Bade ausgeschüttet, und dieser Band müßte eigentlich schon wieder korrigiert werden. Denn inzwischen hat es sich schon herumgesprochen, daß man auch hier auf diesem Gebiet nicht nur den Kapitalisten das Feld überlassen muß und sehr wohl eine sozialistische oder marxistische Meinungsforschung betrieben werden kann... Die Gründung eines solchen Instituts scheint uns eine notwendige Konsequenz der Entwicklung des VI. Parteitages der SED zu sein. In der Periode des umfassenden Aufbaus des Sozialismus in der DDR gewinnt sowohl die komplexe Lenkung und Leitung gesellschaftlicher Prozesse durch die Partei als auch die Bewußtheit der Bürger der DDR größere Bedeutung... Durch eine organische Verbindung der wissenschaftlichen Führungstätigkeit in der Wirtschaft, einer auf die Perspektive gerichteten zentralen staatlichen Planung mit der umfassenden Anwendung der materiellen Interessiertheit in Gestalt des Systems ökonomischer Hebel soll auf der Grundlage der ökonomischen Gesetze des Sozialismus die entscheidende Triebkraft der ökonomischen Entwicklung im Sozialismus entfaltet, gelenkt und geregelt werden. Dieses objektive Erfordernis ist die Hauptursache für die im Programm der SED erhobene Forderung, verstärkt soziologische Forschungen durchzuführen, durch soziologische Massenforschung zu grundlegenden und umfassenden Problemen der Entwicklung der DDR und des nationalen Kampfes in Deutschland einen Beitrag zu liefern zur politischen Führungs- und Leitungstätigkeit der Partei.

Die Meinungsforschung als eine Form der soziologischen Forschung, die die Meinung großer Gruppen von Menschen über öffentliche Probleme der Politik, der Moral, des Rechts, der Kunst, der Religion, der Philosophie festzustellen versucht, soll in erster Linie zur Leitung ideologischer Prozesse und zur Entwicklung des sozialistischen Menschenbildes beitragen.«

Darüberhinaus sollte das Denken, Wollen und Fühlen der Menschen als »hauptsächlichster Produktivkraft« erforscht werden, denn so werde erreicht, »daß zur wissenschaftlichen Analyse der objektiven Gesetze und Erfordernisse unserer gesellschaftlichen Entwicklung, die nach wie vor primäre Grundlage aller Leitungtätigkeit bleibt, die exakte Analyse der subjektiven Meinungen der in diesen Prozessen als Hauptakteure beteiligten Menschen als *notwendige* Ergänzung hinzutritt... Gerade diese Seite, das, was die Menschen wollen und meinen, soll mit den Mitteln der Meinungsforschung exakt erfaßt werden... In dem Maße, wie die sozialistische Demokratie entwickelt wird, müssen die Gedanken derjenigen Menschen, die diese Demokratie verkörpern, bei allen Maßnahmen der Partei- und Staatsführung ihre Berücksichtigung finden. Die Meinungsforschung hat demnach die Aufgabe, die Stimmung der Gesamtbevölkerung, bestimmter Klassen oder Gruppen bei größtmöglicher Ausschaltung aller Fehlerquellen zu übermitteln.«[8]

Damit war der Auftrag klar umrissen: Die Abhängigkeit und Unterstellung unter das SED-Politbüro sollte angesichts des erklärten Willens und Erkenntnisinteresses kein Hinderungsgrund sein, wissenschaftlich an die Lösung dieses Auftrags heranzugehen, zumal die festgelegte strikte Geheimhaltung vorerst geradezu garantierte, daß auch durch wenig erfreuliche Ergebnisse es nicht notwendigerweise zu einer Verfälschung des ursprünglichen Anliegens kommen mußte.

Am 1. Juni 1964 nahm das Institut offiziell seine Tätigkeit auf. Im Juli/August startete es als Test ganz aktuell seine erste »Umfrage über Ihre Meinung zum Vertrag über Freundschaft, gegenseitigen Beistand und Zusammenarbeit zwischen der DDR und der UdSSR vom 12. 6. 1964«, deren Unterlagen leider vernichtet wurden.

Diese, wenn auch verspätete Hinwendung zur Soziologie und damit zu einem Bereich angewandter Sozialforschung war bei vielen Gesellschaftswissenschaftlern mit der Hoffnung verbunden, nun endlich Gesellschaftstheorie, insbesondere Sozialismustheorie wirklich im Marx'schen Sinne betreiben und entwickeln zu können: in der unverzichtbaren Dialektik von Theorie und Praxis, oder anders gesagt: in der Dialektik von Objekt und Subjekt.

Seit Karl Marx war jede sich auf ihn berufene Theorie an diese genuine Beziehung von Theorie und Praxis gebunden. Und gerade die weitgehende Auflösung dieser genuinen Beziehung war ein Wesensmerkmal des seit Stalin dogmatisierten »Marxismus-Leninismus«.

Fragebögen und Interviewer-Netz

Im Beschluß vom 22. April 1964 waren lediglich der Instituts-Leiter (Karl Maron) und ein Stellvertreter (Prof. Dr. Günther Heyden) bestätigt worden, alle anderen Posten blieben zunächst offen.

Aus Mangel an wissenschaftlich ausgebildeten Mitarbeitern, die zusätzlich bestimmten »kaderpolitischen Anforderungen« genügen mußten, gelang es im ersten Jahr der Existenz des Instituts nicht, eine ausreichende qualitative und quantitative Besetzung zu realisieren. Für die Arbeitsbereiche »Fragebogen«, »Umfrageorganisation« und »Auswertung« konnten jeweils nur ein wissenschaftlicher Mitarbeiter (3), zwei technische Mitarbeiter (1 Karteiführer und 1 technische Hilfskraft) sowie eine gleichzeitig als Kaderreferentin arbeitende Sekretärin gewonnen werden. Für Druckarbeiten und die rechentechnische Auswertung standen dem Institut die Einrichtungen des ZK zur Verfügung, wobei die veraltete Rechentechnik in den ersten Jahren die Einhaltung bestimmter Auswertungstermine behinderte.

Das größte Plus bestand von Anfang an im Aufbau und der bald möglichen Nutzung eines landesweiten Netzes von ehrenamtlichen und hauptberuflichen Interviewern. Hatte der Beschluß vom 22. April 1964 noch lediglich vorgesehen, daß in jedem Kreis eine ehrenamtliche Interviewergruppe von fünf Personen – dabei wählte man sowohl Mitglieder der SED als auch Bürger ohne Parteibuch für diese Aufgabe aus – sowie in circa 30 bis 40 wichtigen Betrieben bzw. großen Institutionen ebenfalls solche Arbeitsgruppen zu bilden seien, die vom Institut bestätigt und ihm direkt unterstellt wurden und deren Mitarbeiter ausschließlich von ihm Aufträge erhalten durften, war bereits nach einem Jahr klar, daß diese Struktur zu anfällig war.

Die ehrenamtlichen Leiter der Gruppen, die als Verbindungsleute zum Institut fungieren sollten, waren oft aus beruflichen oder anderen Gründen für die Arbeit nicht greifbar, die Anleitungen und methodischen Schulungen konnten nicht besucht werden, die Zahl der Interviewer war insgesamt zu gering usw.

Aus diesen Gründen wurde nach Kenntnisnahme des ersten Tätigkeitsberichts über die einjährige Arbeit des Instituts und die gesammelten Erfahrungen am 10. August 1965 im Politbüro auf Vorschlag Karl Marons folgende Ergänzungen und Veränderungen beschlossen:

»1. Um die Verbindung des Instituts mit den Mitgliedern der ehrenamtlichen Interviewergruppen in den Kreisen, insbesondere mit den Leitern, organisatorisch zu festigen und kontinuierlich auszubauen, ist von den Sekretariaten der Kreisleitungen ein hauptamtlicher Mitarbeiter unter Beibehaltung seiner sonstigen Aufgaben für diese Arbeit verantwortlich zu machen und dem Institut für Meinungsforschung direkt zu benennen...

2. Bei den bisher durchgeführten Umfragen hat sich ergeben, daß die ursprünglich festgelegte Zahl von 5 oder 6 Interviewern für jeden Kreis nicht ausreicht und dadurch der Aussagewert von Umfragen herabgemindert wird. Es ist zweckmäßig, die

Zahl der Interviewer entsprechend der Größe der Kreise und ihrer Einwohnerzahl unterschiedlich festzulegen.

Folgender Schlüssel ist anzuwenden:

Kreise bis 100.000 Einwohner   10 Interviewer
Kreise von 100.00 – 250.000 Einwohner   20 Interviewer
Kreise über 250.000 Einwohner   30 Interviewer.«[9]

Der zügige Aufbau dieses Interviewer-Netzes erklärt, wieso das personell und technisch so schwach ausgerüstete Institut trotzdem in den Jahren von 1964 bis 1968 schon 32 Umfragen (ohne die durchgeführten Testumfragen) vorweisen konnte.

Erst mit einem erneuten Beschluß des Sekretariats des Zentralkomitees der Sozialistischen Einheitspartei Deutschlands vom 10. September 1969 »Der weitere Ausbau und die Verbesserung der Arbeit des Instituts für Meinungsforschung beim ZK der SED« wurde es personell und technisch hinreichend für ein modernes Institut dieser Art ausgestattet. Jetzt konnte für die drei wichtigsten Arbeitsbereiche folgende Struktur hergestellt werden:

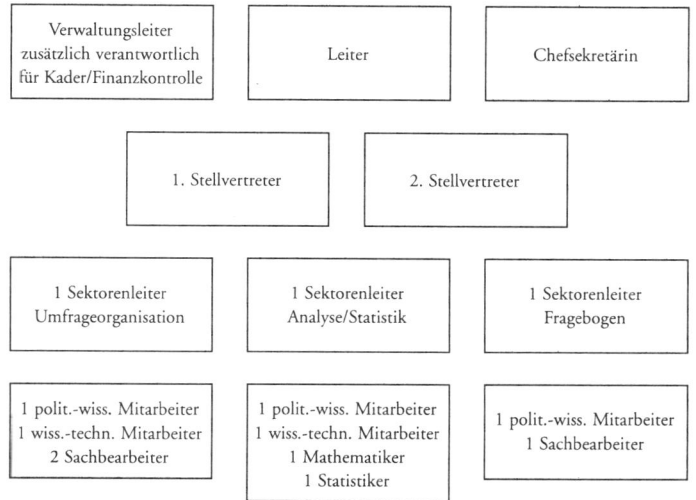

Außer dem Leiter, den zehn wissenschaftlichen und sieben wissenschaftlich-technischen bzw. technisch-organisatorischen Mitarbeitern wurden regional fünf hauptamtliche Mitarbeiter eingesetzt, und zwar bei den Bezirksleitungen Halle (zusätzlich verantwortlich für die Bezirke Magdeburg und Leipzig), Erfurt (zusätzlich verantwortlich für die Bezirke Gera und Suhl), Rostock (zusätzlich verantwortlich für die Bezirke Schwerin und Neubrandenburg), Karl-Marx-Stadt (zusätzlich verantwortlich für den Bezirk Dresden) und Cottbus (zusätzlich verantwortlich für die Bezirke Frankfurt/Oder und Potsdam).

Für eine verbesserte moderne rechentechnische Ausrüstung wurde der Leiter des Büros für Industrie und Bauwesen beim Politbüro, Dr. Günter Mittag, verantwortlich gemacht.[10]

Graphisch stellte sich die administrative und informelle Einbindung des Instituts in einem seinerzeit selbstgefertigten Schema wie folgt dar:

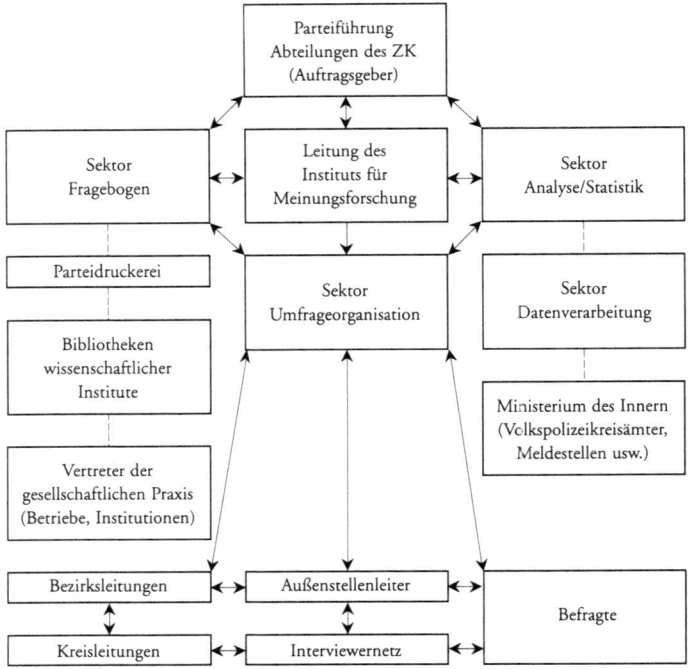

Umfrage
zu politischen Problemen

Werte Kollegin! Werter Kollege!

Es ist ein wesentliches Merkmal unserer sozialistischen Demokratie, daß sich die Politik der zentralen Führungsorgane der Deutschen Demokratischen Republik auf die aktive Mitarbeit der Bevölkerung stützt. Dazu gehört auch, daß sie die Meinung der Bürger unserer Republik zu wichtigen Fragen des gesellschaftlichen Lebens erfahren.

Um Ihre Meinung zu einigen politischen Problemen kennenzulernen, wendet sich das

Institut für Meinungsforschung

deshalb mit der Bitte an Sie, den vorliegenden Fragebogen auszufüllen.

Die Befragung ist anonym. Uns interessiert bei der Beantwortung weder Ihr Name noch Ihre Adresse, sondern nur Ihre Meinung. Deshalb ist es auch nicht möglich, Rückfrage bei Ihnen zu halten, wenn einzelne Fragen nur unvollständig oder nicht beantwortet werden.

Sie brauchen bei den meisten Fragen nur eine oder einige der vorgegebenen Antwortmöglichkeiten anzukreuzen. Die hinter den Fragen stehenden Zahlen sind für die Auswertung bestimmt und für Sie ohne Bedeutung.

Werfen Sie bitte den ausgefüllten Fragebogen in die vom Institut für Meinungsforschung versiegelte Urne.

Wir danken Ihnen herzlich für Ihre Bemühungen.

Direktion
des Instituts für Meinungsforschung

Faksimile eines Fragebogens, Deckblatt

1. Wenn Sie die gesellschaftlichen Verhältnisse in beiden deutschen Staaten vergleichen, welchen gesellschaftlichen Verhältnissen würden Sie den Vorzug geben?

— den gesellschaftlichen Verhältnissen in der DDR   ◯ (1)   5

— den gesellschaftlichen Verhältnissen in der Bundesrepublik   ◯ (2)

— das kann ich nicht beurteilen   ◯ (3)

2. Wie schätzen Sie den Entwicklungsstand beim sozialistischen Aufbau in der DDR auf folgenden Gebieten ein?

	(1) gut	(2) zufriedenstellend	(3) unbefriedigend	
— soziale Sicherheit der Bürger	◯	◯	◯	6
— Bildungswesen	◯	◯	◯	7
— ökonomische Entwicklung	◯	◯	◯	8
— sozialistische Demokratie	◯	◯	◯	9
— freie Entwicklung der Persönlichkeit	◯	◯	◯	10
— kulturelle Entwicklung	◯	◯	◯	11
— Entwicklung von Wissenschaft und Technik	◯	◯	◯	12

3. Glauben Sie, daß auch in Westdeutschland der Sozialismus siegen wird?

— ja, ich bin ganz sicher   ◯ (1)   13

— ich glaube schon   ◯ (2)

— ich bezweifle es   ◯ (3)

— nein, das wird nicht eintreten   ◯ (4)

4. In einer Diskussion wurde erklärt, daß die weitere Entwicklung in der Welt in entscheidendem Maße vom Sozialismus bestimmt wird. Was meinen Sie dazu?

— stimmt absolut   ◯ (1)   14

— stimmt teilweise   ◯ (2)

— stimmt absolut nicht   ◯ (3)

5. Wenn Sie die Politik der jetzigen westdeutschen Regierung Brandt/Scheel gegenüber der DDR einschätzen, zu welcher Meinung würden Sie kommen?

— die Regierung Brandt/Scheel setzt sich ehrlich für eine Politik der friedlichen Zusammenarbeit und gleichberechtigten Beziehungen zwischen den beiden deutschen Staaten ein   ◯ (1)   15

— die Regierung Brandt/Scheel setzt unter dem Deckmantel der Verständigungsbereitschaft die gegen die DDR gerichtete Politik der bisherigen westdeutschen Regierungen fort   ◯ (2)

— das kann ich nicht beurteilen   ◯ (3)

6. In einem Gespräch äußern zwei Kollegen folgende Meinungen:

Kollege A:
Es ist höchste Zeit, daß es zwischen der DDR und der BRD zur Entspannung und zu einem geregelten Nebeneinanderleben kommt. Unabdingbare Voraussetzung dafür ist die völkerrechtliche Anerkennung der DDR.

Kollege B:
Eine Entspannung und ein geregeltes Nebeneinanderleben ist auch möglich, ohne daß die DDR von der BRD völkerrechtlich anerkannt wird.
Welche Meinung entspricht am ehesten Ihrer Auffassung?

— die Meinung des Kollegen A   ◯ (1)   16

— die Meinung des Kollegen B   ◯ (2)

— das kann ich nicht beurteilen   ◯ (3)

7. Man kann der Politik gegenüber verschiedene Einstellungen haben. Welche der nachstehenden drei Möglichkeiten würden Sie für sich als die richtige betrachten?

— überhaupt nicht mit Politik beschäftigen   ◯ (1)   17

— zur Kenntnis nehmen, was in der Politik geschieht, aber im übrigen anderen die Politik überlassen   ◯ (2)

— selbst aktiv politisch tätig sein (zum Beispiel im Wohngebiet, im Betrieb, in der Schule, in einer Partei oder in anderen gesellschaftlichen Organisationen)   ◯ (3)

Faksimile eines Fragebogens

Ideologische Klimmzüge

Wie sollte es anders sein – zu Beginn der Arbeit des Instituts waren die wissenschaftlichen Voraussetzungen und methodischen Grundlagen schwach entwickelt.

Zwar gab es an einigen Universitäten und an der Akademie der Wissenschaften der DDR soziologische Arbeitsgruppen, die bereits methodische Erfahrungen gesammelt und erste methodische Publikationen und Dissertationen erarbeitet hatten. Doch deren Autoren, alles engagierte und bewußte SED-Mitglieder, wurden weder über die Arbeit des Instituts für Meinungsforschung informiert, geschweige denn darin einbezogen.

Infolge dieser Machtarroganz der Parteiführung und der Verselbständigung der Parteiinstitute war also nicht nur die Entwicklung einer eigenständigen Soziologie neben dem »Historischen Materialismus« abgelehnt worden, sondern es gab durch die Ignoranz gegenüber einer Politikwissenschaft selbstredend kaum eigenständige wissenschaftliche Forschung zu einer ihrer wichtigsten Spezialdisziplinen und Methoden, der Meinungsforschung. So spiegelte sich die herrschende Unsicherheit auf diesen Gebieten in dem anfänglich unsicheren Gebrauch der Begriffe »sozialistische« bzw. »marxistische Meinungsforschung« wider.

Unter dem hohen Erwartungsdruck und den umfänglichen Aufträgen für Umfragen litt von Anfang an die eigenständige Beschäftigung mit grundlegenden wissenschaftlichen und methodischen Problemen von Meinungsforschung, von der Erarbeitung eines systematischen eigenständigen Begriffs- und Kategoriensystems für die postulierte »marxistische Meinungsforschung« durch die wenigen Mitarbeiter selbst ganz abgesehen.

Dabei wurden, wie es im ersten Tätigkeitsbericht vom 27. Juli 1965 heißt,

»a) die Ergebnisse ausgewertet, die bei der soziologischen Forschung in der DDR, bei Meinungsumfragen und bei der Bedarfsforschung bisher vorliegen. Gleichzeitig wurden Meinungsumfragen, die in der DDR bereits von Zeitungen,

Rundfunk und Fernsehen durchgeführt wurden, kritisch untersucht und der Parteiführung Hinweise über Wert und Unwert von Meinungsforschung durch Presse, Funk und Fernsehen gegeben;

b) wurden Erfahrungen, der aus den sozialistischen Ländern bekannt gewordenen Meinungsforschung studiert;

c) wurden Erfahrungen der bürgerlichen Meinungsforschung, insbesondere Westdeutschlands, untersucht. Aus beachtenswerten Publikationen bürgerlichen Soziologen ergaben sich wichtige Hinweise für die Technik der Meinungsforschung und über ausgearbeitete mathematische Methoden ihrer Vorbereitung und Auswertung;

d) gestützt auf diese Erfahrungen und die durch die Diskussion unter den Mitarbeitern gewonnenen Erkenntnisse wurde versucht, die im Beschluß des Sekretariats nur in Umrissen angedeutete Arbeitsweise des Instituts konkret festzulegen. Obwohl aus dem oben kurz skizzierten Studium der Erfahrungen der Meinungsforschung manches brauchbar erschien, konnten sie jedoch nicht einfach nachgeahmt werden. In vieler Hinsicht mußten neue Wege gesucht werden, da Meinungsforschung mit der im Sekretariatsbeschluß festgelegten Aufgabenstellung und Methodik bisher u.W. kein Beispiel hat.

Von Anbeginn der Arbeit hat die Leitung des Instituts größten Wert darauf gelegt, die Möglichkeiten der Meinungsforschung, wie der soziologischen Forschung überhaupt, richtig einzuschätzen. Anhand vieler Beispiele wurde dargelegt, daß die Meinungsforschung kein Ersatz für ideologische Arbeit ist, daß sie aber ein bedeutsames Hilfsmittel sein kann, um Hinweise für die inhaltliche und methodische Organisierung der ideologischen Arbeit zu geben.«[11]

Alles in allem aber blieb es bei einigen wenigen theoretischen Gemeinplätzen und einer sehr pragmatischen Definition von Meinungsforschung und der eigenen Herangehensweise. Im Referat Albert Nordens, welches das anfängliche Selbstverständnis der Mitarbeiter des Instituts für Meinungsforschung klar widerspiegelt, heißt es dazu:

»Aus dem Wesen der Meinungsforschung ergibt sich, daß bestimmte Bewußtseinsinhalte der Menschen ihr eigentlicher Forschungsgegenstand sind. Das aber ist nicht die primäre objektive gesellschaftliche Realität selbst, die außerhalb und unabhängig vom Bewußtsein existiert und sich bewegt. Aus diesem Grund kann ein häufig auftretendes Meinungsbild nicht einfach als wissenschaftliche Wahrheit oder gar als Kriterium der Wahrheit gedeutet werden… Sie (die Meinungsforschung – d. Verf.) wird ja nicht geschaffen zur Verdeckung alles objektiv Realen, sondern um mitzuhelfen, objektive Erfordernisse den Menschen bewußt zu machen, diese aufzudecken, damit ihre individuellen Handlungen zielstrebiger in Übereinstimmung mit den gesellschaftlichen Erfordernissen gelangen.

Die marxistische Meinungsforschung kann nicht die Häufigkeit einer Meinung als Wahrheitskriterium nehmen. Sie folgt den methodologischen Richtlinien des historischen Materialismus und stützt sich auf die gesellschaftliche Praxis, die Arbeit, das wissenschaftliche Experiment, auf den Klassenkampf als Kriterium der Wahrheit von Meinungen. Die Meinungen werden auf ihren *primären* gesellschaftlichen Boden zurückgeführt. Dadurch wird es der marxistischen Meinungsforschung möglich, sich nicht auf die einfache Feststellung dessen zu beschränken, wie die Menschen sich und ihre soziale Umwelt sehen. Indem die Meinung der Menschen auf das soziale Ganze, auf die Gesellschaftsstruktur bezogen wird, kann sie auch erklären helfen, warum gerade diese Meinung in dieser Zeit an diesem Ort auftritt. Sie kann zur Aufdeckung bestimmter Gesetzmäßigkeiten der sozialistischen Bewußtseinsbildung einen wichtigen Beitrag leisten.«[12]

Abschließend hierzu faßte der Redner die Bedeutung der Meinungsforschung nochmals zusammen:

»1. Sie informiert und orientiert die Parteiführung über politische Ansichten, Stimmungen, Wünsche, Hoffnungen, Befürchtungen usw. und ihre Verbreitung in der Bevölkerung.

2. Sie dient dem genaueren Studium vor allem des politischen Verhaltens der Menschen.

3. Sie hilft, die Reichweite und Wirkung der Propaganda und Agitation festzustellen, die Berechtigung bestimmter Propaganda- und Agitationsmittel zu prüfen und etwaige Fehler schnell zu erkennen.
4. Sie hilft bis zu einem gewissen Grade bei der sozialistischen Bewußtseinsbildung und der Aufdeckung ihrer Gesetzmäßigkeiten.«

Die Ambivalenz des letzten Punktes wurde den Mitarbeitern sehr rasch bewußt, konnte er doch dazu verleiten, von der Meinungsforschung »Erfolge« bei der sozialistischen Bewußtseinsbildung abzuverlangen und sie dazu drängen, vom eigentlichen Auftrag und der unabdingbaren methodische Akribie abzugehen. So wurde in einem eigenem Material des Instituts vom 14. Juni 1966 die Aufgabe der Meinungsforschung erneut präzisiert – und eingeschränkt: »Die Meinungsforschung ist eine wichtige Informationsquelle über den Stand und die Entwicklung des gesellschaftlichen Bewußtseins der Menschen. Sie hat die Aufgabe, ein objektives Bild von den Anschauungen der Menschen zu bestimmten Fragen des politischen und gesellschaftlichen Lebens zu vermitteln, diese Anschauungen qualitativ und quantitativ exakt zu bestimmen und ihre örtliche und zeitliche Begrenzung und Veränderung zu registrieren. Sie ist eine wissenschaftliche Methode, um die Entwicklung des sozialistischen Bewußtseins zu messen.«[13] Interessant ist zweifellos, daß die ursprüngliche Forderung, bei der sozialistischen Bewußtseinsbildung »bis zu einem gewissen Grade zu helfen« durch »messen« ersetzt wurde.

In dieser Gegenstands- und Aufgabenbestimmung werden zugleich die durch die politischen Verhältnisse bedingten Grenzen von Meinungsforschung deutlich: gemessen am Standard westlicher Meinungsforschung ist sie ideologielastiger und manipulationsanfälliger. Die Meinungsforschung in der DDR war von Anbeginn in das Macht- und Informationsmonopol der SED eingebettet, nicht öffentlich und im wesentlichen als Hilfsmittel für die ideologische Beeinflussung der Menschen abgestellt. Ungeachtet dessen wurde aber für die Arbeitsweise der Meinungsforscher vorerst eine hohe Professionalität und Objektivität gefordert.[14]

Die bei Albert Norden anklingende Aufgabenstellung, die Ursachen für bestimmte Meinungsbildungen und ihrer Veränderung aufzudecken, hätte die kleine Gruppe der Meinungsforscher völlig überfordert. Das wäre einer politischen Kulturforschung zugekommen, was aber zu unvermeidlichen »Übergriffen« auf das von der jeweiligen Führung beanspruchte Interpretations-, sprich Wahrheitsmonopol geführt hätte.

So blieb es ein entscheidender Mangel, der sich nach Walter Ulbrichts Ablösung ab 1971 rasch verstärkte, daß der reflexive Charakter von Meinungsforschung hauptsächlich auf den Bereich der ideologischen Beeinflussung durch Agitation, Propaganda und Schulung eingeschränkt wurde.

Trotz alledem ergab sich auch daraus noch nicht zwingend, daß die Meinungsforscher von nun an zur Manipulation und/oder verfälschten Datenerfassung gedrängt worden wären.

Im Gegenteil. Anfänglich hatte zudem der fehlende theoretische und methodologische Vorlauf der SED-Meinungsforscher einen nicht beabsichtigten Vorteil zur Folge: Um den drängenden Anforderungen nach ersten Umfrageergebnissen möglichst rasch nachkommen zu können, mußte man, ohne sich allzulange durch das Korsett des »Marxismus-Leninismus« einengen zu lassen, das methodische Instrumentarium der westlichen Meinungsforschung fast unverändert übernehmen und nutzen. Selbstkritisch wurden von den ersten sieben Umfragen des Jahres 1964 vier als Proben verstanden, und ihre Ergebnisse wurden ausdrücklich als noch nicht ausreichend repräsentativ gekennzeichnet. Erst ab Februar 1965 erreichte man nach eigener Einschätzung Ergebnisse bei einer Rücklaufquote von rund 50 Prozent, die als verwendbar, aber immer noch zurückhaltend bewertet wurden. Nach der eigenen Einschätzung war erst mit der Umfrage zu Problemen der sozialistischen Demokratie vom Februar/März 1965 eine allen methodischen Ansprüchen genügende repräsentative Erhebung erreicht worden.

Während in der veröffentlichten soziologischen Debatte noch ideologische Klimmzüge zur Begründung für eine ablehnende Position gegenüber der »bürgerlichen Umfragemethode« unternommen wurden, zeigen die Fragebogen und Umfrageberichte schon der Jahre 1965 bis 1967, wie die methodische

Professionalität rasch weiter wuchs, die angewandten Frageformen eine große Varianzbreite aufwiesen, die Auswertungsmethodik qualifiziert und die berechneten Fehlerquoten entsprechend internationalen Standards allen wissenschaftlichen Ansprüchen standhalten konnten.

Sehr bewußt setzten sich die Meinungsforscher mit den möglichen Manipulationspraktiken auseinander, die erfahrungsgemäß in

- der Wahl des Ansatzes als bereits sozial und ideologisch geprägter Prozeß,
- der Wahl eines bestimmten (falschen) Methodenmixed,
- dem Zeitpunkt der Befragung nach vorhergehender Herstellung einer gewollten Meinungsführerschaft in der Öffentlichkeit,
- der gezielten Vorveröffentlichung von Ergebnissen angeblicher Test-Umfragen,
- der Verknüpfung des Gegenstandsbereiches mit Antipathie- bzw. Sympathieträgern des öffentlichen Lebens,
- der zu geringen Probandenzahl und Vernachlässigung der Repräsentativität,
- der bewußten Provozierung des Halo-Effekts durch die Fragebogengestaltung,
- der Bevorzugung des Einzel-Interviews mit Suggestiv-Fragen u.a. bestehen können.

Überall da, wo es in ihrer Macht lag, wurde strikt auf die Vermeidung solcher unbeabsichtigten wie beabsichtigten manipulativen Einflußnahmen geachtet. Weitgehend außerhalb des Einflusses der Meinungsforscher lagen allerdings Themenstellungen bzw. die Tabuisierung von Themen durch die SED-Führung.

In dem bereits zitierten institutsinternen Material für Schulungszwecke der Interviewergruppen (von Dr. Gerber) vom Juni 1966 über »Die Vor- und Nachteile der schriftlichen Befragung« wurde auf der Grundlage der eigenen Erfahrungen gerade zur Vermeidung unbeabsichtigter Manipulierung für die schriftliche Befragung in Form der »Klumpenmethode« bzw. für die persönliche Überbringung des Fragebogens und die

Erläuterung der Umfrage plädiert, weil sie, obwohl teurer als die postalische Methode, als »ein Mittelding zwischen schriftlicher und mündlicher Befragung« sowohl die Fehlerquellen der schriftlichen Befragung auf dem Postweg als auch die aus der sozialen Interaktion beim Einzelinterview gegebene und auch vom besten Interviewer nicht völlig zu verhindernde suggestive Beeinflussung des Befragten ausschließe.

Um zu überprüfen, inwieweit die aus der westlichen Umfrageforschung bekannten Fehlerquellen der schriftlichen postalischen Befragung (ungenügender und damit nicht mehr repräsentativer Rücklauf, Ausfall der Beantwortungsfolge entsprechend der Fragenfolge, zu großer Beantwortungszeitraum, keine Kontrolle, ob die Beantwortung allein oder mit Hilfe anderer erfolgte u.a.) relevant waren, wurde als Vergleichstest mit einem gleichen Fragebogen sowohl eine Befragung auf postalischem Wege als auch mit Einzelinterviews durchgeführt. Das Ergebnis bestärkte das Institut in seiner Auffassung, daß die von ihm bevorzugten zwei Methoden der schriftlichen Befragung die wissenschaftlich exaktesten Ergebnisse erbrachten.

Besondere Aufmerksamkeit widmeten die Meinungsforscher dem Problem, wie die Anonymität für die Befragten zu sichern sei. Die SED-Meinungsforscher waren sich bewußt, daß dies ein Kernfrage ihrer (in den Anfangsjahren) fast ausschließlich zu politischen Problemen durchgeführten Umfragen war. Auch deshalb bevorzugten sie die schriftliche Befragung. Ihren hauptsächlichen Vorteil sah man darin, »daß fast alle Momente ausgeschaltet werden, die bei Befragten den Verdacht der Verletzung seiner Anonymität aufkommen lassen. Die Frage der Anonymität ist aber für die wissenschaftliche Aussagekraft eines Befragungsergebnisses von ausschlaggebender Bedeutung, besonders dann, wenn es sich um politische Probleme handelt und man nicht das wissen möchte, was täglich in der Zeitung steht.

Die Politische Meinungsforschung muß solche Formen finden, die jedem Befragten, auch dem Mißtrauischsten, erkenntlich macht, ich kann die Antwort so geben wie ich denke, ohne dabei Gefahr zu laufen, mit irgendwelchen staatlichen oder betrieblichen Stellen in Konflikt zu geraten. Das aber wird mit der schriftlichen Umfrage besser erreicht als durch das Interview. Denn wer garantiert dem Befragten, ob der Interviewer nicht vor oder nach der Befragung den Namen des Betreffenden auf das Interviewerprotokoll schreibt. Außerdem, wer garantiert ihm, daß der Interviewer die Ergebnisse des Interviews nicht in irgendeiner Form gegen ihn verwendet?!«

Angesichts der Bevorzugung des mündlichen Interviews durch die westliche Meinungsforschung wurde zutreffend damit argumentiert, daß es einen Unterschied macht, ob man von einem privaten und insofern scheinbar oder wirklich »neutralen« Institut nach seiner bevorzugten Zahnpasta oder aber nach seiner Meinung zu den Grenzen von 1937 befragt würde. »In der sozialistischen Gesellschaft fällt der private und damit der ›neutrale‹ Anstrich weg. Der Befragte bringt alle gesellschaftlichen Einrichtungen mit der staatlichen Leitung und mit der führenden Partei in Verbindung. Das aber weckt in vielen Menschen den Gedanken, nicht auf jede Frage offen zu antworten, besonders nicht auf solche, in denen sie eine Meinung vertreten, die der sozialistischen Ideologie und der offiziellen Meinung entgegensteht. Es wäre falsch, heute schon anzunehmen, daß die Angst vor Folgen bei solchen Meinungen, die der offiziellen nicht entsprechen, völlig überwunden ist.« Beispiele hätten gezeigt, daß einzelne Probanden die Drucknummer aus dem Fragebogen herausschnitten, keine sozialstatistischen Angaben zur Person machten, die Antworten auf offene Fragen mit Schreibmaschine vornahmen oder – ein in den Schulungen gern zitiertes Beispiel – ein Befragter auf den Fragebogen bemerkte, er wisse ja, daß man Fingerabdrücke nehme. »Wollen wir ein wahrheitsgetreues Abbild der Meinungen der Menschen haben, so müssen wir ihr unsere ganze Aufmerksamkeit widmen. Das heißt also, daß wir vor allem solche Befragungsformen bevorzugen, die in dieser Beziehung dem Befragten die größte Garantie bieten,« schlußfolgerte der Verfasser des Textes.[15]

Der Tätigkeitsbericht des Instituts für das Jahr 1967 widerspiegelt eindrucksvoll rasch gewachsenes Leistungsniveau wie Leistungsvermögen. Danach wurden 17 Umfragen mit 170 Fragen vor allem zu politischen und ökonomischen Themen durchgeführt, an denen über 32.000 Personen beteiligt waren. Dies war nur möglich, weil inzwischen ein weitgehend stabiles System von 2.410 geschulten Interviewern zur Verfügung stand. So gelang es auch, eine stabile postalische Rücklaufquote bei allen Territorialumfragen von über 50 Prozent (bis zu 70 Prozent) zu erreichen.

Bei der erstmals angewandten »Klumpenmethode« (eine weiterentwickelte Form der qualifizierten Stichprobe, indem bei Betriebsumfragen die Fragebogen nicht über den ganzen Betrieb verteilt wurden, sondern ganze geschlossene Abteilungen, die repräsentativ für die ungeschichtete Grundgesamtheit waren, befragt wurden), konnte ein Rücklauf von nahezu 100 Prozent erreicht werden. Insgesamt konnte der Bericht feststellen, daß die Bereitschaft der Bevölkerung, an Befragungen teilzunehmen, deutlich zugenommem hat und Fragen nach dem Auswahlprinzip (Warum werde gerade ich befragt? In wessen Auftrag arbeitet das Institut? Ist das ein westdeutsches Institut? Ist die Anonymität wirklich gesichert?) zurückgingen bzw. die Antworten akzeptiert wurden.[16] Überhaupt hatten soziologische Umfragen in der DDR eine Öffentlichkeit gefunden, was beispielsweise auch solche Presseumfragen wie die der Frauenzeitschrift FÜR DICH »Wie klug darf die Frau sein?« belegten.

Große Sorgfalt wurde der Gestaltung der Fragebögen und Frageformulierungen gewidmet, um dabei die ebenfalls aus der westlichen Literatur bekannten Fehlerquellen möglichst zu vermeiden.

Nunmehr sollten regelmäßige Testumfragen bzw. die Beratung vor Ort zielgerichtete und verständliche Fragestellungen garantieren. Beispielsweise wurden 1967 verwendet:
131 Alternativ-Fragen (davon 36 Skalen-Fragen),
26 Mehrfachauswahl-Fragen (sogenannte Speisekartenfragen),
8 offene Fragen (Was wünschen Sie? Was ärgert Sie?),
16 Unterweisungsfragen (Kurzinformation zur Frage),
4 Projektionsfragen (Frage danach, was andere denken),
4 Diskussionsfragen (in einem fiktiven Gespräch
werden mögliche Meinungen angeboten)

Für die Entwicklung der jeweiligen Fragebögen wurde ein umfängliches organisatorisches, informelles und adminstratives Geflecht von Abhängigkeiten ausgetüftelt und installiert. Es reichte von der Vorgabe des Umfragethemas durch den Auftraggeber, das ZK der SED, über die Erarbeitung und Abstimmung mehrerer Entwürfe des Fragebogens und der Frageformulierungen, eine »Fragebogenkonferenz« bis zur Bestätigung durch das ZK und die Herstellung des Druckspiegels. Damit war einerseits die allgegenwärtige Kontrolle durch die Parteiführung garantiert, andererseits begünstigten die zahlreichen Diskussions- und Erarbeitungsstufen zugleich eine qualifizierte Fragebogenerarbeitung.

Ab 1968 wollte das Institut zu regelmäßigen Wiederholungsumfragen als notwendige Basis für Trendaussagen und zur Nutzung von Panels (wiederholte Befragungen gleichbleibender Probandengruppen) übergehen. Das gelang aber nur für einige Jahre und nicht optimal, weil es Eingriffe seitens der zentralen Parteiorgane gab.[17] Aber immerhin wurde im Beschluß des Politbüros zur »Direktive zur Rolle und Aufgaben der Parteiinformation im System der wissenschaftlichen Führungstätigkeit der Partei« vom 14. April 1968 das Institut als selbständige Struktureinheit in diesem System benannt. Unter »II. Die Aufgaben und Verantwortung des Apparates des Zentralkomitees für die Parteiinformation« wurde es nach Benennung der Aufgaben der Parteiorgane von unten bis oben selbst gesondert unter 4. verpflichtet:

»Die systematische Gewinnung von Informationen durch Befragungen von repräsentativen Bevölkerungsgruppen durch das Institut für Meinungsforschung und Weiterleitung an das ZK.«

Ebenfalls war durch das Büro Ulbricht in die Direktive hineingeschrieben worden:

»Die neuen und höheren Aufgaben der Parteiinformation erfordern, daß die Genossen, die auf diesem Gebiet arbeiten, so qualifiziert werden, daß sie unsere Politik gründlich beherrschen, Kenntnisse über Kybernetik, Soziologie und moderne Datenverarbeitung besitzen…«[18]

So ermutigt, versuchte man seitens der Institutsleitung den Grad der Abhängigkeit von unprofessionellen Eingriffen durch den Parteiapparat zu verringern. Karl Maron brachte auf Drängen seiner Mitarbeiter aus Anlaß des fünften Jahrestages der Institutsgründung eine Beschlußvorlage für das Sekretariat des ZK ein, durch die man sich eine von höchster Stelle abgesicherte ungestörtere Arbeitsweise erhoffte. Man spekulierte – nicht zu Unrecht, wie sich dann zeigte – auf das gewachsene Ansehen des Instituts bei Walter Ulbricht und auch bei Werner Lamberz, der seit Anfang 1967 anstelle von Albert Norden die Verantwortung dafür übertragen bekommen hatte.

In der am 10. September 1969 zum Beschluß erhobenen Vorlage heißt es: »Das Institut für Meinungsforschung hat im Rahmen des Systems der Parteiinformation laut Beschluß des Politbüros des ZK der SED ›Zur weiteren Verwirklichung der Grundsätze der wissenschaftlichen Führungstätigkeit der Partei‹ vom 15. April 1969 wesentlich dazu beigetragen, den wachsenden Informationsbedarf der Parteiführung über die Entwicklung des sozialistischen Bewußtseins der einzelnen Bevölkerungsschichten der DDR zu sichern.«

Das bedeute selbstredend auch die Verpflichtung »zu prüfen, inwieweit das Institut für Meinungsforschung dazu beitragen kann, bestimmte langfristige Aktionen und Kampagnen der Parteiführung durch Umfragen zu unterstützen. Das betrifft besonders die Beschaffung von Informationen für die Ausgangsstellung der Kampagne, Zwischenuntersuchungen über die Wirkung der eingeleiteten Maßnahmen und Abschlußuntersuchungen zur Feststellung, inwieweit das Ziel der Kampagne erreicht worden ist.«

Mit Nachdruck wurden exaktere Aussagen gefordert, ein Programm der wissenschaftlichen Qualifizierung aller Mitarbeiter und die weiter zu verbessernde technische Ausstattung des Instituts festgelegt.

Ausführlich waren die Methodik und Gestaltung der Fragebögen und das Umfrageverfahren beschrieben, wieder in der Hoffnung, auch dadurch den Spielraum für Eingriffe in die Arbeit des Instituts zu verkleinern.[19]

Doch auch diese Hoffnung war trügerisch. Mit Beginn der 70er Jahre zeichnete sich eine verhängnisvolle Gegentendenz ab: Die Meinungsforschung wurde immer stärker als Teil der

Erfolgspropaganda in den Medien instrumentalisiert. Dies wurde zusätzlich durch den Wechsel in der Institutsleitung von Karl Maron zu Lene Berg erleichtert, die – wissenschaftlich trotz ihres Professorinnentitels kaum mehr ausgewiesen als der Apparatmann Maron – sich noch nicht mal durch dessen partielle Eigensinnigkeit auch gegenüber dem übergeordneten Parteiapparat auszeichnete.

Das zeigte sich zuerst in einem sichtbaren Wechsel der Themen. Es ging weg von den bisher dominierenden brisanten politischen und ökonomischen Umfragen und hin zu mehr oder minder belanglosen Bereichen. So nahm zwar die Zahl der Aufträge zu, ihre gesellschaftliche Reichweite und Aussagekraft aber ständig ab. 1976 und 1977 gab es nur noch je eine Umfrage zu politischen Fragen (von insgesamt 20/1976 bzw. 21/1977). Die letzte Umfrage zu einigen politischen Problemen stammt vom Februar 1977.

Von den 24 Umfragen zu 18 Themen im letzten Jahr befaßten sich 17 mit solchen Problemen wie der Funktionärszeitschrift »Neuer Weg«, der Arbeit von Hoch- und Fachschulkadern im Betrieb, der Einführung leistungsabhängiger Gehälter, der Körperkultur und des Sports, der Materialökonomie (3 Umfragen), den Kindern und der Familie (2 Umfragen), der Parteiarbeit im Betrieb (2 Umfragen), der patriotischen Erziehung, der Landwirtschaft (4 Umfragen), der »Schulen der sozialistischen Arbeit«, des Theaters, der Bauarbeiter und der Freizeit. Lediglich eine Umfrage zum sozialistischen Rechtswesen und im Mai/Juni 1978 nochmals zu einigen Fragen der Entwicklung der DDR konnten den Anspruch erheben, politisch relevanten und für die Führung von Staat und Gesellschaft wirklich wesentlichen Problemen gewidmet gewesen zu sein. Wahrscheinlich haben diese beiden letzten Umfragen zu politisch-ideologischen Problemen und deren Resultate den Entschluß zur Auflösung des Instituts endgültig reifen lassen.

Als im September/Oktober 1978 die Umfrage »Zu einigen Problemen der Freizeitgestaltung« abgeschlossen war, ahnte noch keiner am Institut, daß dies überhaupt die letzte gewesen sein sollte.

Die Liquidierungsabsicht beschleunigt haben könnte die Absicht der Institutsleitung, aus Anlaß des 15. Jahrestages der Institutsgründung im Sommer 1979 die bisherige Arbeit durch einen Beschluß würdigen und die weitere Arbeit festlegen zu lassen.

Ein dafür vom Stellvertretenden Leiter Dr. Kurt Rückmann vorbereitetes und von Lene Berg akzeptiertes Material wurde von ihr selbst, die als Mitglied der Agitationskommission beim Politbüro und außerdem – wie einige wenige andere – für sich als Altkommunistin ein besonderes Verhältnis zu Honecker in Anspruch nahm, direkt dem Generalsekretär übergeben.

Dadurch wurden offenbar schlafende Hunde geweckt, zumal neben den üblichen Gemeinplätzen und einer leicht schöngefärbten Leistungsbilanz am Schluß einige der Vorschläge Honeckers Mißfallen hervorgerufen haben könnten: so der Vorschlag, die Ergebnisse stärker an die 1. Sekretäre der Bezirks- und Kreisleitungen der SED zu vermitteln, die Meinungsentwicklung in der Bevölkerung langfristig durch Wiederholungsumfragen wie in den ersten Jahren zu erforschen u.a.

Wenn schließlich sogar noch kritisch vermerkt wurde: »Die im Institut vorliegenden umfangreichen Umfrageergebnisse – besonders die Ergebnisse aus Wiederholungsumfragen – verlangen nach verstärkter Sichtung und Wertung. Aus vielen Gebieten der Politik, der Wirtschaft, der Kultur gibt es Umfrageergebnisse, die es bei einer gründlicheren Bearbeitung ermöglichen, weitere Zusammenhänge und Tendenzen bei der Entwicklung verschiedener Seiten des Bewußtseins aufzuzeigen«[20], dann wurden neben Erich Honecker auch andere Politbüromitglieder wie Günter Mittag oder Kurt Hager aufgeschreckt. Horst Dohlus, als Mitglied des Politbüros und Sekretär des ZK auch für den Sektor Parteiinformation der Abteilung Parteiorgane verantwortlich, sah die Chance, sein Informationsmonopol wieder herzustellen. Joachim Herrmann, dem seit dem Tod von Werner Lamberz (März 1978) die Verantwortung für das Institut übertragen worden war, ein selbst in dieser Führungsriege durch intellektuelle Unbedarftheit und Honecker-Hörigkeit auffallender Apparatschik, hatte keinerlei Beziehung zu einer wissenschaftlichen Einrichtung, die das in den ihm unterstellten Medien gemalte Bild nur stören konnte. Vor allem Erich Honecker mag sich unter Umständen daran erinnert haben, daß die langfristigen Trends zu Ulbrichts Zeiten eine positiven Entwicklung widergespiegelt hatten, sich dies aber seit 1976/77 umzukehren begann. Dieses Material der Nachwelt und den Historikern zu überlassen, war für ihn keine verlockende Aussicht.

So kam es kurzfristig zu dem die Institutsangehörigen völlig überraschenden Beschluß des Sekretariats des ZK vom 19. Januar 1979, das Institut aufzulösen. In dürren Worten hieß es: »1. Die Tätigkeit des Instituts für Meinungsforschung beim ZK der SED wird beendet. Genossin Lene Berg und den anderen Mitarbeitern des Instituts wird der Dank des Sekretariats des ZK ausgesprochen.«

Nach knappen Festlegungen, was mit dem Personal zu geschehen habe, schloß der Text:
»5. Die Unterlagen des Instituts für Meinungsforschung beim ZK der SED werden vollständig dem Büro des Politbüros übergeben.«[21]

Damit wurde nicht nur die Festlegung unterlaufen, solche Unterlagen dem internen Partei-Archiv im Hause des ZK zu übergeben. Mehr noch: Auf mündliche Weisung Honeckers an die Leiterin der Büros des Politbüros, Gisela Glende, wurde das gesamte Material vernichtet.

Die dem Beschluß beigefügte Begründung liest sich auf den ersten Blick scheinbar nur wie eine Anhäufung von Gemeinplätzen im gängigen Parteichinesisch, nur dazu gedacht, der Umkehrung einer bisher geltenden Beschlußlage den Anschein von Berechtigung zu verleihen:
»Seit dem VIII. und IX. Parteitag der SED haben sich die Parteiinformation, die komplexe Untersuchungsarbeit der Abteilungen des ZK, die bewußtseinsanalytische Tätigkeit der Partei und ihrer wissenschaftlichen Einrichtungen sowie die soziologische Forschung in der DDR bedeutend entwickelt.

Die Ausarbeitung von Analysen über die Durchführung der Parteibeschlüsse, über die Entwicklung des sozialistischen Bewußtseins der Werktätigen und die Kampfkraft der

INSTITUT FÜR MEINUNGSFORSCHUNG
IN DER DEUTSCHEN DEMOKRATISCHEN REPUBLIK

108 BERLIN 8, POSTSCHLIESSFACH 95, AG 220

Umfrage
zu einigen Fragen der Kunst und Literatur

Werte Kollegin! Werter Kollege!

Es ist ein wesentliches Merkmal unserer sozialistischen Demokratie, daß sich die Politik der zentralen Führungsorgane der Deutschen Demokratischen Republik auf die aktive Mitarbeit der Bevölkerung stützt. Dazu gehört auch, daß sie die Meinung der Bürger unserer Republik zu wichtigen Fragen des gesellschaftlichen Lebens erfahren.

Um Ihre Meinung zu einigen Fragen der Kunst und Literatur kennenzulernen, wendet sich das

Institut für Meinungsforschung

mit der Bitte an Sie, den vorliegenden Fragebogen auszufüllen.

Die Befragung ist anonym. Uns interessiert bei der Beantwortung weder Ihr Name noch Ihre Adresse, sondern nur Ihre Meinung. Deshalb ist es auch nicht möglich, Rückfrage bei Ihnen zu halten, wenn einzelne Fragen nur unvollständig oder nicht beantwortet werden.

Sie brauchen bei den Fragen nur eine oder einige der vorgegebenen Antwortmöglichkeiten in dem dafür vorgesehenen Kreis (O) anzukreuzen. Die hinter den Fragen stehenden Zahlen sind für die Auswertung bestimmt und für Sie ohne Bedeutung.

Werfen Sie bitte den ausgefüllten Fragebogen in die vom Institut für Meinungsforschung versiegelte Urne.

Wir danken Ihnen herzlich für Ihre Bemühungen.

Direktion

Berlin, November 1975   des Instituts für Meinungsforschung

Faksimile eines Fragebogens, Deckblatt

KA (1)   119

1. Viele Bürger gehen in ihrer Freizeit ins Theater, Kino oder Museum, hören Musik, lesen Bücher oder beschäftigen sich mit anderen Gebieten der Kunst und Literatur. Wie würden Sie selbst ihr eigenes Interesse an Kunst und Literatur einschätzen?

– ich interessiere mich s e h r dafür   O (1)   120

– ich interessiere mich dafür   O (2)

– ich interessiere mich w e n i g dafür   O (3)

– ich interessiere mich n i c h t dafür   O (4)

2. Für welche Gebiete der Kunst und Literatur interessieren Sie sich besonders?

– Literatur   O 121

– Film   O 122

– Musik   O 123

– Theater   O 124

– bildende Kunst (Malerei, Grafik, Plastik u. a.)   O 125

– für keines der genannten Gebiete   O 126

3. Auf welchen Gebieten hat Ihr Interesse für Kunst und Literatur in den letzten Jahren zugenommen?

– Literatur   O 127

– Film   O 128

– Musik   O 129

– Theater   O 130

– bildende Kunst   O 131

– auf keinem der genannten Gebiete   O 132

4. Würden Sie uns bitte sagen, warum Sie sich in Ihrer Freizeit mit Kunst und Literatur beschäftigen?

– weil ich Freude und Genuß dabei empfinde   O 133

– weil es für mich ein Ausgleich zur beruflichen Tätigkeit ist   O 134

– weil das zu unserem Alltag gehört   O 135

– weil ich dadurch meine Bildung erhöhen kann   O 136

– weil es zum guten Ton gehört   O 137

– weil ich dadurch Anregungen für mein persönliches Leben erhalte   O 138

– weil es zu einem harmonischen Familienleben beiträgt   O 139

– weil ich dadurch mit anderen Menschen zusammen komme   O 140

– aus anderen Gründen   O 141

5. Was hindert Sie hauptsächlich daran, sich so mit Kunst und Literatur zu beschäftigen, wie es Ihren Wünschen entspricht?

– weil es in der Nähe meines Wohnsitzes an kulturellen Einrichtungen mangelt   O 142

– weil die Verkehrsverbindungen zu Kultureinrichtungen fehlen oder zu ungünstig sind   O 143

– weil ich mir das finanziell nicht leisten kann   O 144

– weil ich durch gesellschaftliche Arbeit überlastet bin   O 145

– weil ich durch Studium, Weiterbildung usw. zu beansprucht bin   O 146

– weil die häusliche Arbeit mir dafür keine Zeit läßt   O 147

– weil das Angebot an Kunst und Literatur nicht meinen Vorstellungen entspricht   O 148

– weil ich nach der Arbeit zu müde und abgespannt bin   O 149

– mich hindert nichts daran   O 150

Faksimile eines Fragebogens

Parteiorganisationen ist fester Bestandteil der politischen Arbeit aller Abteilungen des Zentralkomitees und der leitenden Parteiorgane in den Bezirken und Kreisen. Auf der Grundlage des Arbeitsplanes des ZK und der Direktive über die Rolle und Aufgaben der Parteiinformation werden regelmäßig differenzierte Informationen und Einschätzungen auf allen Gebieten erarbeitet.

Von den entsprechenden Instituten der Akademie für Gesellschaftswissenschaften beim ZK der SED, der Akademie der Wissenschaften der DDR, der Akademie für Pädagogische Wissenschaften, den einschlägigen Wissenschaftsbereichen der Universitäten und anderer Forschungseinrichtungen werden auf der Grundlage des zentralen Forschungsplanes der Gesellschaftswissenschaften 1976 – 1980 umfangreiche Untersuchungen und theoretische Analysen vorgenommen und auf marxistisch-leninistischer Grundlage umfassende Erkenntnisse gewonnen.

Parteiinformation, komplexe Untersuchungen der Abteilungen des ZK und die Ergebnisse der gesellschaftswissenschaftlichen Forschung liefern heute die wesentlichen Informationen und Erkenntnisse für die wissenschaftliche Führungstätigkeit der Partei und des Staates. Die Arbeit dieser Einrichtungen wird entsprechend der Parteibeschlüsse verstärkt und weiter qualifiziert. Im Zusammenhang damit erweist sich die Tätigkeit eines speziellen Instituts für Meinungsforschung beim ZK der SED als nicht mehr notwendig.«[22]

Diese von Joachim Herrmann eingebrachte Vorlage zeugt nicht nur von der besonderen Sprachgewalt und grammatikalischen Souveränität des für Medien verantwortlichen Politbüromitglied, Sie widerspiegelt auch das entstandene Unbehagen gegenüber den nicht voll zu kontrollierenden Meinungforschern mit ihren allmählich irritierenden Ergebnissen. Die langatmige Aufzählung aller möglichen Institutionen sollte offenbar hintergründig Rationalitätsüberlegungen suggerieren und die Erwähnung der Direktive zur Rolle und den Aufgaben der Parteiinformation (in der ja das Institut ganz im Gegenteil ausdrücklich beauflagt worden war) den Anschein erwecken, als sei die Auflösung eigentlich im Sinne bereits gefaßter Beschlüsse. Der unvermittelte Hinweis darauf, daß die umfänglichen Untersuchungen dieser genannten Institute zu Erkenntnissen »auf marxistisch-leninistischer Grundlage« führen würden, sollte wohl zudem den vagen Verdacht erzeugen, daß dies für die (ja sowieso mit dem Odium einer bürgerlichen Pseudowissenschaft behaftete) Meinungsforschung nicht unbedingt der Fall gewesen sei.

Mit dem Beschluß zur Beendigung der Arbeit des Instituts für Meinungsforschung lieferte sich die politische Führung – wie man vermuten muß: gewollt – wieder der schönfärberischen Information des abhängigen Parteiapparates und ihren eigenen Vermutungen hinsichtlich der Stimmungen und Meinungen der Bevölkerung aus. Der Betrug an der öffentlichen Meinung wurde immer mehr zum Selbstbetrug.

Der Verzicht auf Kenntnisnahme der zunehmend unangenehmer werdenden Umfrageergebnisse war letzlich das mehr oder minder unbewußte Eingeständnis des eigenen Unvermögens, auf die gesellschaftliche Entwicklung selbst wie auf ihre Widerspiegelung in der öffentlichen Meinung noch positiv Einfluß nehmen zu können. Das Scheitern der DDR deutete sich auch im Ende der Meinungsforschung an und ist damit zugleich ein weiteres Indiz, daß die SED-Meinungsforscher mit ihrer Arbeit die Trends der öffentlichen Meinung weitgehend zutreffend erfaßt hatten.

Ausnahmen und die Regel

Das Institut für Meinungsforschung hat in den gut 14 Jahren seiner Existenz mit wenig Personal und relativ geringen Kosten in den ihm von außen gesetzten Grenzen eine den wissenschaftlichen und methodischen Anforderungen entsprechende umfangreiche und insgesamt respektable Leistung erbracht.

Die zeithistorische, soziologische wie alltagsgeschichtliche Aufarbeitung der Geschichte der DDR und ihres Scheiterns findet in den Ergebnissen der Meinungsforschung sowohl eine unersetzliche Quelle als auch eine Bestätigung ihrer bisherigen seriösen (und nicht apologetischen) Urteile über sie. Das Institut hat in Umfragen zu 227 Themen über 500.000 Bürger befragt, methodisch korrekt und völlig anonym. Davon betrafen in den Jahren 1964 bis 1975 36 Prozent zumeist diffizile politische Fragen der Außenpolitik, der Beziehungen DDR – BRD, der Sicherheits- und Verteidigungspolitik, des internationalen Kräfteverhältnisses, der Rolle und Arbeit der SED, des Staates und seines Apparates, der sozialistischen Demokratie und des Rechtswesens.

47 Prozent der Umfragen beschäftigten sich mit Problemen der Wirtschafts-, Sozial- und Kulturpolitik und die restlichen 17 Prozent mit der Arbeit der Medien.

Nach dem IX. Parteitag der SED 1976 verschob sich dieses Verhältnis zuungunsten der politischen Problemfelder (nur noch 30 Prozent) gegenüber jetzt 60 Prozent zu Fragen der Wirtschafts-, Sozial- und Kulturpolitik. 10 Prozent verblieben den Massenmedien.[23]

Die ermittelten Ergebnisse wurden seit Ende der 60er Jahre immer genauer nach ihrer Verteilung in den verschiedenen Alters-, Bildungs- und Berufsgruppen, nach Geschlechterzugehörigkeit und regionaler Herkunft analysiert. Die angemessene Bewertung der sozialen und regionalen Verteilung der ermittelten Meinungen, die die Berichte ausgewiesen haben, spricht für die Seriosität der Arbeit des Meinungsforschungsinstituts.

Andererseits wird besonders deutlich, daß es in der ganzen Zeit nicht gelungen ist, die als soziale Kerngruppe begriffene Arbeiterklasse in gleichem Maße wie die Intelligenz oder die Jugend in den Umfragen genauer zu analysieren, geschweige denn politisch zu gewinnen. Auch die Tatsache, daß das signifikante Zurückbleiben bestimmter südlicher Regionen der DDR an den Untersuchungen der Meinungsforschung weitgehend spurlos vorüberging, erscheint wie ein Menetekel für das Jahr 1989.

Die praktische Wirksamkeit der Meinungsforschung in der DDR – ein Problem, das noch genauer untersucht werden müßte – scheint im Laufe der Jahre eher geringer als größer geworden zu sein, vor allem, wenn es um die wichtigsten

Bereiche der Politik und Wirtschaftspolitik ging, während eher sekundäre Erkenntnisse von verantwortlichen Partei- und Staatsorganen im Rahmen ihrer Möglichkeiten genutzt worden sind.

Offenbar eher Ausnahme als Regel war es, wenn – wie in wenigen Fällen nachweisbar – z.B. die Abteilung Kultur des ZK sehr gezielt mit den Umfrageergebnissen arbeiten wollte. In einer entsprechenden Analyse heißt es: *»Es war Ziel der Umfrage, Aussagen zu gewinnen, die im Zusammenhang mit anderen Arbeitsergebnissen (vor allem eines Arbeitsgruppeneinsatzes in der Neptun-Werft Rostock und der analytischen Tätigkeit des Bundesvorstandes des FDGB) eine möglichst umfassende Einschätzung des Standes des geistig-kulturellen Lebens in der Arbeiterklasse und leitungspolitische Schlußfolgerungen für seine Weiterentwicklung gestatten.«*[24]

Ebenso unterbreitete die Abteilung Frauen des Zentralkomitees der SED aus der Analyse abgeleitete Vorschläge für Veränderungen und Maßnahmen. Für die »Information« wurden in sechs bezeichnenden Punkten Schlußfolgerungen unterbreitet:

1. Die Information wird den 1. Sekretären der Bezirks- und Kreisleitungen der Partei und den Abteilungsleitern des ZK der SED übermittelt.

2. Die Ergebnisse der Meinungsforschung und die sich daraus ergebenden Schlußfolgerungen für die ideologische Arbeit seien in einer Beratung mit den Chefredakteuren der zentralen Massenmedien auszuwerten.

3. Es solle ein Erfahrungsaustausch mit den für Frauenarbeit verantwortlichen Redakteuren der Bezirkszeitungen der Partei durchgeführt werden.

4. Die Partei- und Massenpropaganda sowie Veranstaltungen der Urania wären zur Auswertung der Information zu nutzen. Ein Dia-Ton-Vortrag sollte gestaltet werden.

5. Der Bundesvorstand des FDGB sollte die Ergebnisse analysieren und Schlußfolgerungen ziehen.

6. Der Ministerrat solle die volkswirtschaftlichen Auswirkungen zunehmender Teilzeitarbeit untersuchen und Maßnahmen zu ihrer Zurückdrängung ergreifen.[25]

Insgesamt selektiv und nur unsystematisch wurden, wie ein damaliger Interviewer-Gruppenleiter berichtet, die verantwortlichen Partei- und Staatsfunktionären von in die Befragung einbezogenen Kreisen mit solchen Ergebnissen mündlich vertraut gemacht.[26]

So reagierte die Politische Hauptverwaltung der Nationalen Volksarmee (NVA) auf die negative Beurteilung des Offizierskorps der NVA durch eine signifikante Gruppe von gedienten Reservisten durch die Entsendung älterer und politisch wie menschlich als reifer angesehenen SED-Funktionären als Politoffiziere in die Truppe. Bis Anfang der 70er Jahre wurden in unregelmäßigen Abständen ausgewählte Ergebnisse der Medien-Umfragen durch den stellvertretenden Institutsdirektor Dr. Kurt Rückmann vor den Chefredakteuren der Parteizeitungen ausgewertet.

War für die Endphase der Ulbricht-Ära noch ein Gemisch von ideologischer Gegensteuerung, politischer Berücksichtigung und praktischer Teilkorrektur nachweisbar, wird für die Honecker-Zeit spätestens ab 1976 ein Gemisch von plumpen ideologischen Indoktrinationsversuchen, reiner Ignoranz und mentaler Rezeptionsverweigerung in allen wesentlichen Fragen, ein hilfloses Zurückweichen in alltäglichen und Geschmacksfragen typisch.

Die Selbsteinschätzung des Instituts, daß z.B. von den 59 Umfragen der Jahre 1977 und 1978 immerhin 11 direkt für die Vorbereitung, Berichterstattung und Beratung im Politbüro genutzt worden seien, ist wahrscheinlich sachlich zutreffend, muß aber unter dem Aspekt gewertet werden, daß es sich um gesellschaftlich kaum bedeutsame Themen gehandelt hat. Sie sollte wohl auch der Rechtfertigung dienen und war gegen diffuse Abwertungsgefühle gerichtet. Aber weder die erbrachte Leistung noch die Berufung auf Lenin und ein Honecker-Zitat aus dessen Rede vor den 1. Kreissekretären der SED nach dem VIII. Parteitag 1971 zur Bedeutung der Meinungsforschung konnten das Schicksal wenden.[27]

Zur Leistungsbilanz des Instituts, freilich zur negativen, aber nicht selbst verschuldeten, gehört auch die verhinderte Öffentlichmachung seiner Arbeits- und Forschungsergebnisse. Die

Antwort darauf, warum die SED-Führung dies verweigerte, findet man im Anspruch einer Partei und eines Systems, das die Menschen »total« für sich wollte und deshalb auf 99 Prozent Zustimmung bestand (und selbst noch 90 Prozent in 99 Prozent fälschen ließ). Wesentlicher aber als Interpretationsschwierigkeiten mit bestimmten Ergebnissen wird gewesen sein, daß eine Öffentlichmachung differenzierter Meinungsforschungsergebnisse zur Konsequenz gehabt hätte, sie auch dem öffentlichen gesellschaftlichen Diskurs zu überlassen. Doch eine solche pluralistische, demokratische politische Kultur zu entwickeln, das ließ damals weder die sowjetische Hegemonialmacht noch das eigene, stalinistisch geprägte Politikverständnis zu.

So blieb das Institut für Meinungsforschung notgedrungen bis zu seiner Auflösung seine letzlich wichtigste Verantwortung schuldig, weil sich das System als zur strukturellen Reform unfähig erwies und die Honecker-Führung mit den Ergebnissen nichts anzufangen wußte. Die Auflösung des Instituts war somit die in sich logische Konsequenz der Kapitulation der SED-Führung vor der beginnenden gesamtgesellschaftlichen Krise. Mit dem unausgesprochenen Eingeständnis ihres Scheiterns, den auch dieser Auflösungsbeschluß signalisierte, verlor die SED, obwohl sicherlich immer noch von einer mehrheitlichen Zustimmung in der Bevölkerung zu wichtigen Grundfragen ihrer Politik getragen, ihre historische Legitimation zur Führung des Staates DDR bereits bevor sie ihrer Legitimierung qua Massenloyalität verlustig ging.

I. »Homunkulus DDR«?

Für den einen eine »Schimäre«, für den anderen die letzte
Zuflucht in seine »realsozialistische Trutzburg« – so hatte ich
1992/93 den Streit um die Problematik der »besonderen DDR-
Identität« benannt.[28] Zugleich behauptete ich im Kontext von
Meinungsumfragen, daß wir es mit tiefen verfestigten Wert-
orientierungen und Erfahrungen zu tun hätten, die lange Zeit
nicht nur für den SED-Staat ein stabilisierender und integrie-
render Faktor gewesen seien, sondern daß es sich um langfristig
wirksame, sedimentierte Elemente von »DDR-Identität« handeln würde.

Schließlich heißt es zum Schluß: »Die jetzt schon nicht mehr
bestrittenen, durch verschiedene (aktuelle – sei hinzugefügt –
d. Verf.) Umfragen und soziologische Analysen offengelegten
Mentalitätsunterschiede und Wertdifferenzen zwischen Ost
und West sind längerfristig wirkende, da mit substantiellen
Interessen und mit Erfahrungen einer anderen Lebensweise verbundene Faktoren.«[29]

Meine Annahme, daß dies nicht mehr umstritten sei, war
eine zu optimistische Erwartung. Wenn schon Unterschiede
akzeptiert werden, dann hauptsächlich solche, die kühn in
einem Atemzug als Folgen einer 12- und einer 40jährigen
Nazi- bzw. SED-Diktatur beschrieben werden: obrigkeitsgläu-
big, ohne Zivilcourage, anfällig für extremistische Ideologien,
initiativarm, ausländerfeindlich usw. Sicherlich lassen sich für
alle diese Charakteristika Belege in der ostdeutschen Teil-
Gesellschaft finden (aber eben nicht nur dort und z.T. in geringerer Verbreitung – wenn man von den positiv besetzten, der
protestantischen Tradition zugeschriebenen, mal absieht – als
anderswo). Andere Autoren wie der Philosoph Hartwig
Schmidt stehen auf dem Standpunkt, daß man sich hüten
müsse, »die Wertorientierung von Ostdeutschen auf das System
der DDR-Gesellschaft zurückführen zu wollen.«[30]

Gewiß. Wenn man dies monokausal und ohne Berücksichtigung historischer, landsmannschaftlicher und deutsch-

deutscher Nähe tun würde, wird es natürlich einseitig und damit falsch.

Deshalb soll mit den in diesem Buch vorgelegten Dokumenten und ihrer zurückhaltenden Kommentierung ein Beitrag geleistet werden, sich dem umstrittenen Phänomen »DDR-Identität« sachkundiger und emotionsfreier zu nähern. Damit werden weder nostalgische Reminiszenzen noch Anti-DDR-Vorurteile bedient. Vielmehr werden dem historisch arbeitenden Sozialwissenschaftler und dem Zeithistoriker, also nicht jenem Typ von »historisierenden Ideologen, die sich zünftig geben und doch nur Handlanger, Aktenträger von Agitatoren sind«[31] und unter Umständen diesem oder jenem lesenden Politiker Materialien in die Hand gegeben werden, die helfen könnten, die Ursachen und die Therapie für die zumindest nicht geringer werdende Entfremdung zwischen Ost und West und die offensichtlichen Spannungen im laufenden Vereinheitlichungsprozeß zu finden.

Dies zu betonen schien nötig, weil es bedenklich stimmt, wenn in hauptamtlich mit der Geschichte der DDR befaßten und opulent geförderten wissenschaftlichen Gremien wie dem Forschungsverbund »Der SED-Staat« an der FU Berlin schon nach »ersten Arbeitsergebnissen« festgestellt wird, daß die DDR weder ein Friedensstaat noch ein antifaschistischer Staat und schon gar keine Gesellschaft der sozialen Sicherheit und Solidarität gewesen sei.[32]

So etwas provoziert dazu, daß »Zeitgeschichtsschreibung als Widerstand« (Wolfgang Harich) begriffen und betrieben wird. Mit der möglichen Folge, auch künftig auf beiden Seiten den Argumentationsknüppel zu schwingen und nicht aus den ideologischen Schützengräben herauszukommen.

Genauso bedenklich aber ist es für die Zünfte der Historiker und Sozialwissenschaftler, wenn bisher viele der wichtigen Fragen und ersten Antworten von Sozialpsychologen wie Hans-Joachim Maaz[33] oder Vertretern der »oral history« kommen. Diese werfen zwar mit ihren Nach-Wende-Projektionen auf die vergangene DDR-Wirklichkeit manches Schlaglicht, hantieren aber in manchem auch zu unkritisch mit ihrem Instrumentarium. Jeder, der sich auf erzählte Alltagsgeschichte stützt, hat es mit lebenden Quellen zu tun, die »ihre« Geschichte vom Ende her erzählen, im besten Fall mit gutem Gedächtnis, um subjektive Ehrlichkeit bemüht und frei von gegenwärtigen Anpassungs- und/oder Rechtfertigungszwängen.

Der Sozialpsychologe befaßt sich mit gesellschaftlich bedingten Krankheiten, deren Entstehungsursachen nicht nur in aller Regel komplex sind, einzelne oder einzelne Gruppen von Menschen betreffen, sondern die sowohl in der Vergangenheit wurzeln als auch durch den *Verlust* dieser Vergangenheit, nicht *durch* bestimmte Verhältnisse, sondern durch das *Wegbrechen* dieser Verhältnisse oder von beiden Faktoren ausgelöst worden sein können.

Je stärker aber Forschungen und die Präsentation ihrer Ergebnisse im Spannungsfeld gegensätzlicher politischer Interessen stattfinden, desto wichtiger ist (neben der Offenlegung des benutzten methodischen Instrumentariums) die wertfreie beschreibende Darbietung der Fakten. Deshalb ist es für die zeitgenössische Geschichtsschreibung über die DDR so wichtig, sich der Ergebnisse der empirischen Sozialforschung, wo immer sie das kann, zu bedienen, wenn sie denn zu Urteilen kommen will, die über die politischen Aufgeregtheiten und uneingestandenen eigenen Verunsicherungen in unserer Zeit der »neuen Unübersichtlichkeit« hinausreichen sollen.

Jeder, der in der DDR gelebt hat, wird »seine« DDR im Kopf und/oder im Herzen haben, mit Wut und/oder Trauer, mit verlorener und/oder enttäuschter Liebe, mit Verachtung und/oder Haß versehen. Viele Angehörige der geistig-kulturellen und Funktionseliten, die das System mit getragen haben, aber bei weitem nicht nur sie, hatten ein Verhältnis zu dieser Gesellschaft wie Eltern zu ihrem behinderten Kind: eine verzweifelte, selbstquälerische Liebe im Bewußtsein der Defekte, mit Hoffnung auf Besserung und wütender Abwehr, wenn Außenstehende darauf hinwiesen.[34]

Daß es für jeden Außenstehenden immens schwierig sein muß, sich ein Bild von diesem »Homunkulus DDR« – so der einstige sowjetische Botschafter Pjotr Abrassimow – zu machen, ist verständlich. Weniger Verständnis kann ich jedoch jenen Vertretern der ehemaligen Bürgerbewegung der DDR und heutigen Befürwortern eines nach den Nürnberger Kriegsverbrecherprozessen handelnden »Tribunals« entgegenbringen, die da, mit aller für Ideologen typischen Intoleranz und bar jedes Verständnisses gegenüber der »anderen« DDR-Erfahrung von Millionen, diesen *ihr* DDR-Bild aufzwingen wollen.

Weil diese Erfahrungen mit der DDR ebenso unterschiedlich sind, ist es doch so schwierig, heute schon zu einem auch nur annähernd ähnlichem, gegenseitig tolerierbaren Geschichtsverständnis zu kommen. Der erste Schritt für die Politik wie die Wissenschaft dazu wäre, die einfache Tatsache zu akzeptieren, daß es sich um zwei unterschiedliche Deutsch-Länder gehandelt hat, die da zusammenkamen und deren Bürger ihren über Jahrzehnte gewachsenen Unterschied natürlich erst im konkreten Vergleich erfuhren.

Anstelle des bisherigen »parteilichen« Geschichtsbildes wird den Ex-DDR-Bürgern kein pluralistisches, sondern im Grunde nur ein weitgehend »gewendetes« Schauerbild oktroyiert.

Mir geht es um die Aufhellung des sozial-historischen Hintergrunds für die sichtbar gewordenen realen Unterschiede zwischen Ost- und West-Identität/Mentalität, wie sie im Osten entstanden ist, was sie ausmachte, nicht, ob sie »besser« oder »schlechter« waren, denn dies sieht jeder schon wieder unterschiedlich. Selbst eine wohlwollende Beobachterin wie die US-Amerikanerin Belinda Copper benennt in einem Artikel der »ZEIT« unter der Überschrift »Die Ossis mag ich lieber« solche »besseren« Eigenschaften wie eine gewisse naive Gutgläubigkeit, Neugier, Vertrauen, weniger Härte und Aggression zwischen den Menschen, Hilfsbereitschaft, Verwundbarkeit und Offenheit und kommt dann zu der die ganze Hilflosigkeit der Außenstehenden offenbarenden Feststellung: »Und das alles trotz eines Systems, das eigentlich das gegenteilige Verhalten hätte fördern müssen.«[35]

Wieso »trotz«, möchte man fragen, sind es doch gerade diese »guten« Eigenschaften, die jetzt unter den »neuen, besseren« Verhältnissen, anstatt verstärkt zu werden, meistens nur noch lächerlich wirken bzw. belächelt werden, und die ja auch schon schwinden?!

Um dem Vorwurf zu entgehen, über etwas zu reden wie »DDR-Identität«, was es schon deshalb nicht (mehr) geben könne, weil es die DDR als Objekt der Identifikation nicht mehr gibt, wurde stillschweigend ein Gleichheitszeichen zwischen »Identität« und »Mentalität« trotz der dadurch erfolgenden Verarmung gesetzt. Dies scheint mir geboten, weil in der Literatur die Frage der Identität in aller Regel im Zusammenhang mit gesellschaftlichen und/oder nationalen Umbrüchen, mit aufbrechenden Identitätsverlusten usw. thematisiert wurde und wird. (Hier liegt m. E. auch der Grund dafür, daß es sich bei der Suche nach einer Neubestimmung der Identität nicht nur um ein Problem der Ostdeutschen handelt. Denn neben solchen Faktoren, die mit der wachsenden Europäisierung, der neuen Rolle der vergrößerten BRD und mit den weltweiten demographischen Wanderbewegungen sowie der Krise des »Wohlfahrtsstaates« zusammenhängen, sind den Westdeutschen mit dem Wegfall der DDR auch wichtige Elemente ihrer Selbstdefinition und moralischen Legitimation abhanden gekommen. Die von westdeutschen Autoren und Publizisten schon vor 1989 konstatierte »Sinnentleerung« einer an ihrem Ende angekommenen Moderne wurde und wird durch den östlichen Zusammenbruch zur Zeit noch überdeckt. Und vielleicht liegt einer der Gründe für die massiven Dämonisierungsversuche der DDR in dem Bestreben, sich der brüchig gewordenen eigenen Identität zu vergewissern, das entstandene Vakuum damit auszufüllen, daß die DDR nur als »zweite deutsche Diktatur« und »konsequent aus der Sicht von Faschismus« gesehen werden soll und so per definitionem aus der deutsch-deutschen Nachkriegsgeschichte »ausgegliedert« werden kann.)

Da mein Anliegen aber nicht nur ein historisches ist, sondern es auch um das Fortwirken von DDR-Identität/Mentalität in der gegenwärtigen Politik und politischen Kultur der Gesellschaft geht, ist die stillschweigende Gleichsetzung von Identität mit Mentalität durchaus hilfreich. Es geht ja offensichtlich ganz wesentlich um Probleme, mit denen es gegenwärtige Politik zu tun hat, die durch Art und Weise wie Tempo des Anschlusses der DDR ausgelöst wurden (Politikverdrossenheit, Wahlverhalten, Parteienkrise, Rechtsextremismus, Larmoyanz,

Nostalgie etc.), und in denen sich das Aufeinanderprallen von DDR-Identität/Mentalität mit einer selbst in der Strukturkrise steckenden und einen sozialen Strukturwandel beginnenden Industriegesellschaft mit wieder wachsenden sozialen Disparitäten und Deklassierungen widerspiegelt.[36]

Mit meinem Identitäts-/Mentalitätsbegriff neige ich jenen Positionen zu, die »Identität« mehr mit Ideologie, »Mentalität« mehr mit dem wenig reflexiv durchdachten Verhalten und Beziehungshandeln der Menschen eines bestimmten »sozialen Raumes« verbinden. Dies liegt nahe, da die DDR als großer sozialer Raum angenommen werden darf und zudem die Rolle der ehemals identitätsstiftenden Ideologie für die fortdauernde DDR-Mentalität mehr oder minder marginalisiert ist.

Bestimmte Erfahrungen und Werte allerdings überdauern im Gedächtnis eines Volkes, und sei es in Form von Mythen, viele Generationen. Dies lehrt uns zum Beispiel die Revolte mexikanischer Bauern unter der Fahne des vor fast 90 Jahren gescheiterten Bauerführers Zappata.

II. Beschwörungen und Wünsche

Rückversicherung
bei Marx, Lenin und Luxemburg

Eine explizite politische Kulturforschung hat es in der DDR nicht gegeben, wenn man damit die Erforschung der kulturellen Seite des politischen Systems und seiner organisatorisch-prozessualen Entwicklung meint. So liegt – außer einigen respektablen Arbeiten der Kultursoziologie, zum Freizeitverhalten und teilweise relevanten Ergebnissen der Jugendforschung – auf diesem Gebiet nichts vor, was auf harte Daten gestützte Aussagen zur politischen und Alltagskultur der DDR, schon gar der frühen DDR, zuließe. Versteckt in Arbeiten zur »geistigen Kultur«, zur »Lebensweise«, zum Freizeitverhalten und zur Frauenforschung gibt es Reflexionen und im Ausnahmefall auch selektierte soziologische Daten, die sich dem Forschungsfeld der politischen Kultur nähern. Vorherrschend aber blieb die bejahende Beschwörung des durch die politische Zielkultur vorgeschriebenen und erwünschten politischen und alltagskulturellen Verhaltens der sozialistischen Persönlichkeit und des DDR-Staatsbürgers.[37)]

Natürlich wäre es aber die Aufgabe einer politischen Kulturforschung gewesen, zu analysieren, *warum* bestimmte Meinungen, Einstellungen und Verhaltensweisen vorherrschend waren und weshalb und in welcher Richtung sie sich veränderten. Soweit jedoch aus der Wissenschaft interne Forschungsergebnisse und Veränderungsvorschläge an die Führung herangetragen wurden, die die politische Kultur und damit das politische System betrafen oder auch nur tangierten, blieben sie im besten Fall ohne Resonanz. Im anderen Fall gab es Restriktionen oder Ermahnungen, sich nicht auf das Terrain der politischen Führung, den Gral marxistisch-leninistischer Weisheit, zu verirren. So blieben sowohl diagnostizierte Fehlentwicklungen und Mißstände als auch der vorsichtig signalisierte Wertewandel in Teilen der Gesellschaft praktisch im

Geäst des adminstrativ-bürokratischen Apparats hängen. Die marxistisch-leninistische Gesellschaftswissenschaft kauerte im Gefängnis des vorgegebenen Gesellschaftskonzepts.

Als repräsentatives Beispiel kann das von Kulturwissenschaftlern der Akademie für Gesellschaftswissenschaften dargelegte Verständnis von politischer Kultur gelten. In ihrem – ansonsten auch heute noch mit manchem Gewinn zu lesendem Buch – kann man zur politischen Kultur des Sozialismus nur solche Gemeinplätze lesen:

»Zu den bestimmenden Wesenszügen der geistigen Kultur im Sozialismus zählt die Ausbildung einer hohen politischen Kultur. Sie umfaßt in der entwickelten sozialistischen Gesellschaft sowohl ein Höchstmaß an politischer ideologischer Bewußtheit und marxistisch-leninistischen Kenntnissen als auch die Fähigkeit, alle Erscheinungen des gesellschaftlichen Lebens politisch zu beurteilen, politisch zu erfassen, ein Gefühl für politische Entscheidungen auszubilden sowie das Vermögen, gewonnene politische Einsichten im täglichen Leben anzuwenden und für den Fortschritt der sozialistischen Gesellschaft zu wirken...

Politische Kultur in dieser Vielseitigkeit spiegelt sich daher wider in den Idealen und Wertvorstellungen der Menschen, in dem Grad ihrer Persönlichkeitsentwicklung, der Struktur ihrer individuellen Eigenschaften, in ihrer gesamten Teilnahme am gesellschaftlichen Leben.«[38]

Ein solches, rein instrumentelles Verständnis von politischer Kultur war letzlich nur eine andere Umschreibung der Forderungen nach politischer Bewußtheit und Aktivität der Menschen im Sinne der politischen Zielkultur.

Die von mir 1984 verschiedentlich vorgetragene These, daß die Entwicklung der Demokratie im politischen System des Sozialismus nicht entwickelter sein kann als die innerparteiliche Demokratie, konnte lediglich auf einer wissenschaftlichen Konferenz der Semmelweis-Universität Budapest freimütig debattiert und in Ungarn publiziert werden. Erst Anfang September 1989 konnten auf einer wissenschaftlichen Veranstaltung mit Hochschullehrern aus den Marxistisch-lenistischen Grundlageninstituten und Sektionen »Thesen über die politische Kultur des entwickelten Sozialismus« vorgetragen und wenig später öffentlich gemacht werden. Sie wurden wesentlich in dem internen Diskurs mit Wissenschaftlern wie Jens-Uwe Heuer, Helmut Hanke, Rosi Will u.a. angeregt und knüpften an Überlegungen an, die beispielsweise im geistigen Vorfeld des sogenannten Spiegel-Manifests 1977/78 artikuliert worden waren.[39]

In den Thesen hieß es u.a.:

»Der Begriff der politischen Kultur ist in der marxistisch-leninistischen Gesellschaftswissenschaft weder aus kulturtheoretischer noch aus staatstheoretischer oder politiktheoretischer Sicht systematisch ausgearbeitet...

Ausgehend von einem breiten marxistischen Kulturbegriff könnte man definieren: Politische Kultur erfaßt jenen Bereich der gesellschaftlichen Praxis, in dem sich die Individuen (Bürger) und kollektiven Subjekte der politischen Organisation die politische Wirklichkeit aneignen und ihre politischen Wesenskräfte verwirklichen, ihre Beziehungen untereinander nach gesellschaftlichen Normen und Werten ordnen, regeln und beherrschen lernen und sich gegenseitig in Beziehung setzen... Die politische Kultur des entwickelten Sozialismus ist primär geprägt vom Charakter und Inhalt der Politik der herrschenden Arbeiterklasse und ihrer Partei, ihrer Ideologie und Moral, aber auch von den Traditionen des politischen Gemeinwesens, den Traditionen der politischen Kultur der Arbeiterbewegung im Kapitalismus und den Lehren des Klassenkampfes. Erhebliche Deformationen der bisherigen politischen Organisation und politischen Kultur sozialistischer Gesellschaften resultieren aus dem stalinistischen Erbe der kommunistischen Bewegung...«

Angesichts der gesamtgesellschaftlichen Krise wurde dann auf die Stabilisierungsfunktion der politischen Kultur, die als notwendigerweise politische Massenkultur begriffen wurde, gesagt:

»Die Wirksamkeit ihrer Stabilisierungsfunktion hängt deshalb ab von

– der Art und Weise der Gestaltung der Bündnisbeziehungen durch die führende Partei,

– die Formen und den Grad der demokratischen Mitbestimmung der Parteien, Organisationen und Bürger,

- dem Grad der Öffentlichkeit und Durchschaubarkeit im Vorfeld und bei Entscheidungsprozessen von gesellschaftlicher Relevanz auf regionaler und zentraler Ebene,
- dem Umgang mit Andersdenkenden und Minderheiten und den Möglichkeiten ihrer Organisation und Artikulation,
- den Formen des Wahlverfahrens zu Vertretungskörperschaften in allen seinen Phasen,
- von der Ausgestaltung des politischen Strafrechts und seiner Handhabung durch die Organe der inneren Sicherheit und der Justiz,
- dem Grad an Rechtssicherheit und der durch unabhängige Gerichte gesicherten rechtlichen Stellung des Bürgers gegenüber der Staatsmacht.

Aus systemtheoretischer Sicht kann man sagen: Ein politisches System ist um so stabiler, je entwickelter und demokratischer seine politische Kultur ist, die die massenhafte und bewußte Teilnahme der Bürger in organisierter, informeller und spontaner Form ermöglicht. Dies macht das politische System zum offenen, dynamischen System – und nur solche sind auf Dauer stabil.«

Aus der Verweigerung der Herrschenden zum inneren Dialog, dem Verdrängen von Widersprüchen und der Nichtwahrnehmung eines Wertewandels in der Gesellschaft, wurde gefolgert, daß es dann »auch in einer nicht-antagonistischen Klassengesellschaft zur Entstehung einer politischen Gegenkultur kommen (kann), die bei Teilen der Bevölkerung die politisch-kulturelle Hegemonie der Arbeiterklasse infrage stellt. Eine Schwächung der geistig-kulturellen Hegemonie (im wörtlichen Sinne als Vor-Herrschaft anstelle von Herrschaft) führt aber zur politischen Instabilität. Ohne das Zusammenfallen von politischer Macht und geistig-kultureller Hegemonie tendiert die politische Kultur zum Etatismus. Eine sozialistische Gesellschaft verlangt aber nach einer partizipatorischen politischen Kultur. ›Nach unseren Begriffen ist es die Bewußtheit der Massen, die den Staat stark macht. Er ist dann stark, wenn die Massen alles wissen, über alles urteilen können und alles bewußt tun‹ (Lenin).«

Abschließend wurde als weitere Rückversicherung ausführlich aus Rosa Luxemburgs berühmter Schrift »Zur russischen Revolution« jene Passage zitiert, in der sie über ihr Verständnis von Demokratie und Diktatur äußert, daß sie »das Werk der Klasse und nicht einer kleinen, führenden Minderheit im Namen der Klasse sein (muß), d.h. sie muß auf Schritt und Tritt aus der aktiven Teilnahme der Massen hervorgehen, unter ihrer unmittelbaren Beeinflussung stehen, der Kontrolle der gesamten Öffentlichkeit unterstehen, aus der wachsenden politischen Schulung der Volksmassen hervorgehen«.

Ganz zum Schluß wurde dann noch Marx bemüht: »Es muß eine politische Kultur sein, in der die freie Entfaltung des Einzelnen zur Bedingung der Entfaltung aller wird. Die Entwicklung des politischen Systems und der politischen Kultur muß an dem (von Marx formulierten) Ziel kommunistischer Selbstverwaltung orientiert bleiben: Ein Ordnung, in der das Volk keine andere Macht über sich weiß (und duldet) als die des eigenen Zusammenschlusses.«[40]

Dieses Papier war, wie sollte es anders sein, in sich inhomogen und wurde immer noch von einem etatistischen Verständnis von politischer Kultur – trotz der Schluß-Apotheose – dominiert.

Es zeigt auch, daß es noch zu diesem Zeitpunkt schwer denkbar schien, sich eine politische pluralistische Kultur vorzustellen oder gar zu fordern, in der eine von einer anderen regierenden Partei bzw. Parteienkoalition als die SED-beherrschte politische Organisation der DDR-Gesellschaft entstehen könnte.

Diese Grenzen in den Zielvorstellungen teilten die Reformkräfte innerhalb der SED allerdings auch mit den Bürgerbewegungen. Damit befanden sie sich aber zugleich immer noch, wie die Meinungsforschung belegt hat, bis ins frühe Frühjahr 1990 in Übereinstimmung mit einer Mehrheit auch bei den Teilen des Volkes, die aktiv an der Überwindung der verkrusteten Strukturen des Verhinderungs- und Unterdrückungsapparates der Honecker-Führung beteiligt gewesen waren. Beiden Gruppierungen ging es um eine demokratische Erneuerung der Gesellschaft in der DDR, um die

Schaffung einer einem sozialistischen Rechtsstaat adäquaten politischen Kultur.

Dem entsprachen viele der erst 1989 offen erhobenen Forderungen, die – vor der Bananen- und DM-Mark-Phase – durchweg sozio- und politisch-kulturellen Charakter trugen: Gewaltlosigkeit, Toleranz, Akzeptanz Andersdenkender, Organisationsfreiheit, Dialogbereitschaft, Minderheitenschutz und Runde-Tisch-Demokratie mit ihrer Konsensverpflichtung bzw. dem Minderheitenvotumsrecht, Umweltschutzpolitik als Nachweltschutzverpflichtung, entideologisiertes Bildungswesen, Freiheit der Medien, der Wissenschaft und der Künste bis hin zu »Stasi in die Produktion«. Ein später Kulminationspunkt war die Forderung nach Streichung des in Artikel 1 der Verfassung festgeschriebenen Führungsanspruchs der SED, eine Forderung, die sich (im Unterschied zur Forderung nach Freiheit der Medien etwa) in unserem Untersuchungsabschnitt nicht oder höchstens in marginal schlechteren Werten bei Urteilen zur Rolle von SED-Organisationen und ihren Funktionären bzw. ihrem Verhalten nachweisen lassen.

Wie kritisch diese Probleme von der SED-Führung selbst bewertet wurden, ist allein daran zu erkennen, daß niemals eine Umfrage zur Beliebtheit von Politikern erlaubt war. Denn darin hätte sich schließlich der Grad an Unterstützung der das System jeweils repräsentierenden Autoritäten widergespiegelt. Bei aller Borniertheit täuschten sich weder Ulbricht noch Honecker in ihrer Ahnung nicht: Schließlich hatten im März 1970 die »Willy, Willy«-Rufe bei der Begegnung zwischen Willi Stoph und Bundeskanzler Willy Brandt in Erfurt nicht dem Vorsitzenden des Ministerrats der DDR gegolten.

Lutherisch und proletarisch

Ergebnisse der westdeutschen politischen Kulturforschung über die politische Kultur der DDR liegen im wesentlichen erst seit Anfang der 80er Jahre vor. Dies ist der einfachen Tatsache geschuldet, daß sich die politische Kulturforschung erst spät aus der Sozialwissenschaft herausdifferenzierte und sich natürlicherweise zuerst der bundesdeutschen politischen Kultur zuwandte. Hinzu kam, daß man bezüglich der DDR keine eigene Feldforschung betreiben und auf fast keine soliden Daten zurückgreifen konnte, sondern auf selektierte sekundäre und literarische Quellen (neben den problematischen persönlichen Stippvisite-Eindrücken) angewiesen war.

Verschiedentlich wurde überhaupt infrage gestellt, ob das Konzept der politischen Kulturforschung auf totalitäre Regime anwendbar sei. Als dies dennoch geschah, hatte es den Nachteil, daß sie sich zu einem Zeitpunkt der politischen Kultur der DDR zuwendete, da die ostdeutsche Gesellschaft bereits in der Krise steckte oder sie gar von ihrem inzwischen eingetretenen Ende her beschrieben wurde. Trotzdem lassen sich von daher – was für die Qualität ihrer Ergebnisse spricht – einige Linien in die 60er und 70er Jahre zurückverfolgen, schärft doch das Wissen um das Ende den Blick für die Situation vor 20 bis 25 Jahren.[41]

In den zeitgenössischen Veröffentlichungen wird zunächst einmal nicht geleugnet, daß eine über Jahrzehnte dauernde obrigkeitsstaatliche Steuerung der politischen Kultur eine prägende Wirkung gehabt hat, die eine spezifische Bewußtseinslage, wenn auch in manchem anders als erwartet und gewünscht, hervorgebracht hat.

Der »vormundschaftliche Staat« (Rolf Henrich) versuchte, über ein durchgegliedertes System von Sozialisierungsinstrumenten (vom Kindergarten bis zur Rentnerschulung und dem staatlichen Grabredner) das aus der marxistisch-leninistischen Theorie abgeleitete neue Menschenbild zu verwirklichen, das allein der Zielvorstellung einer sozialistischen Lebensweise entsprach. Seit 1958 bis zum Ende der Ulbricht-Ära wurden die 10 Grundsätze der sozialistischen Moral, 1968 sogar in der Verfassung verankert, verbindliche Richtschnur der politischen Zielkultur des Staates. Das optimistische Menschenbild war eine Bedingung für die gesellschaftliche Zielsetzung einer sozialistischen und kommunistischen Gesellschaft freier, gleicher, bewußter, aktiver und kollektiv handelnder Bürger.

Da sich die SED unter Walter Ulbricht bewußt war, daß die Ausbildung einer eigenständigen nationalen Identität

(Bewußtseinsnation) wie im Falle Österreichs ein über mehrere Generationen dauernder Prozeß sein würde, kam der qualitativen Abnabelung und Abgrenzung von der alten deutschen bürgerlichen Nation auf politischem und sozio-kulturellem Gebiet existentielle Bedeutung zu. Dafür gab es Ansätze in der hier untersuchten Periode, die jedoch mit Erich Honeckers Politik (u.a. auch wegen der lauthals beschworenen angeblichen Entstehung einer »sozialistischen deutschen Nation«) verschüttet und schließlich zerstört wurden.

Trotzdem blieb seinerzeit die Mehrzahl der westdeutschen Autoren bei der Auffassung, daß »mit guten Gründen angenommen werden kann, daß bestimmte sozialistische Werteaspekte von einzelnen Bevölkerungsgruppen mehr oder weniger weitgehend angenommen« wurden.[42]

Darüberhinaus wurde die DDR-Gesellschaft in vielem zutreffend als lutherisch und proletarisch tradierte, autoritär geführte Industriegesellschaft mit großer sozialer Binnenhomogenität und einer (sowjetisch dominierten) inszenierten politischen Schein-Öffentlichkeit beschrieben. Völlig außerhalb der Untersuchung blieb damals naheliegenderweise ein Gesichtspunkt, der m. E. gegenwärtig höchst aktuell ist, nämlich: Wo überlagern und stärken sich bestehengebliebene negative Gemeinsamkeiten ost- und westdeutscher Mentalitäten unter den gegenwärtigen Bedingungen einer Krise, die schon nicht mehr nur eine wirtschaftliche ist? Die im Gegensatz dazu gelegentlich geäußerte Hoffnung, neuerdings auch von Gregor Gysi[43], daß die Ostdeutschen das Positive aus ihrer widersprüchlichen »Gemengementalität« (Ralf Rytlewski) in die politische Kultur der vergrößerten Bundesrepublik einbringen könnten, scheinen mir wenig chancenreich.

Politische Unkultur?

Der Begriff »politische Kultur« erfreut sich heutzutage eines inflationären Gebrauchs. Schon deshalb halte ich es für wichtig, mein Verständnis von diesem schillernden Terminus kurz darzustellen. Hinzu kommt noch zweierlei:

Vertreter eines streng normativen, an die Werte des westlichen Verfassungsstaates gebundenen politischen Kulturbegriffs lehnen es ab, im Zusammenhang mit den untergegangenen osteuropäischen Regimes überhaupt von »politischer Kultur« zu sprechen. Eine zweite Gruppe anerkennt zwar bedingt die Existenz einer politischen Kultur, versteht jedoch darunter ausschließlich das, was durch das Agieren der herrschenden Partei- und Staatsbürokratie an offizieller politischer Zielkultur vorgegeben und exekutiert wurde.

In beiden steckt das mehr oder minder deutlich artikulierte Urteil, daß es sich im Grunde um eine politische »Unkultur« gehandelt hat.

Schließlich gab und gibt es Vertreter, die von der Existenz einer politischen Doppelkultur ausgehen: der offiziellen politischen Zielkultur und einer sich dieser teils verweigernden, teils kooperierenden oder einfach koexistierenden politischen Gegenkultur. Keine dieser Positionen ist m. E. voll befriedigend, obwohl in allen ein rationaler Kern steckt, in welchem sich Elemente der realen politischen Kultur der DDR widerspiegeln, wie sie im unterschiedlichen Maße und nicht in allen Entwicklungsetappen mit gleichem Gewicht und gleicher Qualität existiert hat.

Aber macht die begriffliche Verknüpfung von »politischer und Alltagskultur« den terminologischen Wirrwarr nicht noch größer? Ich meine nicht. Denn sie soll – von einem ähnlichen Verständnis wie dem von der politischen Doppelkultur ausgehend – das der DDR-Realität am ehesten entsprechende tatsächliche Neben- und Miteinander dieser beiden Seiten oder Bereiche politischer Kultur in der DDR ausdrücken, die nicht losgelöst und unverändert und nicht ausschließlich im Konflikt miteinander über vierzig Jahre existiert haben. Damit soll auch angedeutet werden, daß die vordergründig scheinbar so stark politisierte Öffentlichkeit der DDR eigentlich zugleich auch ein in gewissem Sinne »ent-politisierter« Raum war, weil vieles von dem, was die politische Kultur einer »civil society« charakterisiert, nicht so oder so nicht stattfand.

Wenn Identität heißt, sich aus weltanschaulich-politischen, sozio-kulturellen, historischen und ethnischen Gründen zu einer engeren und/oder weiteren Gemeinschaft (Gruppe, Partei, Klasse, Landsmannschaft oder Nation) zugehörig zu fühlen und sich im Vergleich mit anderen zu definieren, besteht Identität stets aus einem subjektiven Selbstverständnis, einem strukturierten Kollektivbewußtsein und aus dem Sich-in-Beziehung-setzen zu den gegebenen sozial-historischen Verhältnissen. Dieser komplizierten Dialektik von personaler und kollektiver Identität wird hier nicht nachgegangen, sondern das Vehikel »Mentalität« als Vermittlungsglied benutzt.

Was aus den Dokumenten herauslesbar ist, das sind identische Denk- und Verhaltensweisen, die für die »Population DDR-Bürger« spezifisch waren bzw. noch sind, die nicht ohne die spezifischen gesellschaftlichen und räumlich-zeitlichen Konstellationen erklärbar und von unterschiedlicher Verallgemeinerungsfähigkeit und Konsistenz sind.

Die zur Verfügung stehenden Daten sind also als Indizien der kollektiven und zugleich vielfältigen Identität/Mentalität der Bürgerer zu nehmen und in Beziehung zur gesellschaftlichen Realität und speziell zur dekretierten und praktizierten politischen Kultur des Regimes zu setzen.

Allein aus den vorliegenden Daten die Existenz einer spezifischen »DDR-Identität« absolut schlüssig und wissenschaftlich überzeugend ableiten zu wollen, was ja auch bedeuten würde, auf die Unterstützung (und damit Legitimität) des Regimes durch jene zu schließen, auf die eine solche Identifizierung zuträfe, erforderte die Vorlage entsprechender Zeitreihen. Dies leisten die fragmentarischen Umfrageberichte nur sehr bedingt.

So verbietet es sich auch, bei der Analyse und Bewertung der Daten mit dem von Eastons (1975) vorgelegten Konzept politischer Unterstützung zu arbeiten.

Eastons geht – sicherlich zutreffend – davon aus, daß »Unterstützung« für ein Regime in zwei Typen gewährt wird.

Typ A: in einer allgemeinen, diffusen Form, die sich aus zwei Quellen nährt, den subjektiv akzeptierten Normen und Werten des Regimes sowie des durch ihn erlangten generalisierten Nutzens.

Typ B: in einer spezifischen Form, die aus dem kurzfristigen Nutzen gespeist wird.

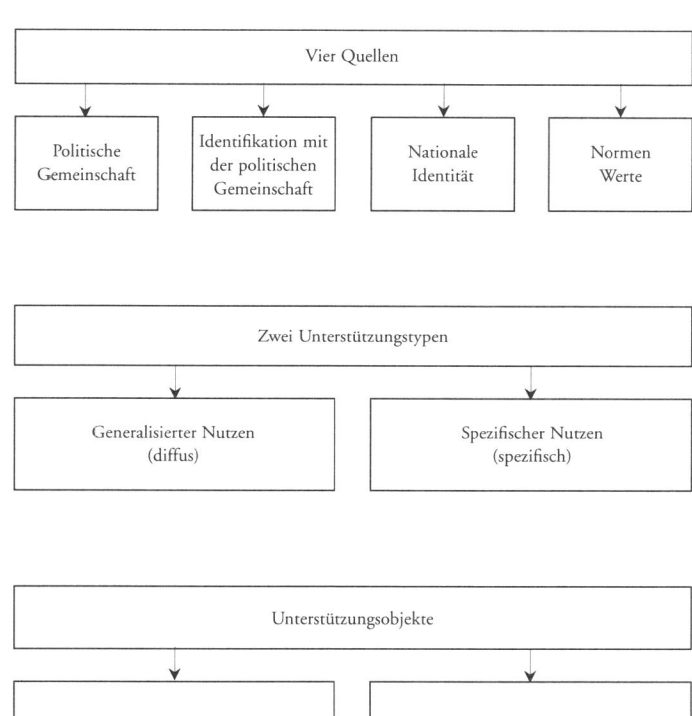

Vier Quellen			
Politische Gemeinschaft	Identifikation mit der politischen Gemeinschaft	Nationale Identität	Normen Werte

Zwei Unterstützungstypen	
Generalisierter Nutzen (diffus)	Spezifischer Nutzen (spezifisch)

Unterstützungsobjekte	
Regime	Autoritäten
Regime-Legitimität	Autoritäten-Legitimation
Regime-Vertrauen	Autoritäten-Vertrauen
Zukunftsvertrauen	Zufriedenheit mit den alltäglichen Outputs/Leistungen

Ergänztes Schaubild nach D. Fuchs

Als Unterstützungsobjekte nennt er drei unterschiedene Bereiche:
1. die politische Gemeinschaft,
2. das Regime und
3. seine Autoritäten.

Die meinem Verständnis zugrunde liegende Definition von »politischer Kultur« läßt sich damit abschließend wie folgt beschreiben: Der Begriff der politischen Kultur umfaßt einerseits Ziele, Inhalte, Normen und funktionales Verhalten des Staates, der Institutionen und Organisationen (Ziel- und Verhaltenskultur des politischen Systems) gegenüber den Bürgern und nichtstaatlichen Organisationen, andererseits die Auffassungen, Werte und Normen sowie Verhaltensweisen der Menschen, nach denen und durch die sie sich als einzelner oder korporierter Bürger zum Staat und seinem politischen System, seinen Leistungen und Repräsentanten sowie untereinander geistig und praktisch in Beziehung setzen.

Ein derart weit gefaßter Begriff von politischer Kultur mit seinen normativen, praktisch-prozessualen und moralischen Elementen und Ansprüchen an die kollektiven und personalen politischen Subjekte ist unter der Bedingung vertretbar, wenn der jeweilige Forschungsgegenstand eindeutig und eng genug gefaßt ist.

Dies ist damit geschehen, daß Elemente von DDR-Identität/Mentalität, die sich durch eine spezifische politische Kultur und gesellschaftliche Wirklichkeit und vor dem Hintergrund spezifischer Traditionen herausbildeten, durch die vorgelegten Berichte nachgewiesen werden sollen. Mit dem verwendeten Schema wurde eine auf deduktive Weise gewonnene eigene »Typologie« entwickelt, die dem verfügbaren lückenhaften Material und der Zielsetzung am besten zu entsprechen scheint.

Hiermit war nicht zu leisten , was an sich ein Grundanliegen politischer Kulturforschung ist, nämlich zu fragen, welche Erfahrungen, Werte und Normen (Ideologie) für die Bejahung oder Ablehnung des Regimes entscheidend waren oder sind. Dies kann im folgenden nur angedeutet werden.

III. Erfahrene Lebenswelt

DDR-Identität
als Reflex von DDR-Wirklichkeit

Die politische Kultur einer Gesellschaft, von deren Charakter die Identität ihrer Bürger nicht zu trennen ist, wird stets von mindestens drei grundlegenden und miteinander zusammenhängenden Faktoren geprägt:
– den Traditionen sowie den allgemeinen historischen und selbstgemachten Erfahrungen und angenommenen Normen der Menschen, nach denen sie sich verhalten,
– den von den politischen Institutionen vorgegebenen und vermittelten Normen und Zielen sowie
– durch die den sozialen Raum beherrschenden sozialen und soziokulturellen Verhältnisse.

Von den sozialstrukturell und soziokulturell vorherrschenden Bedingungen und Verhältnissen wird entscheidend die elementare Lebensweise der Menschen auf den drei Hauptfeldern, nach denen sie sich unterscheiden, bestimmt: der Bildung, dem Beruf/der Tätigkeit und dem Einkommen. (Unberücksichtigt bleibt, weil hier nur am Rande Gegenstand der Untersuchung, das Geschlecht.)

Im Ergebnis der nach 1945 im Osten erfolgten Umwälzung unter der Dominanz eines sowjetisch (stalinistisch) geprägten Gesellschaftskonzepts war Anfang der 60er Jahre in der DDR eine »entkapitalisierte« (nominell-sozialistische) quasi-moderne Industriegesellschaft entstanden. Sie zeichnete sich durch einen hohen Grad an sozialer Homogenität und eingeschränkter meritokratischer Dynamik aus. Vom kommunistischen Gleichheitsideal beeinflußt, war die soziale Differenzierung auf ein Minimum geschrumpft, die traditionelle Oberschicht verschwunden, die Mittelschichten (einschließlich der verbliebenen alten Intelligenz), der zur »herrschenden Klasse« erklärten Arbeiterschaft und der ihr verbündeten Bauernschaft nachgeordnet, den Angehörigen dieser beiden Klassen und ihren Kindern ein Bildungsprivileg eingeräumt, das aber zugleich mit dem der vormals herrschenden Klasse gebrochen hatte. Die Erwerbsarbeit von Männern und Frauen in Volkseigenen Betrieben und in den Landwirtschaftlichen Produktionsgenossenschaften oder Volkseigenen Staatsgütern, in staatlichen oder gesellschaftlichen Einrichtungen war der bestimmende Rahmen für die sozio-kulturelle und alltagspolitische Entwicklung dieser Zeit. Zwar war die erfolgte Verstaatlichung der Produktionsmittel nicht wesensgleich mit der (von Marx) postulierten Vergesellschaftung, aber Wandlungen im Charakter der Arbeit waren offensichtlich. Die Verwirklichung des von der Verfassung garantierten Rechts (und der Pflicht) auf Arbeit sowie der Wegfall der kapitalistisch-marktwirtschaftlichen Mechanismen der Konkurrenz um den Arbeitsplatz, der fehlenden Furcht vor Arbeitslosigkeit, des selbstgewählten weitgehenden Verzichts des Systems auf wirksame Sanktionen bei Pflichtverletzungen waren sowohl eine Quelle des entstehenden egalitären Denkens und Verhaltens als auch der Ausbildung gesamtgesellschaftlichen Verantwortungsbewußtseins (und eben nicht – wie gemeinhin behauptet – nur wachsender Verantwortungslosigkeit).

Die von westdeutschen Sozialwissenschaftlern diagnostizierte »Blockierung der meritokratischen Dynamik« durch die »Bleiplatte« (Niethammer) der politischen Machtelite mit ihren negativen Folgen für einen modernen Industriestaat trifft für die in der zweiten Hälfte der 70er Jahre beginnende Stagnationsphase der DDR sicherlich zu. Für die in Rede stehende Zeit aber nur in geringem Maße. Für sie ist eher eine »eingeschränkte meritokratische Dynamik« zutreffend. Ist dies doch die Periode der Entstehung einer neuen Intelligenz vor allem aus den bisherigen Unterschichten (Arbeiter und Bauern sowie deren Kindern) und deren (durch das Nomenklaturprinzip zwar beschränkten, aber durch Sachzwänge nicht zu blockierenden) Aufstiegs in der gesellschaftlichen Hierarchie.

Solche und andere sozio-kulturellen Umbrüche waren Ergebnisse der Brechung des bürgerlichen Bildungsprivilegs, wodurch eine neue intellektuelle Elite (ohne die tradierten

Merkmale bürgerlicher Eliten zu kultivieren oder ausbilden zu können) entstand, die das weltanschauliche Sinnangebot der marxistischen Ideologie und des Antifaschismus in hohem Maße, die antikapitalistische Theorie ebenfalls mehrheitlich annahm. Daß dies auch, zwar abgeschwächt, für fast alle anderen sozialen Gruppen zutraf, wird die Analyse einiger Berichte ebenso zeigen wie sich Symptome des Entziehens vor dem totalen Anspruch des Staates und der ständige Vergleich mit der westdeutschen Gesellschaft nachweisen lassen. Hier sind die zum Teil verfügbaren Analysen hinsichtlich der differenzierten Ergebnisse bei den verschiedenen Alters- und Bildungsgruppen besonders interessant.

Die weitgehende Nivellierung der Einkommen und die stets begrenzten Möglichkeiten, über das Einkommen eine deutlich über das notwendige Minimum hinausreichende Befriedigung von Bedürfnissen zu erreichen, relativierte die Bedeutung des Geldes. (Über die auch dadurch wie durch die drohende »meritokratische Blockierung« bedingten Leistungsdefizite, die keine Industriegesellschaft auf Dauer, noch dazu im selbstgewollten Wettstreit mit einer anderen industriellen Hochleistungsgesellschaft, verträgt, soll hier nicht die Rede sein, obwohl es lohnte zu fragen, inwieweit das Beispiel dieser erzwungenen »bescheideneren« Lebensweise mit »vernünftigen Bedürfnissen« heutzutage an Bedeutung gewinnen könnte.)

Das allgemein wachsende Bildungsniveau, die (auch gesellschaftlich betonte) Wertschätzung des jeweiligen Berufsstandes waren weitere Faktoren, die dem gewollten Abbau hierarchischer Strukturen einen zusätzlichen Bedeutungsverlust von Autoritäten in der politischen und Alltagskultur hinzufügten.

Die machtpolitisch totalitär strukturierte und autoritär-bürokratisch geführte DDR schien unter dem Aspekt ihres sozialstrukturellen und sozio-kulturellen Charakters auf dem Weg zu einer nicht-autoritären Gesellschaft der »kleinen Leute« und für kleine Leute.

Für die lebensweltliche Erfahrung der Mehrheit der DDR-Bürger war dieses relative Auseinanderfallen von »Obrigkeitsstaat« (im Kern die autoritäre SED-Sekretärs-Bürokratie) und gering hierarchischer »Gesellschaft« außerordentlich relevant. (Identifizierung mit der DDR mußte nicht gleichbedeutend mit Identifikation mit der SED sein, was auf die Unschärferelation des Begriffs »SED-Staat« als Forschungsprojekt für die ganze DDR-Geschichte aufmerksam machen sollte.)

Die westdeutsche politische Kulturforschung über die DDR hat seit Anfang der 80er Jahre zur politischen Kultur ihres, ausdrücklich so charakterisierten, autoritär-bürokratischen Systems verschiedentliche, durch die Quellen- und Datenlage oft nur hypothetische Vermutungen oder Extrapolationen für die Zeit ab Ende der 70er Jahre vorgelegt, als der allmählich spürbare Wertewandel und erste Krisensymptome dies auch von außen und durch die Analyse der Literatur möglich machten, Erkenntnisse, die sich in vielem als zutreffend erwiesen.

Solche zutreffenden Eckpunkte sind die Hervorhebung der Traditionen in den lutherischen Kernlanden, die sich mit denen der (hauptsächlich kommunistisch-stalinistischen) Traditionen der Arbeiterbewegung verwoben: Fleiß, Ordnung, Disziplin und Obrigkeitsgläubigkeit sind dafür die Stichworte. Hinzu kamen ein positives Staatsverständnis und das Streben nach innergesellschaftlicher Friedfertigkeit, eingeschlossen die Bereitschaft sich anzupassen und abzugrenzen, ganz im Geiste von Luthers »Zwei-Reiche-Konzept« dem Staat zu lassen, was des Staates ist, aber nicht mehr.

Ein entscheidender Mangel bisheriger, vor allem jüngster Darstellungen ist die weitgehende Ausblendung dieser historischen Umstände und konkreten Bedingungen, unter denen das politische System installiert und seine dann praktizierte politische Kultur im Osten implantiert wurde, aber auch wie es sich ab 1956 und deutlicher noch ab 1961 zu entwickeln begann.

Das politischen Systems in der DDR war ein vom totalitären Sowjetsystem abhängiges, dirigistisches und nur punktuell demokratisch legitimiertes, autoritär-bürokratisches Regime mit dem Auftrag der hegemonialen Siegermacht, eine entnazifizierte, sowjet-loyale und reparationstüchtige staatliche Ordnung zu errichten.

Unter Beachtung der temporär unterschiedlich ausgeprägten Zweiteilung von SED-Staat und DDR-Gesellschaft läßt sich, von Max Webers Mentalitäts-Paradigma ausgehend, sagen, daß es neben und nach der »Vergemeinschaftung« (durch die diversen kollektiven Arbeits- und Lebensformen), der »Vergesellschaftung« (durch den weitgehend homogenen sozialen Raum DDR), »Kampf und Abgrenzung«, Kampf um Anerkennung der eigenen Leistung und Abgrenzung nicht nur gegenüber den Anmaßungen des eigenen Staates, sondern auch gegenüber der wohlwollend-herablassenden Arroganz der erfolgreichen westdeutschen Teilgesellschaft waren, die die Herausbildung neuer Elemente in der ostdeutschen Mentalität wesentlich bestimmten.

Es entwickelte sich diese spezifische Gemenge-Mentalität, bestehend aus preußisch-protestantischer Tradition, lebensweltlicher chaotischer Krisen-, Kriegs- und Nachkriegserfahrung, die durch das bestehende Treue-Schutz-Verhältnis zwischen Bürger und paternalistischem Staat solange bewahrt wurde, wie er versprach, den Interessen und Hoffnungen der Menschen zu entsprechen. Bald kam ein bescheidener Stolz auf die unter ungünstigen Bedingungen erbrachte Aufbauleistung und die (zwar noch ungefestigte und sich selbst rechtfertigende) Überzeugung hinzu, daß einem sozialistischen Wirtschafts- und Gesellschaftssystem die Zukunft gehöre. Soziale Sicherheit, Frieden, Antifaschismus, Gerechtigkeit und wachsender bescheidener Wohlstand wurden in dem Maße zum Keim einer eigenständigen kollektiven und personalen Identität vieler DDR-Bürger, indem und solange diese Zielversprechen in realen Leistungen des Systems von den Menschen erfahren wurden.

Dies gehört zum Hintergrund für die Bewertung und Interpretation der vorgelegten Berichte und der in ihnen reflektierten zivilisatorischen Leistungen.

Verordnete Rituale?
Die DDR als antifaschistische Gesellschaft

Keine Untersuchung ostdeutscher Gesellschaft und Identität kann auskommen, ohne das Element des Antifaschismus der DDR-Gesellschaft und des SED-Staates zu berühren. Ob nun als »verordnet«, »ritualisiert« oder nur als angemaßte »Legitimitätsstrategie« des Regimes begriffen.

Antifaschismus hat jahrzehntelang eine prägende Rolle in Staat und Gesellschaft und für die meisten Menschen im Osten gespielt. Eine von zwölf Jahren Nationalsozialismus, Völkermord, Vertreibung, Krieg und totalem Zusammenbruch geprägte Generation, die ihre Mitschuld zu wenig öffentlich und nur in der unmittelbaren Nachkriegszeit ansatzweise aufarbeitete, sondern eher durch forciertes Einlassen auf das neue, antifaschistisch-demokratische Deutschland abzutragen und zu verdrängen suchte (Wiedergutmachungssyndrom), erwies sich den entstehenden neuen gesellschaftlichen Verhältnissen und Strukturen gegenüber besonders empfänglich. Das Trauma der Niederlage und bedingungslosen Unterwerfung wurde relativiert und verarbeitet, indem man sich zum »Befreiten« disponierte bzw. disponieren ließ, sich so auf die Seite der Sieger schlug und durch Aufbauleistung sein Selbstwertgefühl wiedergewann. (Beim letzteren wohl sehr der Wiedergewinnung des Selbstwertgefühls der Westdeutschen verwandt. Es ist unter Umständen zu vermuten, nicht zu beweisen, daß die verschiedentlichen hohen Zustimmungsquoten bei Vergleichsfragen zu den gesellschaftlichen Verhältnissen in beiden deutschen Staaten zugunsten der DDR-Verhältnisse u.a. auch aus dem Wunsch heraus gespeist waren, sich des eigenen Selbstwertgefühls zu versichern.)

Von den aufgefundenen Dokumenten gibt eigentlich nur der »Bericht über eine Umfrage zu einigen Problemen der nationalen Politik in beiden deutschen Staaten« vom Juli 1965 einige wenige Indizien dafür her, inwieweit eigenes Erleben und/oder der mit der politischen Zielkultur (einschließlich der Kunst und schöngeistigen Literatur/Film) vermittelte Antifaschismus DDR-Identität mitgeformt hatte. (vgl. Heinz Niemann, Meinungsforschung ..., Dok. I)

Wenn dort (Frage 1) 79 Prozent der Meinung sind, die Verantwortung für die Lösung des nationalen Problems in Deutschland läge beim deutschen Volk, so zeugt das auch von einem Gefühl, die nazistische Vergangenheit aufgearbeitet zu haben und als vollberechtigtes Glied in die Völkergemeinschaft zurückgekehrt zu sein. Unter den 55,5 Prozent, die auf die Frage, welche der beiden Regierungen das Recht habe, im Namen des ganzen deutschen Volkes aufzutreten, für die DDR-Regierung votieren (gegenüber 18,6 Prozent, die noch keiner der beiden Regierungen dies zugestehen wollten), waren ganz offensichtlich jene in der Mehrheit, die ihre Entscheidung damit begründeten, daß sich die DDR »konsequent an das Potsdamer Abkommen« gehalten hat, sprich: Nazismus und Militarismus mit der Wurzel auszurotten und die Verantwortlichen zu bestrafen. Dies widerspiegelt auch das Ergebnis auf die Frage:

Wenn Sie darüber entscheiden sollten, ob zwanzig Jahre nach Beendigung des zweiten Weltkrieges die Verbrechen des Faschismus vergessen und den Tätern vergeben werden müsse, welche Entscheidung würden Sie treffen?

ICH BIN	FÜR SOFORTIGE VERJÄHRUNG	FÜR VERLÄNGERUNG DER VERJÄHRUNGSFRIST UM FÜNF JAHRE	GEGEN EINE FRIST
Männer	4,1%	6,5%	88,8%
Frauen	2,7%	5,9%	89,3%
Gesamt	3,3%	6,2%	89,1%
ohne Angabe			1,4%

Nicht unerheblich für den Streit darüber, in welchem der beiden deutschen Staaten in den ersten zwei Jahrzehnten mehr antifaschistische Geschichtsaufarbeitung und Vergangenheitsbewältigung geleistet worden war, ist sicherlich der Vergleich von Ergebnissen auf die Frage nach der Endgültigkeit der Nachkriegsgrenzen Deutschlands.

Halten Sie die jetzigen Grenzen Deutschlands für endgültig oder sind Sie der Meinung, daß die Grenzen von 1937 wieder hergestellt werden sollten?

	JETZIGE GRENZEN SIND ENDGÜLTIG	GRENZEN VON 1937 WIEDER HERSTELLEN	OHNE ANGABE
Männer	69,1%	23,6%	7,3%
Frauen	70,9%	20,4%	8,9%

Eine Umfrage des Allensbacher Instituts für Demoskopie zu diesem Thema vom Juni 1965 erbrachte, daß 46 Prozent der Westdeutschen meinten, die ehemaligen Ostgebiete würden nie mehr deutsch werden, was 1953 noch von 73 Prozent erwartet wurde.

Während es schon bei obigem Ergebnis selbst jenen heutigen Autoren, die den antifaschistischen Charakter der DDR als »Teil einer politischen Legende« erklären, schwer fallen dürfte, dies auch nur scheinbar plausibel zu begründen, sollte sich ein anderes Umfrageergebnis noch weniger für diese Interpretation eignen: Auf die Frage, wie der 8. Mai 1945 – ob als Tag der Befreiung oder als Tag der Niederlage – empfunden worden sei, hatte die DDR doch anteilig nicht weniger ehemalige Nazis und immer noch etwa vier Millionen Flüchtlinge in ihren Grenzen, sahen trotzdem 90,7 Prozent den 8. Mai 1945 zwanzig Jahre später als »Tag der Befreiung« und nur 6,1 Prozent als Tag der Niederlage. Alles nur »ein Mythos des Antifaschismus«?

Im Osten Deutschlands lebten nach 1945 anteilig nicht weniger ehemalige Nazis als im Westen. Aber aufgrund der neuinstallierten politischen Systeme, einschließlich der politischen und juristischen Verfolgung einerseits und der Wiederherstellung des Berufsbeamtentums andererseits, zog es naturgemäß viele einstige Protagonisten der Nazis in die Bundesrepublik. Globke, Kiesinger, Lübke oder Filbinger in höchsten Ämtern – das war in der DDR undenkbar. Und so konnten der offizielle Antifaschismus und die antinazistische Vergangenheit fast ausschließlich aller Angehörigen der politischen Machtelite auch im Volk als aus Antifaschismus gespeister Legitimitätsfaktor feste Wurzeln schlagen.

Wichtig und unerläßlich ist ein differenziertes Verständnis von Antifaschismus. Lange Zeit dominierte in der DDR ideologisch und politisch ein zu enger Begriff davon; auch wurde er in der Krisenphase als letzte glaubwürdige Legitimation von der Politbürokratie instrumentalisiert. Aber der DDR als Staat und Gesellschaft den antifaschistischen Charakter generell absprechen zu wollen, ist nur ein erneuter Mißbrauch des Antifaschismus mit umgekehrten Vorzeichen. Offiziell hat die DDR der Bundesrepublik deren antifaschistischen Charakter mit dem Verweis auf die unterbliebene Enteignung und Bestrafung der

Protagonisten und Träger der Nazis aus Industrie, Finanzkapital sowie Politik und Verwaltung stets bestritten. Umgekehrt wird dies jetzt der DDR abgesprochen, weil in der Nachfolge der Nazidiktatur kein Verfassungsstaat westlicher Prägung installiert worden sei. Abgesehen davon, daß die Defizite bei der Aufarbeitung der Nazivergangenheit nicht gleichgewichtig und -gelagert sind, ist an diesen beiden Positionen zumindest soviel jeweils richtig, daß keiner der beiden deutschen Nachfolgestaaten für sich eine allseitige konsequente Überwindung des Nationalsozialismus reklamieren kann: im Westen insbesondere wegen unterlassener sozial-ökonomischer Konsequenzen und der ausgebliebenen bzw. verzögerten Bestrafung führender Nazis, im Osten wegen ungerechtfertigter Verfolgung Unschuldiger in der unmittelbaren Nachkriegszeit und demokratisch-zivilgesellschaftlicher Defizite infolge der unterbliebenen Installation eines (sozialistischen) Rechtsstaates.

Eine blamierte Idee?
Die DDR als Arbeitsgesellschaft

Die wirtschaftliche Entwicklung hatte die DDR Mitte der 60er Jahre an die Schwelle zu einer modernen Industriegesellschaft geführt. Eine (sowieso noch traditionell durch die protestantische Arbeitsethik sowie die nachwirkende Disziplinierung durch das kapitalistische Produktionsregime gestützte) grundsätzlich positive Einstellung zur Arbeit, zu Leistung und zum Wirtschaftswachstum als Grundlage gesellschaftlichen Fortschritts und persönlichen Wohlergehens lassen sich ebenso wie die mehrheitliche Bereitschaft, sich mit Verantwortung in diese Arbeitsgesellschaft einzubringen, nachweisen. Dem kommen Versuche entgegen, für den Wirtschaftsbereich eine Mitverantwortung erzeugende Teil-Öffentlichkeit zu entwickeln (Wettbewerbsaufrufe, Ehrungen als »Aktivist« und »Held der Arbeit«, Pressekampagnen, betriebliche und kommunale Mitbestimmungsformen, Teilnahme an Rationalisierungsvorhaben).

Die Berichte liefern für den hohen Stellenwert von »Arbeit« in der Interessen- und Wertehierarchie wichtige Belege. So rangierte bei der Frage nach Ursachen für die nicht volle Ausnutzung der Arbeitszeit an erster Stelle »ungenügendes Verantwortungsbewußtsein einzelner Kollegen« (41,2 Prozent), was auf eine kritische Reflexion diese Problems hindeutet. Für den Schutz des gesellschaftlichen Eigentums gegen Diebstahl, Vergeudung oder Beschädigung fühlten sich sogar 71,2 Prozent verantwortlich.

Auch widmeten 41 Prozent der Leser von Bezirkszeitungen der Wirtschaft besondere Aufmerksamkeit (vierter Platz in einer 10er-Skala; *vgl. Dok.I, Frage 10*).

Dem Verhalten gegenüber dem Volkseigentum wurde ein zweiter Platz, der Arbeitsproduktivität, dem Weltniveau und dem Krankenstand immerhin noch ein 15. Platz in einer 27er-Skala gegeben.

94 Prozent meinten, daß die zunehmende Automatisierung höheres Wissen und Können erfordere und deshalb eine ständige Weiterbildung und Qualifizierung lebenslang notwendig sei, was 89,5 Prozent bejahten.

Die »preußisch-protestantische« Tradition scheint durch das Ergebnis auf folgende Frage bestätigt:

Was müßte Ihrer Meinung nach bei jungen Menschen in der Berufsausbildung gefördert werden?

Fleiß, Gewissenhaftigkeit und Disziplin	71%
selbständiges Denken und Arbeiten	77%
Liebe zur DDR und Bereitschaft zur Mitarbeit beim Aufbau des Sozialismus	43%
das Streben, sich ständig zu qualifizieren	63%
Freundschaft zur Sowjetunion und zum proletarischen Internationalismus	30%
Unduldsamkeit gegenüber Mängeln in der Arbeit anderer	45%
das Auftreten gegen überholte Arbeitsgewohnheiten und -methoden	44%
Bereitschaft, die DDR zu verteidigen	37%

(Die geringeren Werte bei den politisch-ideologischen Fragen gegenüber Ergebnissen anderer Umfragen erklären sich wahrscheinlich daraus, daß hier ihre direkte Koppelung an die Berufsausbildung vorgegeben war. Für diese Interpretation spricht das Ergebnis bei Frage 7, wo 64,0 Prozent die besseren persönlichen Entwicklungsmöglichkeiten in der DDR gegenüber nur 14 Prozent, die gleiche oder bessere in der Bundesrepublik sahen.)

Eine Betriebsumfrage von 1971 brachte hinsichtlich der Rangfolge von Eigenschaften, die einen Arbeiter auszeichnen sollten, folgende interessante Ergebnisse:

Welche Eigenschaften halten Sie für am wichtigsten, die heute Ihrer Meinung nach einen Arbeiter auszeichnen sollten?

	GESAMT	MÄNNER	FRAUEN	ARBEITER	ANGESTEL.	INTEL.
hohes fachliches Können	74,4	81,7	68,2	71,9	83,2	84,8
Hilfsbereitschaft gegenüber anderen Kollegen	45,6	42,1	49,6	50,5	38,9	23,5
Verantwortung für das Ganze	29,2	–	–	25,1	36,5	47,7
Unduldsamkeit gegenüber Mängeln	27,4	33,3	20,8	–	–	–
Achtung vor der Leistung anderer	23,5	–	–	24,5	22,5	16,7
allseitige Bildung	22,3	–	–	–	–	–
Interesse am politischen Geschehen	22,0	–	–	–	–	–
Freundschaft zur Sowjet-Union	19,6	–	–	20,7	16,8	15,9
Stolz darauf, der herrschenden Klasse anzugehören	11,6	–	–	–	–	–

(Angaben in Prozent)

Wie auch in vielen anderen Fällen macht dieser Befund besonders deutlich, daß die Ergebnisse bei den aus der offiziellen

Zielkultur abgeleiteten Indikatoren die Gruppe »Arbeiter« meistens durch die relativ größten Vorbehalte auffiel.

Hier in der Tabelle die 3. Position, bei der nach der gesamtgesellschaftlichen Verantwortung gefragt war, wobei die nur 25,1 Prozent bei »Arbeitern« es wohl vermuten lassen, daß es bei einem Viertel der zur herrschenden Klasse erklärten sozialen Gruppe bis zu diesem Zeitpunkt gelungen war, das von der politischen Zielkultur unter Ulbricht formulierte Credo, bei den Arbeitern ein sozialistisches Eigentümer- und Produzentenbewußtsein zu entwickeln, auch zu erreichen. Gerade dies aber sollte die ökonomischen und außerökonomischen Zwänge kapitalistischer Lohnarbeit als Triebkräfte effektiven Arbeitens und Wirtschaftens ersetzen. Der fast doppelt so hohe Wert bei der Intelligenz signalisiert die deutlich höheren Erwartungen an das Bewußtsein und Verhalten der als »führende und vorbildliche« Kraft vorgestellten Klasse.

Die SED-Mitglieder räumten den Produktionsaufgaben und damit zusammenhängenden Problemen einen dritten Platz ein *(vgl. Dok. II, Frage 19)*. 42 Prozent der Genossenschaftsbauern benannten als Ursache für schlecht wirtschaftende LPG »Gleichgültigkeit« an zweiter Stelle, nach 59 Prozent für schlechte Leitungstätigkeit *(SAPMO, BArch, IV B2/906/42)*.

Zwischen 1970 und 1972 stellen die Umfragen bezüglich des Verantwortungbewußtseins gegenüber dem Volkseigentum zwar eine schwach positive Tendenz auf relativ hohem Niveau fest, so wenn sich 1971 zu dieser Verantwortung 81,3 Prozent gegenüber 87 Prozent im Jahre 1972 bekannten. Aber dieser Durchschnittswert verschleiert das Zurückbleiben im unmittelbar produzierenden Bereich.

Darauf macht das Ergebnis der Betriebsumfragen von 1970 und 1971 aufmerksam:

Was meinen Sie, fühlen sich alle Mitglieder Ihrer Brigade oder Ihres Arbeitskollektivs dafür verantwortlich, was in Ihrem Betrieb geschieht?

alle fühlen sich verantwortlich	16,4%(1970)	16,0%(1971)
meisten fühlen sich verantwortlich	43,4%(1970)	46,0%(1971)
wenige fühlen sich verantwortlich	37,2%(1970)	29,7%(1971)

Eine vergleichbare verantwortungsbewußte Einstellung zur Arbeit widerspiegeln einige Ergebnisse bei den Umfragen auf dem Lande, wenn z.B. bei der Frage nach Gründen für eine nicht volle Ausnutzung der Arbeitszeit nur 6,4 Prozent angaben, darüber noch nicht nachgedacht zu haben.

Auch das Ergebnis zu folgender Frage paßt in dieses Bild:

Was meinen Sie, fühlen sich die Genossenschaftsbauern und Arbeiter in Ihrer LPG für alles, was in der LPG geschieht, verantwortlich?

	PFLANZEN-	TIERPRODUKTION
alle fühlen sich verantwortlich	11,1%	16,1%
meisten fühlen sich verantwortlich	49,2%	51,0%
wenige fühlen sich verantwortlich	25,5%	22,3%
kann ich nicht beurteilen	7,8%	7,6%
ohne Angaben	6,4%	3,0%

Die Umfragen in der Landwirtschaft zeigen dem aufmerksamen Analytiker, daß dort die positiven Ergebnisse gegenüber der Stadt zeitlich verzögert ermittelt wurden, was sicher mit den Entwicklungsproblemen der kollektivierten Landwirtschaft nach 1960 zusammenhing, sich dann aber sichtbar stabilisierte.

So bejahen im Jahre 1978 bemerkenswerte 58,9 Prozent bzw. 48,6 Prozent der Genossenschaftsbauern in der Pflanzen- bzw. Tierproduktion, daß sie in die Vorbereitung und Ausarbeitung des neuen Statuts ihrer LPG genügend einbezogen waren. In ähnlicher Höhe wurde dies für die neue Betriebsordnung ermittelt.

Insgesamt kann man festhalten, daß Anfang der 70er Jahre durchaus eine hinreichende Grundlage für die Erreichung der gesetzten sozio-kulturellen und ideologischen Ziele der offiziellen politischen Kultur entstanden war. Da aber das DDR-System wie im politischen auch im ökonomischen Bereich sich als unfähig erwies, auf die aus der weltwirtschaftlichen Krisenentwicklung, der Stagnation und Krise seiner östlichen Wirtschaftspartner und auf die fast zeitgleich mit dem neuen Technologieschub verbundenen gesellschaftlichen Herausforderungen erfolgreich zu reagieren, zerbröselte diese Basis schnell wieder.

Das Versagen des sozialistischen Konzepts vom »neuen Menschen« wird zuerst im Versagen der Wirtschaft sichtbar, dort, wo die Produzenten ohne die für die Warenproduktion charakteristischen Triebkräfte nicht hinreichend für eine effektive ökonomische Tätigkeit motiviert werden konnten (von den Einflüssen der technologisch-ökonomischen Defizite des sowjetischen Wirtschaftssystems, unkontinuierlicher Materialbereitstellung, den nicht-äquivalenten Handelsbeziehungen u.a. Belastungen abgesehen). Die wegbrechende ökonomische Basis blockierte nun jeden weiteren ernsthaften Versuch zur Demokratisierung der Gesellschaft und verstärkte die antiliberalen Tendenzen ihrer Entwicklung.

Marx' Erkenntnis, daß sich jede Idee mit schöner Regelmäßigkeit blamiert, wenn sie vom (ökonomischen) Interesse verschieden, haben die politisch Verantwortlichen nie wirklich in ihrer ganzen Tragweite für ein sozialistisches Gesellschaftskonzept und seine Zeitdimension begriffen.

Wenn daran auch ehemals marxistische Philosophen wie Peter Ruben die Schlußfolgerung knüpfen, daß damit die These von Notwendigkeit und Möglichkeit der Vergesellschaftung der Produktionsmittel widerlegt sei, so muß das nicht nur deswegen Widerspruch hervorrufen, weil es eine unzulässige Verkürzung des Wahrheitskriteriums »Praxis« ist, sondern auch, weil aus dem einmaligen Scheitern eines theoretischen Ansatzes seine Falsifikation zu behaupten, ohne zu fragen, ob die Realisierungsbedingungen hinreichend gegeben waren, nicht statthaft ist. Praxis ist nun einmal ein dialektisches Wahrheitskriterium. Die in den Berichten nachgewiesenen Keime eines neuen Arbeits-Ethos und das punktuelle Wirken neuer Leistungstriebkräfte begründen einen ausreichenden Zweifel daran, daß der Mensch als homo oeconomicus unter allen Verhältnissen und immerdar nur durch egoistisch-marktwirtschaftlichen Interessen getrieben wird.

Gerechtigkeit contra Leistung?
Die DDR als egalitäre Gesellschaft

Analysen westdeutscher Soziologen bei DDR-Übersiedlern aus den Jahren 1986 bis 1988, also in der Zeit eines bereits entwickelten Krisenbewußtseins bei vielen, zumal übergesiedelten DDR-Bürgern, hoben immer wieder – meist verwundert – ein ausgeprägt egalitäres Denken und Verhalten bei vielen von ihnen hervor, wodurch ihre Integration in die vielfältig hierarchisierte westdeutsche Industrie- und Leistungsgesellschaft außerordentlich erschwert wurde. (Inzwischen haben Millionen Ex-DDR-Bürger ähnliche Erfahrungen gemacht.)

Die große Mehrheit der Befragten fühlte sich in ihren Arbeitskollektiven wohl (62,9 Prozent ja, 33,7 Prozent teils-teils), wofür das ganz wichtige Verhältnis zu den Vorgesetzten und umgekehrt eine große Rolle gespielt haben dürfte. Dazu erbrachte diese Umfrage folgende Daten:

Wenn Sie an das Verhältnis der Mitglieder Ihres Arbeitskollektivs untereinander denken, an das Verhältnis zu den Vorgesetzten und umgekehrt, wie würden Sie das einschätzen?

	SEHR GUT	GUT	TEILS, TEILS	SCHLECHT	O. ANG.
Arbeitskollegen untereinander	15,8%	52,8%	27,7%	2,8%	0,9%
Kollektiv zum Vorgesetzten	10,5%	52,2%	32,0%	3,5%	1,8%
Vorgesetzter zum Kollektiv	12,8%	46,3%	30,2%	7,8%	2,9%

Jede heute bei ehemaligen DDR-Bürgern angestellte vergleichende Untersuchung hinsichtlich der damaligen und heutigen Beziehungen zwischen den Arbeitskollegen und Vorgesetzten würde sicher mit hoher Wahrscheinlichkeit den damaligen Befund bestätigen.

Selbst 64 Prozent der gerade aus ihrer Lehrlingsausbildung entlassenen jungen Facharbeiter hielten es für normal, daß sie im Arbeitskollektiv sich offen und auch kritische Meinungen äußern sollten. Beim Vergleich einiger gesellschaftlicher Indikatoren der beiden deutschen Staaten schneidet die DDR hinsichtlich der Mitbestimmungsmöglichkeiten am Arbeitsplatz mit 89,3 Prozent gegenüber nur 2,7 Prozent für die BRD deutlich günstiger ab als beim allgemeinen Demokratie-Vergleich (DDR: 69,2 Prozent; BRD: 18,3 Prozent).

Bei der Bauernschaft äußerte sich dieser egalitäre Grundzug der DDR-Gesellschaft in einem spezifischen Aspekt, so, wenn in der zitierten Umfrage zur Landwirtschaft 1978 die Frage nach der Gleichstellung von LPG-Bauern (die seinerzeit je nach Genossenschaftstyp ihren Grund und Boden, Maschinen und Vieh in die Genossenschaft eingebracht hatten) und den ehemaligen oder neu hinzugekommenen landwirtschaftlichen Arbeitern gefragt wurde.

Halten Sie die mit dem neuen Musterstatut festgelegte gleichberechtigte Stellung von Genossenschaftsbauern und Arbeitern in der LPG für richtig?

	PFLANZENPRODUKTION	TIERPRODUKTION
ja	75,9	77,0
nein	15,1	11,9
ohne Angaben	9,0	11,1

Auch die Meinung, daß das gesellschaftliche Ansehen der Bauern in der DDR besser sei als in der Bundesrepublik (60,2 zu 9,1 Prozent) spricht für diesen Befund. *(vgl. SAPMA, BArch, IV B906. Bericht über einige Probleme der sozialistischen Landwirtschaft vom 25. Mai 1968)*

Der de facto Abbau hierarchischer Verhältnisse, die eigentlich durch die Leitungsstrukturen und Weisungsbefugnisse verbindlich gegeben waren, zeigte sich in den produzierenden Bereichen am deutlichsten.

Eine nicht mindere Rolle muß dem relativ gering differenzierten Einkommensniveau beigemessen werden. Von einer ganz kleinen Gruppe Spezialisten, Medizinern, Künstlern und Schriftstellern abgesehen, betrug das Differenzverhältnis zwi-

Frage 11:Wie müßte sich Ihrer Meinung nach ein junger Facharbeiter, der eben seine Ausbildung beendet hat, verhalten, wenn er in die Brigade bzw. das Arbeitskollektiv kommt?

	%
- er müßte bescheiden und zurückhaltend sein	16,0
- er müßte erst einmal seine Leistungen unter Beweis stellen	57,0
- er müßte bereit sein, alle Wünsche der älteren Kollegen zu erfüllen	5,0
- er sollte offen sagen, was ihm im Kollektiv nicht gefällt	64,0
- er müßte seinen Einstand geben	17,0
- er müßte gesellschaftlich aktiv sein	33,0
- er müßte sich dem Kollektiv unterordnen	26,0
- er sollte sich, wenn er Rat und Hilfe braucht, an die Mitglieder der Brigade wenden	79,0

Frage 12:Welcher Gesichtspunkt sollte Ihrer Meinung nach bei der Berufswahl junger Menschen bestimmend sein?

	%
- der persönliche Wunsch	38,5
- die volkswirtschaftlichen Erfordernisse	3,0
- eine weitgehende Übereinstimmung volkswirtschaftlicher Erfordernisse und persönlicher Wünsche	57,0
- ohne Angaben	1,5

Aus: Bericht über eine Umfrage
zu einigen Problemen der Berufsausbildung vom 28. Mai 1968

<u>Frage 13:</u>Halten Sie es für richtig, wenn die Jugend im Rahmen
ihrer Berufsausbildung auch zum politischen Denken
erzogen wird oder finden Sie es besser, wenn sich die
Ausbildung nur auf fachliche Fragen konzentriert?

%

- ich halte es für richtig, wenn die Jugend
  im Rahmen der Berufsausbildung auch zum
  politischen Denken erzogen wird   66,0
- ich halte es für richtig, daß sich die Berufsausbildung nur auf fachliche Fragen
  erstreckt   32,0
- ohne Angaben   2,0

<u>Frage 14:</u> Was müßte Ihrer Meinung nach bei jungen Menschen in
der Berufsausbildung gefördert werden?

%

- Fleiß, Gewissenhaftigkeit und
  Disziplin   71,0
- selbständiges Denken und Arbeiten   77,0
- Liebe zur DDR und Bereitschaft zur
  Mitarbeit beim Aufbau des Sozialismus   43,0
- das Streben, sich ständig zu qualifizieren   63,0
- Freundschaft zur Sowjetunion und zum
  proletarischen Internationalismus   30,0
- Unduldsamkeit gegenüber Mängeln in der
  eigenen Arbeit und in der Arbeit anderer   45,0
- das Auftreten gegen überholte Arbeitsge-
  wohnheiten und -methoden   44,0
- Bereitschaft, die DDR zu verteidigen   37,0

<u>Frage 15:</u>Ganz allgemein gesprochen: Sind Sie mit den
Arbeitsbedingungen in Ihrem Betrieb zufrieden?

%

        - ich bin zufrieden   52,0
        - ich bin nicht zufrieden   43,5
        - ohne Angaben   4,5

Aus: Bericht über eine Umfrage
zu einigen Problemen der Berufsausbildung vom 28. Mai 1968

schen dem Durchschnittseinkommen und den üblichen »Spitzengehältern« in Industrie, Wissenschaft, Bildung und Verwaltung maximal 1:4, für die Masse der »höheren« Einkommengruppen sogar nur 1:2 bis 1:3. (Honeckers Bruttogehalt als Generalsekretär, Staatsratsvorsitzender und Vorsitzender des Nationalen Verteidigungsrates betrug 7.500 Mark.)

Obwohl dieses am Gerechtigkeitsideal orientierte eingeschränkte Leistungsprinzip Effizienzverluste mit sich brachte, wurde es von den Angehörigen der Funktions- und geistig-kulturellen Elite damals nie massiv in Frage gestellt. Bemerkenswerterweise spielen Entlohnungsfragen in den Umfrageberichten auch bei Produktionsarbeitern stets nur eine marginale Rolle.

Der heute als »Sozialneid-Diskussion« abqualifizierte Unmut über Top-Manager- und Politikervergütungen hat bei den Ostdeutschen seine Quelle in der ethischen Akzeptanz des sozialistischen Gerechtigkeitsbegriffs in einem konkret erfahrenen Größen- und Maßverhältnis, das im wesentlichen nur an erkennbar unterschiedliche Qualifikations- und Leistungsniveaus gebundene Einkommensdifferenzierungen zuließ.

Eine Hand wäscht die andere?
Die DDR als kollektivistische Gesellschaft

Bei der Bindung großer Mehrheiten der Bevölkerung an die ostdeutschen gesellschaftlichen Verhältnisse und ihrer Rolle für die Ausbildung kollektiver DDR-Identität fällt die Klasse der Genossenschaftsbauern auf. Bei ihnen stieg die Bevorzugung der gesellschaftlichen Verhältnisse der DDR gegenüber denen der BRD von 61,0 (1975) auf 69,6 Prozent (1978) an.

Als Folge des arbeitsgesellschaftlichen Charakters und ihrer egalitären Züge wurden von der politischen Zielkultur vorgegebene Erwartungen hinsichtlich der Ausbildung von kollektiven Arbeits- und Lebensformen in bestimmten Umfang angenommen. Dieser kollektivistische Grundzug in der politischen Alltagskultur der DDR zeigt sich in dem wiederholten Befund, daß meist über 50 Prozent die Diskussion politischer Fragen im Arbeitskollektiv jedem anderen Gremium (Familie, Freundeskreis, Versammlungen von Parteien und Organisationen) vorzogen, was mit dem hohen Zufriedenheitsgrad hinsichtlich des sozialen Klimas im Arbeitskollektiv korreliert. (Dies fanden übrigens zur gleichen Zeit – 1968 – nur 30 Prozent der Genossenschaftsbauern in gleicher Weise.)

In der Betriebsumfrage 1971, im Jahr des Machtwechsels von Ulbricht, dem »Erfinder« der »sozialistischen Menschengemeinschaft«, auf Honecker, bestätigen immerhin 23,8 Prozent der Arbeiter, 39,7 Prozent der Angestellten und 40,9 Prozent der Angehörigen der Intelligenz, daß der Wettbewerb »den Gemeinschaftsgeist und das Zusammengehörigkeitsgefühl des Kollektivs« fördere.

Die Ergebnisse der Umfrage zu Problemen des geistig-kulturellen Lebens von 1971 *(vgl. Dok. X)* unterstreichen den hohen Stellenwert des Arbeitskollektivs über die reine berufliche Tätigkeit hinaus, wenn 57,6 Prozent bereit waren, an der Erfüllung des Kultur- und Bildungsplanes der Brigade mitzuarbeiten oder 71 Prozent das gesellige Leben in und mit dem Arbeitskollektiv mit gut bis befriedigend bewerteten.

Eine sechs Jahre später (1977) erfolgte Umfrage zum Freizeit- und Geselligkeitsverhalten bestätigte mit ihrem Ergebnis auf die Frage nach der Art besuchter Veranstaltungen (im bzw. mit dem Arbeitskollektiv), daß nur 11,5 Prozent in den zurückliegenden acht Monaten noch keine solche Veranstaltung mit dem Arbeitskollektiv hatten gegenüber 61,1 Prozent, die das bejahten *(vgl. Dok. XX)*.

Bemerkenswert ist es zweifellos, wenn auf die Frage, ob Arbeitsleistungen im Wettbewerb hauptsächlich als Einzelleistungen oder als Leistungen des Kollektivs anerkannt (und somit in aller Regel geldlich prämiiert) werden sollten, sich 57,5 Prozent für die Anerkennung der Kollektivleistungen und nur 28,0 Prozent für die Auszeichnung der Einzelleistung aussprachen, was aber nicht eine generelle Ablehnung des Leistungsprinzips bedeutete. Den Wunsch nach einer konsequenteren Anwendung des Leistungsprinzips gab es bei 52,7 Prozent ebenfalls.

Ausgesprochenes Desinteresse an der Entwicklung des Betriebes und seiner Rolle in der Volkswirtschaft bezeugten 1971 (nach dem VIII. Parteitag des SED) weniger als zwei Prozent *(vgl. Dok. XIII).*

Alles in allem sind Feststellungen vor allem auch auswärtiger Beobachter keine reinen Fiktionen und nicht in allererster Linie auf die aus Mangel geborenen Eine-Hand-wäscht-die-andere-Beziehungen zu reduzieren, wenn den DDR-Bürgern ein stärker als bei den anderen Deutschen ausgeprägtes »Wir-Gefühl« nachgesagt wurde.

Mehr Mitmenschlichkeit, Hilfsbereitschaft und Solidarität waren vorrangig gespeist aus den egalitär-kollektivistischen Zügen der Gesellschaft, und erst dann aus den eigenen Erfahrung mit Zweitrangigkeit (gegenüber den zu »Freunden« umbenannten Siegern und den DM-Deutschen) und selbst erlebter Hilfsbedürftigkeit.

Roßkur für drei Generationen?
DDR als frauenemanzipatorische Gesellschaft

In der Nach-Wende-Literatur zur Frauenproblematik ist sich die übergroße Mehrheit der Autorinnen und Autoren selten einig, wenn es um die Bewertung der Ergebnisse und Folgen des Anschlusses der DDR an die bundesdeutsche Gesellschaft geht. Obwohl von der DDR-Frauenforschung schon seit Ende der 70er Jahre, durchaus problemorientiert und nicht unkritisch, auf positive Ergebnisse in der Durchsetzung der Frauengleichberechtigung verwiesen wurde, machte erst ihre katastrophale Ausgrenzung aus dem Berufsleben seit 1990 das Ausmaß und die Konsistenz spezifischer DDR-Frauen-Identität sichtbar. So ist wohl ziemlich unstrittig, daß der egalitäre und kollektivistische Grundzug in der Arbeitswelt auch auf das Geschlechterverhältnis spürbaren Einfluß gehabt und (begrenzte) Fortschritte in der Durchsetzung der Gleichberechtigung der Frauen in der Gesellschaft produziert hat. Die Reaktionen der betroffenen Frauen auf die mit ihnen vollzogene sozio-kulturelle »Roßkur«, der Abbruch bisheriger Lebensläufe wie das Scheitern erhoffter neuer Lebensentwürfe nach der Wende haben sogar zu einer Neu- und Höherbewertung in der DDR gelebter Lebenszusammenhänge geführt.

Noch in der Wendezeit hatte Ina Merkel von Unabhängigen Frauenverband darauf verwiesen, daß die »mit dem Aufbau der sozialistischen Gesellschaft verbundene tendentielle Gleichsetzung aller Bürger als Arbeitende... die bisher nur zu einem Drittel erwerbstätig gewesenen Frauen radikal ein(schloß).«[45]

In Zahlen ausgedrückt bedeutete das eine weibliche Erwerbstätigenquote für die ganze Zeit von über 80 Prozent. »Erwerbstätigkeit, ihre alltagskulturelle Verankerung und Ambivalenz im weiblichen Lebenszusammenhang bildeten bisher für ostdeutsche Frauen die Normalität und gehörten zu den Rahmenbedingungen, unter denen sie ihre individuellen Arrangements arbeitsbezogener und außerberuflicher Interessen einrichteten.«[46] Eine Umfrage von 1990 hatte so das für keinen DDR-Bürger überraschende Ergebnis gebracht, daß 97 Prozent der Frauen für sich Arbeit und gleiche Berufschancen forderten, was immerhin 93 Prozent der Männer ebenso für berechtigt ansahen.

Es war für die westdeutsche Sozialwissenschaft (wie für die Politik) eine der nur widerwillig zur Kenntnis genommenen Überraschungen, daß die bekannt hohe Erwerbsquote nicht in erster Linie oder gar allein eine Folge »zwanghafter und von der SED oktroyierter Politik« gewesen war, sondern tatsächlich weitgehend von den von der DDR-Frauenforschung behaupteten gesellschaftlichen Veränderungen herrührte, die eine nach dem Schulabschluß angestrebte Berufsausbildung mit selbstverständlicher anschließender Berufstätigkeit zu einem prägenden Merkmal der Identität und Lebensmuster von Frauen in der realsozialistischen DDR-Gesellschaft werden ließ. Selbst Teilzeitarbeit wurde lediglich aus dem Wunsch heraus angestrebt, Berufstätigkeit und Mutterschaft gleichzeitig zu erleben.

Diese Teilzeitarbeit war von 8,9 Prozent im Jahre 1961 auf 21 Prozent aller berufstätigen Frauen im Jahre 1968 gewachsen. Schon 1979 hatte die bekannte DDR-Frauenforscherin Herta Kuhrig (zusammen mit Wulfram Speigner) auf der Basis entsprechender Daten die Palette der »Kernmotive« weiblicher Erwerbsmotivation benannt:

»... das Streben nach einem Verdienst, der ein hohes Lebensniveau der Familie (!) erreichen und sichern hilft; Streben nach Kontakten in einem Arbeitskollektiv; Verbundenheit mit einer Tätigkeit (einem Beruf); insbesondere Interesse an der Ausübung (des Berufes)« sowie weitergehend der »Wunsch, einer gesellschaftlichen Selbstverständlichkeit nachzukommen (da die Berufstätigkeit der Frau heute weitgehend sowohl im öffentlichen Bewußtsein als auch für den Einzelnen ebenso zu einer anerkannten Norm geworden ist wie die des Mannes); das Streben nach einem Verdienst, der den eigenen Lebensunterhalt gewährleistet (...); das Streben nach finanzieller Unabhängigkeit (nach eigenem Geld); das Gefühl gebraucht zu werden.«[47]

Die uns hier zur Verfügung stehenden Berichte zur Frauenproblematik belegen, daß es sich dabei insgesamt um das Ergebnis der spezifisch ostdeutschen Sozialisation von fast drei Frauengenerationen handelt. Während für die erste, die Nachkriegs- und Trümmerfrauengeneration, offenbar keine Daten vorliegen und man hier nur von der sicheren Vermutung ausgehen kann, daß nackte Existenznot und Arbeitskräftemangel die durch die nazistische Rüstungsproduktion bedingte massenhafte Frauenarbeit nun relativ nahtlos in die Nachkriegszeit transformierte, sicher auch Elemente der Wiederaufbauethik eine Rolle spielten, so lassen selbst die wenigen Daten schon für die zweite Generation den sichtbar werdenden tiefen Wandel erkennen.

Bereits 1968 konstatierten die Meinungsforscher, daß die Gleichberechtigung der Frau von einer Mehrheit der DDR-Bevölkerung bejaht wurde und durchschnittlich nur 7,5 Prozent der Meinung waren, Frauen sollten überhaupt nicht berufstätig sein. Fast gleichzeitig ermittelte »Infratest« München für Westdeutschland, daß 66 Prozent aller Befragten der Meinung waren, die Frau gehöre ins Haus und sei für Kindererziehung und die Betreuung des Mannes zuständig *(vgl. Dok. VI).*

Die Umfragen zum Entwurf der Verfassung von 1968 unterstreichen dieses Ergebnis, wenn unter den als besonders bedeutsam angesehenen Artikeln der zur Gleichberechtigung und Förderung der Frau einmal mit 44,9 Prozent und ein zweites Mal mit 60 Prozent jeweils an dritter Stelle stand (obwohl der weibliche Probandenanteil nur 19,3 Prozent betragen hatte).

Bei den DDR-Frauen wuchs die Zustimmung zur vollen Berufstätigkeit weiter (von 72 Prozent 1970 auf 82 Prozent im Jahre 1975), unterstützt durch eine vergleichbare Entwicklung bei den Männern (1970 knapp 65 Prozent, 1975 schon etwas über 70 Prozent; *vgl. Dok. VI, Frage 6*).

Zwischen 1961 und 1968 war der Anteil weiblicher Studierender an der Gesamtstudentenzahl in allen Studienformen von 28.715 (= 25,6 Prozent) auf 35.079 (= 31,8 Prozent) gestiegen, die der Fachschulstudentinnen aller Studienformen hatte sich im gleichen Zeitraum von 43.600 (= 29,9 Prozent) auf 59.100 (= 41,7 Prozent) erhöht.

Ebenfalls wuchs die Zahl der Studentinnen, die ihr Studium in traditionellen Männerfachrichtungen absolvierten. So erhöhte sich ihr Anteil in technischen Fachrichtungen von 10,5 Prozent (1961) auf immerhin 27,3 Prozent (1968), in der Land- und Forstwirtschaft von 24,3 Prozent (1961) auf 43,0 Prozent im Jahre 1968.[48]

Ein besonders sensibler Indikator war (und ist) die Frage nach den Vorgesetzten- bzw. Unterstellungsverhältnissen zwischen Männern und Frauen in der Berufstätigkeit.

Als dies 1968 abgefragt wurde, gab es das sicherlich überraschende Ergebnis:

Nehmen wir an, Sie sollten entscheiden, ob ein Mann oder eine Frau – gleiche Qualifikation vorausgesetzt – Ihr Vorgesetzter wird. Wem würden Sie von beiden den Vorzug geben?

	MÄNNLICH		WEIBLICH	
	BETRIEBE	BEZIRKE	BETRIEBE	BEZIRKE
der Frau	4,5%	6,5%	9,7%	8,0%
dem Mann	33,5%	30,8%	24,8%	27,5%
mir ist das gleich	59,8%	61,7%	62,0%	61,9%
ohne Angaben	2,2%	1,0%	3,5%	2,6%

(Vgl. Dok. VI, Frage 6)

Schwierigkeiten und Beeinträchtigungen der beruflichen Entwicklung und Qualifizierung wurden 1975 vor allem im familiären Bereich (von 30 Prozent der Frauen und 34 Prozent der Männer) gesehen, während der Arbeitsbereich von 27 Prozent der Frauen und von 30 Prozent der Männer genannt wurde. Zur gleichen Zeit erklärten sich die Frauen zu 23,6 Prozent für eine volle und 52,1 Prozent für eine Teilzeitarbeit, nur 6,8 Prozent lehnten die Berufstätigkeit völlig ab. Auf die Frage 3, ob eine berufliche Qualifizierung für erforderlich gehalten werde, sprachen sich 46,1 Prozent der Frauen für eine berufliche Weiterbildung aus, nur 13,3 Prozent lehnten dies überhaupt ab. 65 Prozent der Frauen konnten sich 1975 schon ein Leben ohne berufliche Tätigkeit nicht mehr vorstellen *(vgl. Dok. XVIII, S.9f)*.

Etwa die Hälfte der Frauen beklagt 1968, daß die Hauptlast des Haushalts und der Kindererziehung bei den Frauen allein liege, während die andere knappe Hälfte dies als gemeinsam gelöste Aufgaben benannte *(vgl. Dok. VI, Frage 14)*.

Die vorliegende »Information über eine Umfrage zur Rolle der Frau in Familie und Gesellschaft« vom September 1975 *(Dok. IV)* bringt bei allen den familiären Bereich berührenden Fragen positive Zuwächse bis zu zehn Prozentpunkten zwischen 1970 und 1975, während die Meinungen über die Durchsetzung der Gleichberechtigung im beruflichen Bereich rückläufig sind. Wachsende Qualifikationen und entsprechend ein höheres Anspruchsniveau und Selbstwertgefühl der Frauen verschärften bestehende Diskrepanzen gegenüber der von Männern dominierten Arbeitswelt.

Ein Drittel der Frauen war nach wie vor der Meinung, daß es Frauen im Beruf schwerer haben als die Männer. Aber trotz weiter bestehender Mehrbelastungen der Frauen und wachsender Zahl der berufstätigen Mütter (bei ebenfalls zunehmender Kinderzahl) blieb die positive Einstellung zur Arbeit und Berufstätigkeit (bei einer 1975 erreichten Beschäftigungsquote von 86 Prozent) ungebrochen.

Als Folge wachsender Qualifikation (56 Prozent hatten einen Facharbeiter- oder akademischen Abschluß) und zunehmenden Selbstbewußtseins reflektieren wieder mehr Frauen über Benachteiligungen im Berufsleben, was nicht zuletzt dadurch bedingt war, daß durch die zeitliche Verzögerung der beruflichen Qualifikation vieler Frauen die Karrierepositionen inzwischen von relativ jungen Männern besetzt waren. 1978 wurden so 33 Prozent mehr Frauen als Männer registriert, die nicht entsprechend ihrer Qualifikation eingesetzt waren.

Dies wurde aber von der Mehrzahl der Frauen nicht als vorrangig »strukturelle Diskriminierung« empfunden, weil nicht nur der natürliche Karrierestau dafür verantwortlich war, sondern gerade durch die gewollte und geforderte Frauenqualifizierung auch ein Überangebot qualifizierter Frauen entstand.

Außerdem waren Frauen aus familiären Rücksichten bei ihrer Arbeitsplatzwahl beeinträchtigt und gaben Stellen mit einer günstigen Arbeitszeit, kurzen Wegezeiten, keiner Schichtarbeit den Vorzug.

Aus ähnlichen Gründen scheuten sie oft vor Leitungsfunktionen angesichts der damit verbundenen zusätzlichen Belastungen (Dienstreisen, gesellschaftliche Funktionen, überlange Arbeitszeiten) zurück, was aber subjektiv berechtigterweise als Benachteiligung empfunden, nicht aber dem Gesellschaftssystem angelastet wurde.

So war es sicherlich auch Ausdruck der Anerkennung der gesellschaftlichen Anstrengungen zur Durchsetzung von mehr Gleichberechtigung, daß Frauen, die durchschnittlich zu 15 Prozent weniger politisches Interesse und geringere Informiertheit gegenüber den Männern bekundeten, bei der »Bekenntnisfrage« nach der Bevorzugung der gesellschaftlichen Verhältnisse in den beiden deutschen Staaten in ähnlicher Größenordnung wie die Männer votierten.

So erbrachten auch die Umfragen seit 1968 zu Problemen der Frau in der Gesellschaft auf die entsprechende Frage eine durchschnittliche Zustimmung zu den DDR-Verhältnissen von 70,3 Prozent und mehr, während nur 3,9 Prozent die der Bundesrepublik bevorzugten.

Alles in allem bleibt festzuhalten, daß sich über drei Generationen ökonomische Unabhängigkeit, Bedürfnis nach sozialer Kommunikation und Interaktion im Arbeitskollektiv, gewachsenes Selbstwertgefühl und die insgesamt daraus folgende Relativierung der dominanten Männerrolle (als »Ernährer«) zu einem qualitativ neuen und somit spezifischen sozio-kulturellen Element der DDR-Frauen-Identität verdichteten.

Ehevertrag oder Liebesbeziehung?
DDR als autoritär-bürokratischer SED-Staat

Wer will es bestreiten? In der Anfangsperiode der DDR war sie vorhanden und im letzten Krisenjahrzehnt sogar bestimmend: die »Die und Wir«-Distanzmentalität gegenüber den Repräsentanten des politischen Systems, insbesondere gegenüber der machtpolitischen SED-Nomenklatura.

Doch was für das zeitliche Ende der DDR zutrifft, die wachsende Kluft in der Wahrnehmung von Staat und Gesellschaft, charakterisiert nicht die zweite Hälfte der 60er und die beginnenden 70er Jahre.

Für diese zwischenzeitliche Stabilisierungsphase in der DDR-Geschichte, in der sich am deutlichsten das Staats- und Rechtssystem als Spannungsfeld zwischen Bürgernähe und partieller Ausgestaltung des Rechtssystems einerseits und (begrenzter) politischer Willkür andererseits manifestierte, geben die meisten der Berichte wichtige Indizien. So schätzten 46,6 Prozent die Parteiarbeit in ihrem Bereich als sehr gut bis gut, und immerhin noch 37,5 Prozent als befriedigend ein.

Selbst wenn auf die folgende offene Frage, die von 46,7 Prozent beantwortet wurde, 8,3 Prozent mangelndes Engagement der SED-Mitglieder für die Belange der Menschen beklagten, folgte in der positiven 8er Skala auf Platz drei mit 4,9 Prozent die gegenteilige Bewertung: 59,8 Prozent fanden sich bei Kritiken ernstgenommen und 76,4 Prozent hätten sich mit politischen Problemen und Fragen vertrauensvoll an SED-Mitglieder gewandt. Über den Inhalt solcher erfolgten Gespräche gibt die folgende Frage Auskunft:

Wenn schon einmal solch ein Gespräch stattgefunden hat, um welche Probleme handelte es sich dabei?

	INDUSTRIEBETRIEBE	LPG	GESAMT
es handelte sich um nationale oder internationale Fragen	27,1%	16,6%	24,7%
es handelte sich um innerbetriebliche Fragen	42,3%	46,2%	43,2%
es handelte sich um persönliche Fragen	19,3%	19,3%	19,3%
es handelte sich sowohl um Fragen des einen wie des anderen Gebietes	35,5%	26,3%	33,4%

(Vgl. Dok. II)

Der Wunsch von 73,2 Prozent, sich öfter über politische und von 67,1 Prozent über persönliche Fragen mit einem SED-Mitglied zu unterhalten, sagt sicher auch etwas über das Vertrauensverhältnis zwischen Bürger und »Staatspartei« aus. Daß es sich hier zugleich um eine pragmatische, mit dem »Sozialvertrag« zwischen Bürger und System zusammenhängende und nicht um reine »Liebes«beziehung handelte, ist wohl unbestritten.

Das besagt auch die Antwort auf die Frage, welches von den Problemen, die der ein Jahr zuvor (1967) stattgefundene VII. Parteitag der SED behandelt habe, am meisten interessiere. Mit 66,3 Prozent rangierten die Vorschläge zur weiteren Verbesserung der Lebensbedingungen vor denen zur Gestaltung der Beziehungen zu Westdeutschland (47,9 Prozent) einsam an der Spitze, gefolgt von der Volkswirtschaft mit 29,3 Prozent an dritter Stelle auf einer 7er Skala *(vgl. ebenda)*.

Die Ergebnisse von Umfragen zur sozialistischen Demokratie sowie zur Verfassungsdebatte müssen mit herangezogen werden, wonach man doch davon ausgehen darf, daß ein festgestelltes hohes Interesse an Gesetzesvorbereitungen (36,3 Prozent), die Meinung, Abgeordnete sind ihren Wählern verantwortlich (71,6 Prozent) und Absichtsbekundungen, im Bedarfsfall sich vertrauensvoll an seinen Abgeordneten zu wenden (62,6 Prozent), ein Maß für die Qualität der Beziehungen zwischen Bürger und Staat abgeben.

Dies wurde durch die bei den Verfassungsumfragen bekundete Bereitschaft zur Mitarbeit unterstrichen. Verweigerten

1967 noch 18,9 Prozent jegliche Mitarbeit, so waren es 1968 nur noch zwischen 6 und 7,4 Prozent (bei Antwortverweigerungen zwischen 5,1 und 7 Prozent).

Aus der Sicht der Mitarbeiter des Staatsapparates auf Kreisebene räumten 75,9 Prozent genügend Möglichkeiten für die Bürger zum Mitplanen und 71,2 Prozent selbiges für das Mitregieren ein. Ebenso meinten 69,5 Prozent, daß sich die staatlichen Organe sehr bemühen, breite Kreise der Bevölkerung in ihre Arbeit einzubeziehen.

Am Ende des Jahres 1968, in dem die neue Verfassung der DDR durch Volksentscheid angenommen worden war, fragten die Meinungsforscher die Mitarbeiter der Räte der Kreise und Stadtverwaltungen auch nach der Garantierung des Rechts auf freie Meinungsäußerung:

Wenn Sie von den Erfahrungen in Ihrer Dienststelle ausgehen, kann man dann sagen, daß dieser Verfassungsgrundsatz eingehalten wird?

ja, in vollem Umfang	54,2%
nicht in jedem Falle	34,8%
nein	1,8%
ich möchte mich dazu nicht äußern	7,3%
ohne Angaben	1,9%

(Vgl. Dok. VII, Frage 22)

Aufschlußreich, weil sicher nicht nur für den Staatsapparat zutreffend, ist der Befund auf *Frage 23*:

Angenommen, Sie würden von Ihrem unmittelbaren Vorgesetzten Ihrer Meinung nach ungerechtfertigt kritisiert und es könnte keine Klärung herbeigeführt werden. Wie würden Sie sich in einem solchen Fall verhalten?

72,4 Prozent antworteten, daß sie sich an entsprechender Stelle beschweren würden, und nur 6,4 Prozent äußerten, dies nicht zu tun, weil sie Nachteile befürchten *(ebenda)*.

Diese 72 Prozent korrelieren mit dem Ergebnis bei *Frage 22.*

Die zu Vergleichszwecken durchgeführte Umfrage in der Bevölkerung ebenfalls von Ende 1968 bestätigt das allgemeine Bild eines ziemlich »normalen« und vertrauten Umgangs mit den staatlichen Institutionen.

66,5 Prozent sahen in dem Bestreben, die DDR zu festigen, die Triebkraft des gesellschaftlichen Engagements der Bürger, und ihren Abgeordneten räumten 50,1 Prozent große und 30,1 Prozent immerhin noch genügend Möglichkeiten ein, die Interessen ihrer Bürger zu vertreten.

Dem entspricht das Ergebnis auf die Frage nach den Einflußmöglichkeiten der örtlichen Volksvertretung: 48,1 Prozent – sie hat große Möglichkeiten.

Einen interessanten Eindruck von der Autoritätenhierarchie des politischen Systems »vor Ort« vermittelt das Ergebnis auf *Frage 12.*

Vielleicht haben Sie sich schon einmal Gedanken gemacht, wie man das Zusammenleben der Bürger in Ihrem Wohngebiet in dieser Hinsicht angenehmer gestalten könnte. Falls Sie Vorschläge hätten, an wen würden Sie sich mit Ihren Vorschlägen in erster Linie wenden?

an den Bürgermeister	32,5%
an den Vertreter der Nationalen Front	32,4%
an den Abgeordneten	23,2%
an den Sekretär der SED-Parteiorganisation	22,0%
an die Hausgemeinschaftsleitung	18,1%
an den Abschnittsbevollmächtigten der Volkspolizei	8,5%
ich würde mich an keinen wenden	2,5%
an den Pfarrer	1,1%

Trotz der fehlenden Verwaltungsgerichtsbarkeit und die durch die neue Verfassung von 1968 auf Beschwerden und Eingaben beschränkten Möglichkeiten des Bürgers, sich Recht zu verschaffen (außer bei Arbeits- und Zivilgerichten), spricht es für den schwach hierarchischen Charakter der Gesellschaft, zumindest für Zivilcourage »vor Ort«, wenn 72,9 Prozent aller Befragten erklärten, im Falle ungerechter oder unfreundlicher

Behandlung durch staatliche Institutionen sich zu wehren. Solche ärgerlichen Erlebnisse bei staatlichen Dienstellen bestätigen nur 14,2 Prozent *(vgl. Dok. VII).*

Jeder Mensch hat im alltäglichen Leben neben freudigen Erlebnissen auch Ärger. Wo bzw. worüber ärgern Sie sich eigentlich am meisten?

beim Einkaufen	48,4%	(47,4%)
über Handwerker	32,0%	(27,8%)
im Betrieb	28,9%	(31,9%)
bei Dienststellen des Staatsapparates	14,2%	(6,5%)
über die Erziehung der Kinder	7,4%	(6,1%)

Ansonsten haben wir es hier mit einer für diese ganze Periode geradezu typologischen Rangfolge für die Alltagsbefindlichkeiten eines DDR-Bürgers dieser Zeit zu tun.

Die zeitgleich bei den Mitarbeitern des Staatsapparates gestellte Frage brachte ein fast deckungsgleiches Ergebnis *(siehe oben die in Klammern gesetzten Zahlen).*

Inwieweit sich in der DDR Keime einer Zivilgesellschaft zu entwickeln begannen, ist aus einer Umfrage bei Abgeordneten der untersten Ebene, der örtlichen Volksvertretungen, zu erahnen.

Das Grundrecht auf Mitgestaltung des politischen, wirtschaftlichen, sozialen und kulturellen Lebens fanden 1969 insgesamt 42,8 Prozent voll und noch 49,6 Prozent zum Teil verwirklicht.

Anfang 1972 antworten auf die Frage:

Sind nach Ihrer Auffassung die folgenden Merkmale typisch für die DDR bzw. die BRD?

	BEZIRKE				BETRIEBE			
	DDR	BRD	BEIDE	O.A.	DDR	BRD	BEIDE	O.A.
soziale Sicherheit	96,4	0,8	0,9	1,9	92,4	1,2	1,6	4,8
Demokratie	69,2	18,3	3,4	9,1	57,9	22,4	3,5	16,2

	BEZIRKE				BETRIEBE			
	DDR	BRD	BEIDE	O.A.	DDR	BRD	BEIDE	O.A.
gute Bildungsmöglich-keiten	97,0	0,3	0,9	1,8	91,7	0,4	2,6	5,3
Achtung der Menschen	86,0	3,2	2,4	8,4	76,9	5,3	3,3	14,5
Mitbestimmung am Arbeitsplatz	89,3	2,7	1,3	6,7	78,9	5,6	2,3	13,2
Fürsorge im Alter	73,0	16,2	4,7	6,1	63,0	20,6	5,6	10,8

(Angaben in Prozent)

Die Indikatoren »Demokratie« und »Achtung der Menschen« sowie »Mitbestimmung am Arbeitsplatz« belegen mit ihren Ergebnissen die These von dem vorherrschenden Empfinden, in einer »schwach hierarchischen« Gesellschaft zu leben, wobei die Betriebsumfrage mit nur 57,9 Prozent bei den Arbeitern (Demokratie) gegenüber 78,9 Prozent (Mitbestimmung am Arbeitsplatz) auf das behauptete Auseinanderfallen von DDR-Gesellschaft und SED-Staat hinweisen.

Dieser Befund wird durch das Ergebnis der Umfrage in 34 Industriebetrieben der Volkswirtschaft der DDR vom August 1972 erhärtet.

Sobald nicht nur auf demokratische Mitbestimmungs-möglichkeiten vor Ort und im vermeintlich volkseigenen Betrieb, sondern auf gesamtgesellschaftlicher Ebene abgehoben wird, sank aufgrund persönlicher Erfahrungen die Zustimmung von 86 Prozent (Mitbestimmung) um mindestens 10 Prozentpunkte.

Wie schätzen Sie den Entwicklungsstand beim sozialistischen Aufbau in der DDR auf folgenden Gebieten ein?

SOZIALISTISCHE DEMOKRATIE

gut	36,7%(1971/72)	42,6%(1972)
zufriedenstellend	42,6%(1971/72)	48,7%(1972)
unbefriedigend	8,5%(1971/72)	11,6%(1972)
ohne Angaben	18,4%(1971/72)	14,4%(1972)

Alles in allem scheint sich die DDR in dieser Phase ihrer Geschichte in eine Richtung entwickelt zu haben, die die These erlaubt: Unter der Decke des totalitär strukturierten und autoritär geführten Staates entwickelte sich eine zunehmend geringer hierarchisierte und partiell demokratisierende zivile Gesellschaft.

Es wäre irrig oder zumindest kurzschlüssig, etwa aus Wahlergebnissen für die als »DDR-Traditionskompanie« gesehene PDS auf den quantitativen Anteil der DDR-Bevölkerung zu folgern, der sich einst mit dem ostdeutschen Staat identifizierte. Das offenbaren auch zwei Umfrageberichte »Zur Sicherheit und Verteidigung der DDR« von Anfang 1977. Die temporäre DDR-Identifikation reichte erheblich weiter. Im Januar 1977 bejahten 83,4 Prozent der befragten Männer zwischen 30 und 45 Jahren (bei einer enorm hohen Rücklaufquote von 99,2 Prozent), daß die Wehrpflicht zur Verteidigung des Friedens und zum Schutze der DDR notwendig sei. Zwar betrug die Differenz zwischen der höchsten Zustimmung (97,5 Prozent) und der niedrigsten (65,5 Prozent in einem Berliner Betrieb) mehr als 30 Prozent; dennoch bleibt das Gesamtergebnis beeindruckend.

Eine ähnliche Frage, allerdings weiter zugespitzt und wiederholt gestellt, zeigte sogar ein Anwachsen der Zustimmung.

Sind Sie der Meinung, daß die DDR mit allen Mitteln, selbst mit Waffengewalt, verteidigt werden muß, wenn sie angegriffen wird?

ja	73,0%(1973)	73,0%(1975)	75,3%(1977)
nein	8,5%(1973)	7,6%(1975)	6,2%(1977)
ich möchte mich nicht			
dazu äußern	16,8%(1973)	17,9%(1975)	15,9%(1977)
ohne Angabe	1,7%(1973)	1,5%(1975)	2,6%(1977)

»Wildecker Herzbuben« statt »Nathan der Weise«?
Die DDR als Kulturgesellschaft

Unter dieser Zwischenüberschrift soll und kann lediglich vor dem Hintergrund der wenigen Daten, die die Berichte hergeben, etwas zum kulturellen Alltagsverhalten der DDR-Bürger gesagt werden. Dabei bestätigen sich Befunde, die die Kulturwissenschaftler der DDR wie auch einige westdeutsche Spezialisten vorgelegt haben: Der historische Prozeß der sozialen Homogenisierung, der mit einer kulturellen Annäherung und beginnenden sozio-kulturellen Angleichung verbunden war, stellte eine zivilisatorische Leistung dar, die zwar geschmälert, aber nicht einfach dadurch bloßgestellt wurde, weil es zugleich teilweise zu einem Verlust an Pluralität und Kreativität kam.

Wie das Gebiet der Bildung war die Kultur ein bevorzugtes Feld, auf dem der neue sozialistische, und das war immer auch der kulturell gebildete und kulturvoll lebende werktätige Mensch, heranwachsen sollte.

Eine kulturelle Überlegenheit der sozialistischen Länder sahen 1970 immerhin 64,1 Prozent der befragten Wehrpflichtigen und 68,3 Prozent der Reservisten, und die Bevölkerungsumfrage erbrachte sogar 75,4 Prozent.

Diese sich darin widerspiegelnden und mit erheblichem finanziellen Aufwand geförderten Anstrengungen sind nicht auf »ideologische Wegelagerei« zu reduzieren. Mehr als die durch ideologische Dogmen gegebenen Grenzen war die Herausbildung einer DDR-spezifischen Alltagskultur durch die auf den Alltag generell einwirkenden ökonomischen Defizite eines Wirtschaftssystem entscheidend, das durch lange Arbeitszeiten, Überstunden, Schichtarbeit und einem infolge veralteter Technik immer noch hohen Anteil an schwerer körperlicher Arbeit gekennzeichnet war. Dadurch waren Freizeitverhältnisse mit geringen Dispositionschancen gegeben, die sich durch die alltäglichen Belastungen infolge von Mängeln des Handels-, Dienstleistungs- und Verkehrssystems verschärften.

So bestätigten 1972 die Frauen der Altersgruppe von 25 bis 29 und von 30 bis 39 Jahren zu 39 Prozent bzw. zu 35 Prozent (also die in der Regel mit schulpflichtigen Kindern), daß die meisten Probleme bei der Verwirklichung der Gleichberechtigung im Familienalltag auftreten.

Eine Folge der immer noch höheren Belastung der Frauen war es auch, daß die durch die Einführung der 5-Tage-Arbeitswoche gewonnene Freizeit nur von 13,7 Prozent der Frauen zur besseren Befriedigung kultureller Bedürfnisse genutzt wurde *(vgl. Dok. VI, Frage 15).*

Auch wurde die Bewahrung und Neubelebung tradierter Kulturmuster infolge des Einflusses westdeutscher Medien erleichtert, und so blieb trotz aller gegenteiliger Anstrengungen die massenkulturelle Orientierung der Bürger mehrheitlich ihrer kleinbürgerlichen bzw. ihrer kleinbürgerlich-proletarischen Herkunft verhaftet. Symphonie, Oper, klassisches Theater haben sicherlich nie mehr Menschen aus den arbeitenden Schichten erlebt als zu DDR-Zeiten. Aber am Sieg des seichten Schlagers, der Operette oder Komödie konnte das nichts ändern *(vgl. Dok. XX).*

Schon 1972 registrierte eine Umfrage zum Fernsehen *(vgl. Dok. XIV)* diese entsprechende Bevorzugungen, wie sie auch der westdeutschen TV-Konsumenten auszeichneten.

So standen kurze Serienfilme (Unterhaltung, Kriminal- und Abenteuerfilme) mit 72 Prozent einsam an der Spitze. Bunte Programme mit Musik, Artistik und Humor brachten es sogar auf 80,6 Prozent, und bei den Musiksendungen rangierten nach Operette und Musical (1./64,1 Prozent) sowie Schlager/ moderne Tanzmusik (2./58,9 Prozent) Stimmungs- und Blasmusik an dritter Stelle (54,9 Prozent). Die Darstellung der Rolle und des Einflusses der Medien bestätigt und illustriert diesen Befund. Zugleich konstatierte die Meinungsforschung 1970 bei 76,9 Prozent der Bürger ein im sozialen Klima (als Element der Lebenskultur) vorherrschendes Gefühl des »Wohlbefindens« sowohl am Wohnort als auch der Arbeitsstelle.

Wie Sie wissen, sind das Zusammengehörigkeitsgefühl, die gegenseitige Achtung und Hilfe unter den Bürgern von

großer Bedeutung, um sich am Wohnort oder auf der Arbeitsstelle wohlzufühlen. Wie schätzen Sie in dieser Hinsicht die Situation in Ihrer Umgebung ein?

GUT	ZUFRIEDENSTELLEND	UNGENÜGEND	OHNE ANGABEN
21,3%	55,6%	1,2%	6,9%

Obwohl regional bzw. abhängig vom Engagement zuständiger Leitungen differenziert, lassen sich trotz der eingangs genannten schwierigen materiellen Rahmenbedingungen eine Reihe beachtlicher kultureller Fortschritte nachweisen, wie der zusammenfassende Bericht von 1972 über die geistig-kulturelle Entwicklung belegt.

Zusammen mit den durchaus als »gut« bis »teils-teils« bewerteten wirtschaftlichen Verhältnissen ergibt sich für das alltags(kulturelle) Befinden eine befriedigende Gesamtsituation.

Nicht der Rückzug in die »Nische« war für diese Periode vorherrschend, sondern ein relativ entspanntes, freilich zweigeteiltes Verhältnis zu Staat und Gesellschaft. Es produzierte als Element der Identität ein DDR-Heimatgefühl. Sich im Lande wohl und heimisch zu fühlen wurde später zu einer Quelle alternativer Bewegungen, als der spürbar werdende ökologische Raubbau an der Natur und der Verfall der Wohnumwelt die Lebensqualität zunehmend verschlechterten und zu einem Verlust von Heimatgefühl führten. (Die ersten Massendemonstrationen fanden 1989 in den ökologischen Krisengebieten der DDR statt. In Berlin wurde die Umweltbibliothek ein Zentrum der Bürgerbewegung.)

Kaum erforscht ist die Rolle und der Einfluß der bildenden Kunst, im Unterschied zur anerkannt bedeutenden Funktion der Literatur, auf die Ausprägung von DDR-Identität. (So fraglich es ist, ob monumentale Arbeiterstandbilder seinerzeit den Werktätigen bedeutsam gewesen sein dürften, so spannend wäre es, heutige ostdeutsche Arbeitslose der älteren Generation nach ihren Gefühlen beim Betrachten sogenannter Brigade-Schinken oder von hohen Mieten bedrohte Berliner Rentnerinnen beim Betrachten des Standbildes der Berliner Trümmerfrau zu befragen.)

Nicht für die breite Masse, aber doch für relevante Teile des DDR-Volkes übernahm die Kunst eine kommunikative Funktion und wurde zumindest teilweise eine Art Ersatz für eine eigentlich durch die Medien wahrzunehmende Aufgabe. Der organisierte Besuch von Kunstausstellungen durch ganze Brigaden und Debatten gerade um umstrittene oder ganz im Gegensatz dazu als vorbildlich hingestellte Auftragswerke spielten eine geraume Zeit in den Versuchen der SED zur Herausbildung einer in ihrem Verständnis sozialistischen Lebensweise eine große Rolle. Da Formen der abstrakten Kunst für die kritische Auseinandersetzung mit der DDR-Wirklichkeit geringe kommunikative Kraft entfalteten, traf sich der kleinbürgerliche Kunstsinn der Herrschenden mit dem für realistische Kunstformen (durch Kitsch- und Trivialkunst vorgeprägten) empfänglichen Alltagsgeschmack der meisten Ostdeutschen. Stand am Beginn der DDR »Nathan der Weise«, so waren es an ihrem Ende die »Wildecker Herzbuben«. Zugleich – für damalige west- wie heute gesamtdeutsche Verhältnisse undenkbar – wurden Kunstwerke (und nicht nur die der Literatur) oft monatelang Gegenstand breiter und heftiger Debatten.

Eine vierte und fünfte Macht?
Die DDR als doppelt
bestimmte Mediengesellschaft

Die moderne Industriegesellschaft ist stets auch eine technisierte kommunikative Gemeinschaft oder Massenmedien-Gesellschaft.

Mit der Entwicklung des Fernsehens und der bald über neunzigprozentigen Ausstattung der DDR-Haushalte mit TV-Geräten wurde eine neue Qualität insofern erreicht, als nicht nur die Zeitdauer der Informationsaufnahme deutlich wuchs, sondern auch das Einstiegsalter der Menschen in die Mediengesellschaft erheblich nach unten – in die mittlere Kindheitsphase – ging. Vor allem aber erreichte das Fernsehen ob seines visuellen Charakters eine völlig neue Stufe der manipulativen und indoktrinierenden Einflußmöglichkeiten auf den Konsumenten. Das zur Information dazu gelieferte Bild verschafft dieser Nachricht einen unvergleichlich größeren meinungsbildenden Nachdruck. Die Medien wurden zur »vierten« Macht im Staate.

Da politische Kultur unabdingbar mit politischer Öffentlichkeit zusammenhängt, einer inzwischen fast ausschließlich medienvermittelten Öffentlichkeit, kommt den Medien eine für den Charakter und die Entwicklungsrichtung der politischen Kultur und ihrer Rolle bei der gesellschaftlichen Kommunikation als »Kitt« des politischen Systems und seiner Stabilität eine kaum zu überschätzende Bedeutung zu. Die verfassungsrechtliche Stellung der Medien und ihr politisches Selbstverständnis sind deshalb Eckpfeiler jedes politischen Systems.

In der DDR bestimmten die Artikel 27 und 28 der Verfassung die Meinungsfreiheit und die Freiheit der Presse, des Rundfunks und des Fernsehens. Es gab wohl keine anderen Verfassungsartikel, die gröblicher und sozusagen alltäglich verletzt wurden. (Der spezifische DDR-Journalisten-Zynismus prägte deshalb für den Generalsekretär Honecker den Begriff »Generalredakteur«.)

Im Grunde galt für die Medien der DDR ein System, das eigentlich nur für den Verteidigungszustand vorgesehen war. Dazu hatte das Politbüro des ZK der SED am 1. Oktober 1974 »Grundsätze für die einheitliche Führung des Nachrichtendienstes, des Rundfunks, des Fernsehens und der Presse der Deutschen Demokratischen Republik im Verteidigungszustand« beschlossen. In denen hieß es:

»1.Die Generaldirektion des ADN, das Staatliche Komitee für Rundfunk, das Staatliche Komitee für Fernsehen und die für den Verteidigungszustand festgelegten Presseorgane der DDR führen ihre Tätigkeit auf der Grundlage
– der Beschlüsse des Zentralkomitees und seines Politbüros
– der Gesetze und Rechtsvorschriften der DDR
– der Beschlüsse des Nationalen Verteidigungsrates sowie der Direktiven und Befehle seines Vorsitzenden entsprechend den vorliegenden Grundsätze durch.

2.(1) Zur einheitlichen Führung der in Ziffer 1 genannten Organe im Verteidigungszustand wird ein Zentrales Nachrichten- und Informationsbüro (ZeNIB) gebildet, dessen Vorsitzender ein Sekretär des Zentralkomitees ist...
(2) Der Vorsitzende des ZeNIB ist unmittelbar dem Ersten Sekretär des ZK der SED und Vorsitzenden des Nationalen Verteidigungsrates unterstellt.«[49]
In der Struktur war diesem eine mit sieben bis acht Mitarbeitern zu besetzende Abteilung »Zensur« direkt nachgeordnet.

Dem autoritär-bürokratischen politischen System entsprach das Kommunikationssystem. Jedes politische System schafft sich ein ihm entsprechendes Kommunikationssystem zur Vermittlung seiner Normen und Werte. Aber nur in einem offenen reaktiven System, das die Pluralität und den Dissens der öffentlichen Meinung zuläßt und vermittelt, dient das Kommunikationssystem der politischen Konsensbildung und damit der gesellschaftlichen Stabilität. (Selbst der alleinherrschende Monarch erlaubte sich einen Hofnarren, und dem politischen Gegner seine »Narrenfreiheit« zu lassen war immer klüger und erfolgreicher als mehr oder minder deutliche nackte und brutale Unterdrückungsversuche.)

Es wäre somit eine grobe Vereinfachung und widerspricht allen psychologischen Erkenntnissen, aus der Tatsache, daß die DDR-Medien einseitig, weitgehend unkritisch und dem Machtmonopol der SED-Führung untergeordnet waren, zu schließen, daß die politische Meinungsbildung der Menschen dementsprechend monokausal und wie gewünscht systemkonform erfolgt wäre (und daß damit alle in den Umfrageberichten präsentierten Ergebnisse von vornherein desavouiert wären).

Es ist eine banale Erfahrung, daß jeder Zwang zum Konformismus die Gegentendenz des Non-Konformismus provoziert. Ebenso zeigen die Tasachen, daß im *politischen* Meinungs- und Wertebildungsprozeß die vermittelte Medienwirklichkeit auf Dauer nur dann angenommen wird und politische Meinungen und Haltungen ausbilden bzw. verstärken kann, wenn die eigene praktische Erfahrung dem nicht zu

offensichtlich widerspricht. Im allgemeinen Sozialisations-
prozeß stellen die Medien zwar einen großen, im politischen
Bereich aber nur einen neben anderen Faktoren dar.

Diese These wird durch die verfügbaren Daten darüber, wie
die DDR-Medien und ihre (durch die Meinungsforscher abge-
fragten) Inhalte beim Konsumenten ankamen, bestätigt.
Aussagen in den Medien über Sachverhalte oder Prozesse, die
der Bürger nach eigenem Empfinden und Eingeständnis auf
Grund einsehbarer (objektiver) Gründe nicht selbst überprüfen
konnte, wurden eher übernommen und persönlich akzeptiert
als solche, an deren Überprüfung sie sich (zu Unrecht) gehin-
dert fühlten. Demgegenüber wurden selbsterlebte (erfahrene
und damit scheinbar überprüfbare) Positionen in hohem Maße
angenommen *(vgl. dazu die hohen Zustimmungsraten hinsichtlich »Verwirklichung des Rechts auf Arbeit« und »soziale
Sicherheit«).*

Selbstkritisch und reflexiv wurden Antworten auf Fragen, die
außerhalb des persönlichen Erfahrungsbereiches lagen, obwohl
dazu die Medien massiv die offizielle Meinung vermittelt hatten, stets von größeren Gruppen ausweichend beantwortet bzw.
mit »ich weiß nicht« verweigert.

Ein einmaliges Merkmal der politische Kultur der DDR war
es, daß die Gesellschaft eine »doppelt bestimmte« Mediengesellschaft gewesen ist. Die ständige und massive Präsens der
westdeutschen elektronischen Medien mit ihren (schon wegen
der fehlenden Möglichkeit zur Überprüfung der vermittelten
Informationen und Bilder oft unverdient großen) Wirkungen
auf die öffentliche Meinung in der DDR brachte es mit sich,
daß der DDR-Bürger trotz der im gewissen Sinne »entpoliti-
sierten« Öffentlichkeit zu den am besten informierten und
politisiertesten der Welt gehörte. (48,6 Prozent verfolgten politische Ereignisse mit großem und 38,2 Prozent mit mittlerem
Interesse, besonders auf internationalem Gebiet.) »Tagesschau«,
»Kennzeichen D«, die ZDF-Hitparade und die Fernseh-
Werbung gehörten nicht nur einfach zum Medienalltag in der
DDR, sondern wurden fast zur »fünften Macht«.

Logisch also, daß der Medienforschung angesichts ihrer
anerkannt großen Rolle eine entsprechend große Aufmerk-

samkeit gewidmet wurde. So wurden zwischen 1964 bis 1978 allein 32 Umfragen mit insgesamt 45 Fragebogen durchgeführt. Nach der Parteipresse war es selbstverständlich das Fernsehen, dem ab 1972 mit 9 Umfragen die besondere Aufmerksamkeit galt. Das entsprach dem Nutzerinteresse.

Bei den Informationsquellen (mehrere Antworten möglich) rangierte das Fernsehen mit 69,4 Prozent an erster Stelle, gefolgt von Zeitungen und Zeitschriften mit 53,5 und dem Rundfunk mit 50,8 Prozent.

Die elektronischen (darunter eben auch die grenzüberschreitenden) Medien hatten mithin unbestritten das Primat, obwohl bei knapp 17 Millionen Einwohnern bzw. einer für 1977 festgestellte Wohnungszahl von 6.445.734 die Auflage aller Zeitungen 7.546.140 betrug.

Die alltagskulturelle Erfahrung des DDR-Bürgers, die ihn ein kritisches Verhältnis zu den eigenen Medien einnehmen ließ, widerspiegelt sich auch in den Umfragen zur Rolle der Medien. Die Zweifel bzw. die bestrittene, aber behauptete Freiheit der Medien zeigte sich bei den Umfragen zum Verfassungsentwurf (1968) darin, daß bei Fragen nach »unklaren Artikeln« bzw. »Bedenken« zu einzelnen Verfassungsartikeln stets, wenn auch nicht an vorderer Stelle, die Artikel 27 und 28 mitgenannt wurden. Meist rangierte Artikel 28 vor 27, weil man eher das Recht auf öffentliche Meinungsäußerung gegeben sah als die Möglichkeit, diese auch in Wort und Schrift (!) zu verbreiten.

Aber obwohl die eigene Wirkungsforschung der Medienanstalten als auch die Umfragen des Instituts für Meinungsforschung wieder und wieder die Erwartung der Konsumenten signalisierten, daß sich die Medien kritischer mit den eigenen Problemen und streitbarer und ehrlicher mit Widersprüchen und anderen Standpunkten auseinandersetzen sollten, wurden den Journalisten immer engere Grenzen gesetzt.

Dieser »eingeschränkte« Wahrheitsgehalt war aber allen DDR-Bürgern mehr oder minder stets bewußt. Für 1968 ergab eine Untersuchung mit der Frage, ob der Befragte meine, daß Rundfunk, Fernsehen und die Zeitungen »wahrheitsgemäß« berichten:

im allgemeinen ja	44,0%
teilweise	41,8%
im allgemeinen nein	5,8%
ohne Angaben	8,4%

Wie gering das Vertrauen der DDR-Bürger, auch von Teilen der durch andere Indikatoren als ausgesprochen loyal ausgewiesenen, in ihre Medien inzwischen geworden war, wird darin deutlich, daß selbst die 44,0 Prozent »Ja«-Probanden nur eine im »allgemeinen« wahrheitsgemäße Berichterstattung zugestehen. Dabei wurde weniger eine »unwahre« oder direkt lügnerische Berichterstattung unterstellt, als vielmehr die einseitige, meist nur die halbe Wahrheit darstellende Information bemängelt, weil eben auch die halbe Wahrheit eine halbe Lüge sein kann.

Das Dilemma zeigte sich anschaulich in dem Ergebnis der Umfragen von 1972 als auch von 1976.

1972 hielten von den Zuschauern der »Aktuellen Kamera« nur 19,7 Prozent diese für »vielseitig«, 22,7 Prozent aber für »einseitig«, wobei dies sicher synonym für »halb wahr« bzw. »halb falsch« steht.

Der Wunsch nach kritischeren, was immer auch »wahrheitsgemäßeren« Sendungen hieß, widerspiegelt sich in der Bevorzugung der einzigen, partiell und bedingt kritischen Sendung »Prisma«, die 62,5 Prozent meistens verfolgten. Die Umfrage von 1976 bestätigt diesen Befund.

Würden Sie bitte sagen, welche Sendungen Sie sich in den einzelnen Bereichen besonders gern ansehen?

D) INFORMATIONSSENDUNGEN
AUS POLITIK UND WIRTSCHAFT

	BEVÖLKERUNG	BETRIEB	SED-KREISLEITUNG
kritische Sendungen zu Problemen des Alltags	78,1	66,5	91,2
Berichte über große aktuelle politische Fragen	35,6	24,9	73,0
Diskussionssendungen zu aktuellen Problemen (Gesprächss.)	11,7	6,8	30,8

	BEVÖLKERUNG	BETRIEB	SED-KREISLEITUNG
Berichte über Hintergründe von wichtigen Ereignissen	37,0	27,3	83,6
Berichte über bedeutende Persönlichkeiten des In- und Auslands	13,3	11,0	17,6
Berichte über andere Länder	55,4	53,0	53,7
Neues aus Wissenschaft und Technik	52,4	48,7	45,3

(Angaben in Prozent)

Deutlich ist das Abfallen des Interesses gegenüber den »Diskussionssendungen«, in denen sich die Teilnehmer gegenseitig ihre Übereinstimmung mit der offiziellen Meinung bestätigten, und die mitunter den Charakter eines Parteilehrjahres besaßen. 1972 sahen ganze 7,5 Prozent öfters die »Fernsehpressekonferenz«, die später auch abgesetzt wurde.

»Praktische« Kritik übten – wie die Umfrage »Zu einigen Problemen von Jugend und Politik« (1967) zeigte – 58,6 Prozent der Jugendlichen, die westliche Rundfunkstationen hörten und 35,8 Prozent, die das westdeutsche Fernsehen vorzogen, wenn das DDR-Fernsehen ihnen nichts bot. (Dieser Durchschnittswert wurde damals schon in Berliner und anderen empfangsfreundlichen Gegenden fast um das Doppelte überboten.)

Ähnliche Ergebnisse zeigte die Betriebsumfrage von 1977 bei werktätigen Bürgern:

Wie reagieren Sie, wenn Ihnen Sendungen des Fernsehens der DDR nicht gefallen?

sehe sie mir trotzdem an	6,6%(1975)	8,4%(1976)
schalte einen anderen Sender ein	53,2%(1975)	45,8%(1976)
schalte das Gerät ab	35,8%(1975)	41,9%(1976)
ohne Angaben	4,4%(1975)	3,9%(1976)

Symptomatisch für die in Kapitel I beschriebene Tendenz zur ideologischen Instrumentalisierung der Meinungsforschung war es, daß jetzt – 1977 – nicht mehr direkt wie in den 60er Jahren nach »westlichen« Sendern, sondern nur nach »anderen« gefragt werden durfte, und daß diese Umfrage nur noch als auszugsweise »Information« von der für diesen Bereich zuständigen Abteilung Agitation an die Führung weitergereicht wurde.

In den 70er Jahren wurde das Institut für Meinungsforschung mit seinen Ergebnissen zur Kontrolle der von den bei Rundfunk und Fernsehen bestehenden Abteilungen für Hörer- bzw. Zuschauerforschung vorgelegten Ergebnissen benutzt. Dabei zeigten sich mitunter erhebliche Abweichungen nach unten bei den Ergebnissen des Instituts gegenüber denen der hauseigenen Wirkungsforschung des Rundfunks und Fernehens. Besonders bei der ermittelten Sehbeteiligung der von Honecker übermäßig wichtig genommenen »Aktuellen Kamera« wichen die Daten erheblich ab, sicher auch eine Folge des »Interviewer-Effekts«, wenn ein Mitarbeiter des Fernsehens im Einzelinterview nach der Wirkung »seines« Mediums den Probanden befragte, was diesen erfahrungsgemäß eher zu einer »freundlichen« Antwort drängte.[49]

Diese Ergebnisse haben sich in den folgenden Jahren kaum zum Positiven verändert, ganz im Gegenteil. Der Ätherkrieg wurde schon in diesen Jahren endgültig verloren.

(Übrigens wurden mit Beginn der 80er Jahren die Einschaltquoten zur »Aktuellen Kamera« zum Staatsgeheimnis Nr.1, weil diese sich dank Honeckers persönlichen Eingriffen, wie mir der Direktor der Sektion Journalistik an der Leipziger Universität anvertraute, inzwischen bei drei bis acht Prozent eingepegelt hatten).

Als im Zusammenhang mit der beginnenden Produktion von Farbfernsehern die Frage auftauchte, ob sie nur für das französische System »Secam« (Ost) oder auch mit dem westdeutschen »Pal« ausgelegt werden sollten, schrieb der Leiter der ZK-Abteilung für Agitation resignierend an das zuständige Politbüromitglied Werner Lamberz: »Politisch sollten wir uns für Zwei-Norm-Farbfernsehgeräte entscheiden. Wir können diese Entwicklung nicht aufhalten, und in schwarz-weiß sehen sowieso die meisten Menschen die Programme von uns und von drüben.«[50]

Vor allem in Intellektuellen-, Studenten- und Künstlerkreisen war die Informations- nach der Kulturpolitik *das* frustrierende Dauerthema und ein Gradmesser für die Hoffnungen auf eine Veränderung der allgemeinen politischen Kultur und des gesellschaftlichen Klimas. Für die Stimmungslage in der beginnenden Endkrise der DDR, d.h. ab 1977/78, zwei prominente Beispiele:

In einem Bericht vom 3. Oktober 1977 an Werner Lamberz über ein Gespräch mit dem Regisseur Frank Beyer (der sich durch sein Ansinnen, einen kritischen »Offenen Brief« an den DEFA-Direktor Mäde zu veröffentlichen, mißliebig gemacht hatte) schreibt ein Instrukteur des ZK u.a.: »Breiten Raum nahmen in der Diskussion in diesem Zusammenhang (der Demokratie und der Freiheit des künstlerischen Schaffens – *d. Verf.*) auch die Fragen der Informationspolitik ein. Frank Beyer erklärte mir, daß er und viele andere aus seinem Freundes- und Bekanntenkreis das Gefühl haben, wie Menschen behandelt zu werden, denen man nicht genügend zutraut und vertraut, wichtige Informationen, besonders solche unserer Entwicklung, richtig zu verarbeiten und zu verkraften. Er nannte als Beispiele das Kaffeeproblem, den Wechsel in der Funktion des Vorsitzenden des Ministerrates (von Sindermann zu Stoph – *d. Verf.*), das öffentliche Stillschweigen über die ökologischen und Strukturprobleme der Entwicklung usw.« [51]

Selbst dem Informanten aus dem ZK fiel es schwer, seiner erwarteten »Empörung« über solche Positionen Ausdruck zu verleihen.

Fast gleichzeitig gab es tiefgehende Auseinandersetzungen mit dem Schriftsteller Franz Fühmann, die im Dezember 1977 ein »Weltbühne«-Artikel (»Die Lust auf Wahrheit«) des stellvertretenden Kulturministers Klaus Höpcke ausgelöst hatte. In einer ebenfalls als »Offenen Brief« gedachten umfangreichen Antwort schrieb Fühmann u.a.: »Weder ein Einzelner, noch ein Berufsstand, noch irgendeine soziale Organisation oder politische Gruppierung ist im alleinigen Besitz auf Wahrheit und dürfte es auch nicht im Privileg von Mitteln sein, sie finden zu können, dürfte es nicht sein um der Wahrheit willen, die nur von allen gefunden werden kann... Die Lüge, also das bewußte

Sagen des als unwahr Gekannten, wünsche ich... unterdrückt und geächtet zu sehen: Wenn es wie im Falle von Faschismus, Rassenhetze und Kriegsgebrüll not täte, durch die Macht des Staates, vor allem aber durch die Macht der öffentlichen Meinung, eben jener, die wir kaum in Ansätzen haben, ich drücke mich da vorsichtig aus. Denn Öffentlichkeit als geistige Macht erfordert dreierlei: Information, sich aus Quellen, nicht nur aus Kommentaren eine Meinung zu bilden; Gelegenheit, diese Meinung auch mitzuteilen, und zwar im vollen Sinne, den ›mitteilen‹ hat, und schließlich eine begründete Aussicht auf eine, natürlich proportionale, Wirkungsmöglichkeit dieser Meinung.«[52]

In einem weiteren, jetzt vom Chefdramaturgen des Fernsehens geführten Gespräch mit Fühmann, wurde die Ablehnung seines Ansinnens, den »Offenen Brief« zu veröffentlichen, von diesem wie folgt begründet:

»Ich habe ihm dann die politische Situation dargelegt und auf das sogenannte ›Spiegel‹- Manifest verwiesen. Dabei habe ich nicht verschwiegen, daß es den Verfassern sehr willkommen sein würde, wenn er mit seinem Offenen Brief gewissermaßen den Beweis für eine solche Opposition in der DDR lieferte.«[53]

Wie für viele war für Fühmann, der »Angst« hatte, wenn er an die »Sache unserer Gesellschaft« dachte, das Jahr 1977 jenes, als sie sich resigniert oder als Zyniker in die »Nische« zurückzogen.

Am 27. Januar 1978 schrieb Fühmann an den Minister für Kultur: »Ich habe gelernt, daß ich aufhören muß, mir den Kopf von Prof. Hager zu zerbrechen, das führt zu nichts und gelingt mir auch nicht. Also macht eure Kulturpolitik und berauscht euch an Siegen und Triumphen und noch nie dagewesenen Blühen von Literatur und Kunst, mir solls recht sein. Ich sitze in meinem Wald und schreibe mein Buch.«[54]

In logischer Konsequenz fand Jahre später Gorbatschows Politik zuallererst mit seiner Forderung nach »Glasnost« in der DDR so große Resonanz.

Durch die Präsens der Medien zweier (deutscher) Gesellschaften in jedem DDR-Wohnzimmer potenzierten sich zugleich die (z.T. unterschiedlichen) Defizite jedes Mediums

Frage 111 Sind Sie der Meinung, daß Sie durch Ihre Bezirkszeitung über Probleme der westdeutschen Politik, über internationale Fragen und Fragen der Kultur ausreichend informiert werden?

	Cottbus %	Halle %	Schwerin %	Insgesamt %
a) westdeutsche Fragen				
- ausreichend *(synonym für zeitlich ge-*	46,6	51,8	53,6	50,8
- nicht immer ausreichend *nügt)*	36,9	34,7	29,8	33,5 } 40,6%
- nicht ausreichend	8,1	7,5	5,9	7,1
- ohne Angaben	8,4	6,0	10,7	8,6
b) internationale Fragen				
- ausreichend	43,7	47,9	48,7	46,8
- nicht immer ausreichend	38,4	39,5	33,4	36,8
- nicht ausreichend	8,9	6,6	6,5	7,3
- ohne Angaben	9,0	6,0	11,4	9,1
c) kulturelle Probleme				
- ausreichend	56,1	61,9	56,0	57,8
- nicht immer ausreichend	25,6	24,0	25,4	25,1
- nicht ausreichend	7,4	5,7	5,4	6,2
- ohne Angaben	10,9	8,4	13,2	10,9

(obwohl weniger umfangreich + + Pkt.11)

Aus dem Bericht über eine Umfrage unter Lesern der
Bezirkszeitungen »Lausitzer Rundschau«, Cottbus,
»Freiheit«, Halle, und »Schweriner Volkszeitung, Schwerin,
vom 20. Juni 1967 (vgl. Dok. I)

Frage 121 Halten Sie die Auffassung für zutreffend, daß die westdeutsche Regierung eine Politik der Revanche und der Kriegsvorbereitung betreibt?

	Cottbus %	Halle %	Schwerin %	insgesamt %
- ja	66,0	72,0	68,5	68,8
- nein	17,9	15,5	14,9	16,0
- ohne Angaben	16,1	12,5	16,6	15,2

Die gleiche Frage wurde bereits in früheren Umfragen gestellt, u.a. bei Jugendlichen (Umfrage Jugend und Politik). Ein Vergleich mit der Altersgruppe bis 24 Jahre ergibt:

	ja %	nein %	ohne Angaben %
Jugend-Umfrage	73,0	23,4	3,6
Zeitungsumfrage	73,2	19,5	7,3

Aus dem Bericht über eine Umfrage unter Lesern der Bezirkszeitungen »Lausitzer Rundschau«, Cottbus, »Freiheit«, Halle, und »Schweriner Volkszeitung«, Schwerin, vom 20. Juni 1967 (vgl. Dok. I)

bei der Vermittlung von Politik. Die unzureichend komplexe, tendenziöse Darstellung des Ost- wie West-Fernsehens vermittelte ein vorwiegend idyllisches Bild beider Gesellschaften, wobei das westdeutsche aber zugleich selbst durch die Wiedergabe negativer Erscheinungen und durch die Vermittlung kontroverser Ansichten die liberale und demokratische politische Kultur der Bundesrepublik demonstrierte. Jedes westdeutsche Fernsehspiel erweckte den Eindruck einer gesicherten Wohlstandsgesellschaft, in der noch der Arbeitslosengeld-Empfänger zu beneiden war. Tendenziell bewirkten die westdeutschen Medien (auch ohne eine solche Absicht) in zunehmenden Maße und bei immer mehr DDR-Bürgern, daß sich deren Wertehierarchie und Bedürfnishorizont der von ihm vermittelten Relevanzstruktur der politischen und gesellschaftlichen Wirklichkeit einer entwickelten westlichen Industriegesellschaft weitgehend annäherten. Die »Trabant-Gesellschaft« wurde an der »Mercedes-Gesellschaft« (Rudolf Bahro) gemessen, ohne daß die westliche »Fernsehwerbungswelt« auf den Prüfstand der Alltagserfahrung der an Westreisen gehinderten DDR-Bürger mußte.

Die Verhinderung einer kritisch-offenen und alternativen Berichterstattung in den DDR-Medien vermochte nicht wie in demokratischen Ländern bei den Zuschauern eine weitgehend systemkonforme Medienwirklichkeit zu konstituieren. Auch auf diesem Gebiet war die für eine demokratische politische Kultur unersetzbare politische Kommunikation über die Medien unterbunden und die für die politische Sozialisation so wichtige wechselseitige Beeinflussung und Korrektur von lebensweltlicher Erfahrung und Medienwirklichkeit zerstört.

Die wachsende Diskrepanz zwischen den zugelassenen Umfragethemen und den die DDR-Bürger beschäftigenden Problemen macht eine Aufstellung von Fragen aus der Bevölkerung für Werner Lamberz in Vorbereitung einer Beratung mit den Bezirkssekretären für Agitation und Propaganda am 28. März 1977 deutlich:

»Warum müssen auch wir in der DDR so viel für die Verteidigung aufwenden, obwohl sich der Entspannungkurs immer stärker durchsetzt?

Warum gibt es gegenwärtig in einigen sozialistischen Ländern Schwierigkeiten mit den Angehörigen der Intelligenz, vor allem mit Künstlern? ...

Der DDR-Bürger kennt aus unseren Informationen nicht, was es mit der »Charta 77« auf sich hat. Warum argumentieren wir dazu ständig in unseren Medien? Kalkulieren wir damit von vornherein ein, daß solche Informationen vom Gegner vermittelt werden? ...

Warum können DDR-Bürger nicht heute schon in jene Länder fahren, mit denen wir Konsularverträge abgeschlossen haben?

Warum läßt man uns nicht ohne Devisen ins kapitalistische Ausland reisen? Unsere Verwandten werden uns schon das nötige Geld geben.

Wir sind doch wirtschaftlich stark. Warum haben wir kein Geld, damit DDR-Bürger in die BRD fahren können? ...

Müssen wir wirklich diese (Intershop)-Läden haben, um Devisen zu bekommen? Jetzt gibt es zwei Gruppen (Klassen) von DDR-Bürgern: eine mit Westgeld zur Befriedigung hoher Ansprüche – die andere ohne harte Währung, die zum Verzicht verurteilt ist.«[55]

Im Gegensatz dazu beschäftigte sich von den 36 Umfragen des Jahres 1977 lediglich eine mit Fragen der Sicherheit und Verteidigung, eine mit wirtschaftlichen und politischen, eine mit internationalen politischen Fragen. Die übrigen widmeten sich der Einführung von Grundlöhnen, der Urlaubsgestaltung Jugendlicher, der Lehrlingsausbildung, der Industriepreise, des Kinobesuchs, der Urlaubserfahrungen im sozialistischen Ausland und ähnlichen Randfragen.

Die Gralshüter im SED-Politbüro haben niemals begriffen, daß öffentliche diskursive und alternative politische Kommunikation von existentieller Bedeutung für die immer neu zu erwerbende Legitimität und Entwicklungsfähigkeit einer entwickelten Bürger-Gesellschaft ist. Die von ihr mißbrauchten Medien wirkten direkt kontraproduktiv zu ihrer sonstigen Rolle in modernen Gesellschaften: Der Hauptfeind der DDR im Ätherkrieg war nicht der »schwarze Kanal« des West-Fernsehens. Er saß vielmehr im Politbüro und dirigierte mit bornierter Arroganz die eigenen Medien. Erst dadurch konnte die »vierte Macht« der Bundesrepublik quasi als »fünfte Macht« Einfluß auf so viele DDR-Deutsche gewinnen.

Verrat an der Nation?
Die DDR als deutsche Teil-Gesellschaft

Nicht nur als Mediengesellschaft war die DDR-Gesellschaft während ihrer ganzen Existenz stets in einem zwar unterschiedlich starken, aber immer wirksamen Maße auf die Bundesrepublik bezogen. Diese Fixierung auf den »Westen« galt für die SED-Führung genauso wie für Millionen von Bürgern.

Zwar hat das Institut für Meinungsforschung nur fünf spezielle Umfragen zu Problemen der westdeutschen Politik, davon drei zum Briefwechsel zwischen SED und SPD (1966) durchgeführt, aber Ende der 60er, Anfang der 70er Jahre wurden in den Begleittexten der Berichte, wo immer es sich anbot, Vergleiche mit entsprechenden westdeutschen Umfragen angestellt.

Wie das Inventarverzeichnis aller Berichte belegt, wurden Umfragen mit Wiederholungsfragen zum DDR-BRD-Vergleich erst nach Walter Ulbrichts Sturz eingestellt (letztmalig nachweisbar 1973).

Die offizielle Politik hat auf diese BRD-Bezogenheit zu verschiedenen Zeiten unterschiedlich reagiert, bis Ende der 60er Jahre aktiv-selbstbewußt bis nur propagandistisch schein-offensiv; die Gesellschaft in Abhängigkeit von ihrer jeweiligen ökonomischen, sozio-kulturellen und sozialpsychologischen Befindlichkeit abwartend-selbstbewußt, abwehrend, neidvoll bis demütig. Den ostdeutschen Staat und seine Bürger verbanden nun einmal quantitativ und qualitativ beispiellose Beziehungen auf so gut wie allen Gebieten mit der westdeutschen Bundesrepublik.

Im Jahre 1972, als im Gefolge der Brandtschen Ostpolitik die Hoffnungen auf ein besseres, vielleicht sogar freundschaftliches

Miteinander beider deutschen Staaten einen ersten Höhepunkt erreichten, stellten die Meinungsforscher, fast einmalig in dieser prononcierten Form, die Diskussions-Frage:

Bürger A

Die fortschreitende Abgrenzung zwischen der DDR und der BRD ergibt sich aus dem Gegensatz der Gesellschaftsordnungen. In der DDR herrscht die Arbeiterklasse. In der BRD herrschen die Monopolkapitalisten. Sie machen kein Hehl daraus, daß sie unseren Staat und die Errungenschaften der Arbeiterklasse hassen und beseitigen wollen. Da kann es doch keine Gemeinsamkeiten oder ›innerdeutsche Beziehungen‹ geben.

Bürger B

In beiden deutschen Staaten leben Deutsche, und es bestehen viele verwandtschaftliche Beziehungen. Das gibt dem Verhältnis zwischen der DDR und der BRD einen besonderen Charakter. Man kann deshalb nicht von einer so strengen Abgrenzung sprechen, wie sie zwischen anderen Staaten mit gegensätzlicher Gesellschaftsordnung besteht.

Bürger C

Ich bin gegen jede Form der Abgrenzung. Sie soll nur einen stärkeren Verkehr zwischen der DDR und der BRD verhindern.

Welche Auffassung kommt Ihrer Meinung am nächsten?

	BEZIRKE	BETRIEBE
die Meinung des Bürgers A	40,6%	29,2%
die Meinung des Bürgers B	46,7%	48,1%
die Meinung des Bürgers C	9,5%	15,5%
ohne Angaben	3,2%	7,2%

(Dok. VII)

Schon seit den spontanen Kundgebungen von etwa zweitausend Bürgern anläßlich des Brandt-Besuches in Erfurt 1970 war die SED-Führung – nicht zuletzt durch wiederholte entsprechenden Ermahnungen aus Moskau – gehalten, die »Abgrenzung« zum Kern ihrer nationalen Politik zu machen.[56] Das obige Ergebnis zeigt aber, daß sie mit einer derart dem

gesunden Menschenverstand zuwiderlaufenden ideologisch
bornierten Position nur zu einem guten Drittel den Meinungen
ihrer Bürger entsprach und Ulbrichts Politik weit mehr
Zustimmung gefunden hatte. Trotzdem ist es falsch, wenn man
– wie Stefan Hilsberg, Bundestagsabgeordneter der SPD aus
Ostdeutschland, in seinem Artikel »Identitätsmuster in Ost
und West« – behauptet:

»Die meisten Deutschen in der DDR gedachten wehmütig
der Tatsache, daß sie das Schicksal leider einige Kilometer zu
weit östlich der innerdeutschen Grenze verschlagen hatte. Von
›bei uns drüben‹ sprach man, wenn man die Bundesrepublik
meinte. Ja, das Fatale war, die Ostdeutschen fühlten sich in
einem Land heimisch, in dem sie nicht leben konnten, und die
Westdeutschen empfanden eine Fürsorgeaufgabe für ihre
Landsleute in der DDR, ein Land, das sie nicht bestimmen
konnten.«[57]

Solche pauschalisierenden Statements, in diesem Fall zur
Begründung des »Verrats an der Nation« durch das »SED-
Unrechtsregime«, haben wenig mit der historischen und schon
deshalb differenzierten Bewertung der nationalen Politik der
verschiedenen Parteien und Kräfte in den vierzig Jahren
deutsch-deutscher Geschichte zu tun.

Genauso könnte »man« entgegenhalten, daß sich nun nach
dem Anschluß der DDR »Millionen« (Ost-)Deutsche wie
Fremde im eigenen Land fühlen. Und so wie Hilsbergs
Meinung sicherlich für die Zeit bis Anfang der 60er Jahre teil-
weise und am Ende wieder mehrheitlich zugetroffen haben
mag, zeigt die heutige Wirklichkeit, daß seine weitgehenden
Schlußfolgerungen mehr ins Reich nationaler Lyrik gehören.
Damit läßt sich nicht die einfache Tatsache aus der Welt schaf-
fen, wie sehr die »nationale Frage« und die nationale
Befindlichkeit der Menschen jedes Landes mit seiner »sozialen
Verfassung« zusammenhängen.

Für unseren Untersuchungszeitraum belegen dagegen die
Daten, daß »die meisten Deutschen in der DDR« trotz ihrer
Vorbehalte in der »nationalen Frage« für die sozialen
Verhältnisse der DDR votierten, die Politik der DDR gegenü-
ber der BRD selbst in dieser Zeit der größten Hoffnungen auf

Brandt und die sozial-liberale Koalition von 65,6 Prozent für richtig gehalten wurde und nur von 10,8 Prozent für falsch.

Unbeschadet aller Abgrenzungsbemühungen der SED-Führung maß sich natürlich jeder der beiden Staaten am anderen. Dies hatte für den Ausbau des westdeutschen Sozialstaates und seiner civil society außerordentlich positive Wirkungen, während sich der schwächere ostdeutsche Kontrahent auf einen verhängnisvollen Wettstreit auf einem Gebiet einließ, auf dem er verlieren mußte: Als sozialistischer Alternativ-Versuch konnte er nicht darum konkurrieren, eine »bessere« bürgerliche Industrie- und Konsumgesellschaft zu installieren.

Aber gerade dies erwartete die Mehrheit der Bürger im Gefolge der Honeckerschen Wende auf dem VIII. Parteitag der SED 1971: eine von den nicht übersehenen Mängeln der kapitalistischen Wirtschaft verschonte idyllische Gesellschaft, die dann durchaus sozialistisch genannt und von der SED geführt sein dürfte. Gerade in dieser Erwartungshaltung widerspiegelte sich die Tatsache, daß die hohen Zustimmungswerte zu den gesellschaftlichen Verhältnissen der DDR und die entsprechend hohe Ablehnung der westdeutschen gesellschaftlichen Verhältnisse nicht besagen, daß es der DDR zu irgendeinem Zeitpunkt gelungen wäre, sich von dem in der größeren deutschen Teil-Gesellschaft »West« herrschenden tradierten Bedürfnis- und Interessenhorizont mental wirklich entscheidend abzukoppeln. Mit der Intershop- und Delikat-Politik verfestigen und wiederbelebten sich alte Bedürfnisstrukturen. Die DDR nahm unter der Oberfläche der aufrechterhaltenen Apologetik vom »entwickelten Sozialismus« wieder Kurs auf eine kapitalistische Industriegesellschaft mit dominierenden ökonomischen Effizienzkriterien – freilich ohne die entsprechend effektive ökonomische Basis zu besitzen. »Die Gestaltung der entwickelten sozialistischen Gesellschaft erweist sich zunehmend als die Entfaltung einer industriell entwickelten Gesellschaft« schrieb schon 1983 der westdeutsche Sozialwissenschaftler Rüdiger Thomas. »Die strukturelle Differenz beider deutscher Staaten beinhaltet gleichzeitig eine prozessuale Parallelität beider deutscher Gesellschaften.«[58]

Leider galt das nicht für den Bereich der »Zivilgesellschaft«.

Aber es gab nicht nur ein zu verschiedenen Zeiten unterschiedliches Mischungsverhältnis zwischen Identifizierung und Distanz der Bürger gegenüber dem Staat »DDR«. Auch das Verhältnis zum westdeutschen Staat war durchaus zwiespältig, eine Balance zwischen Anerkennung und Ablehnung.

So bewunderte man die Bundesrepublik als Wirtschaftswunderland und Konsumgesellschaft, war beeindruckt von ihren Erfolgen und dem sich in der Alltagskultur äußernden neuen Lebensgefühl auch mit seinen amerikanischen Einflüssen. Man war bereit, bestimmte Vorzüge des bürgerlich-demokratischen Systems und der Lebensweise zu konzidieren. Zugleich blieb jedoch eine erhebliche Distanz zum gesellschaftlichen System als ganzem, seinen deutlicheren Kontinuitäten zum Nationalsozialismus und gegenüber negativ bewerteten Erscheinungen in der Alltagskultur feststellbar. Die Verweigerung der Anerkennung der DDR trug zu einer Negativ-Identifizierung bei und erklärt die hohen Zustimmungswerte auf die Frage, ob im Angriffsfalle die DDR auch militärisch verteidigt werden solle.

Nur scheinbar widersprüchlich dazu ist die relativ hohe Ablehnung der Meinung, daß auch die Brandtsche Ostpolitik »unverändert aggressiv« sei, wo bei Arbeitern nur 49,95 Prozent zustimmten, obwohl sie gleichzeitig weiterhin mit 80,2 Prozent den gesellschaftlichen Verhältnissen in der DDR den Vorzug gaben.

Die Zwei-Drittel-Unterstützung für die Forderung nach Aufnahme völkerrechtlicher Beziehungen, wie sie zwischen von einander unabhängigen und souveräner Staaten üblich sind, zeigt, daß trotz aller Fixierung auf die Bundesrepublik dies nicht als mehrheitliches Indiz für nationale gesamtdeutsche Träume zu interpretieren war.

Zugleich fand die auf Honecker zurückgehende, als Ergebenheitsadresse an die Breshnew-Führung gerichtete Losung, die als Frage herhalten mußte, ein entsprechendes Echo:

Würden Sie der Feststellung zustimmen: Uns verbindet nichts mit der imperialistischen BRD – aber alles verbindet

uns mit der Sowjetunion und den anderen sozialistischen Ländern!

	BEZIRKE	BETRIEBE
ja	57,9%	47,1%
nein	23,8%	29,4%
nicht im klaren darüber	15,8%	18,5%
ohne Angaben	2,5%	5,0%

Noch ernüchternder war das Ergebnis auf eine (so wohl nur einmalig gestellte) Frage nach der Fortexistenz der einheitlichen deutschen Nation.

Würden Sie der Feststellung zustimmen, daß die BRD für die DDR imperialistisches Ausland ist und daß es keine einheitliche deutsche Nation gibt?

	BEZIRKE	BETRIEBE
ja	49,1%	29,2%
nein	37,0%	44,6%
kann ich nicht beurteilen	9,5%	12,0%
ohne Angaben	1,7%	5,7%

Nein, zur Ausprägung einer eigenen nationalen Identität ist es in der DDR (auch später) nicht gekommen (und wenn, dann nur infolge der weltanschaulich-klassenmäßigen Bindung von etwa der Hälfte der Bevölkerung an die DDR). Aber das heißt nicht im logischen Umkehrschluß auf die Fortexistenz, schon gar nicht auf eine *ungebrochene* Fortexistenz einer gesamtdeutschen nationalen Identität nicht einmal bei der anderen Hälfte schließen zu können.

Das Bewußtsein von der nationalen Einheit der Deutschen hatte zwischenzeitlich bis in die Endkrise der DDR seine Funktion und damit seine identitätsstiftende Bedeutung in hohem Maße verloren. (Diese Rolle gewann sie bei einer Mehrheit der DDR-Bevölkerung erst wieder, als dies den Ausweg aus einer als bedrückend und hoffnungslos empfundenen Lage versprach.)

Die fast 50prozentige Ablehnung der Zwei-Nationen-Theorie Anfang der 70er Jahre ist nicht unvermittelt als Wunsch nach Anschluß an die Bundesrepublik zu interpretieren, und zwar bis in die Anfänge der Wendezeit hinein nicht. Diese hohe Ablehnung war mehr dem gesunden Menschenverstand geschuldet, der die historischen, ethnischen und kulturellen Gemeinsamkeiten nicht verleugnen mochte.

Für alle oppositionellen Kräfte (sieht man von der kleinen »Manifest-Gruppe« von 1977/78 ab, die durch ihren ökonomischen Pessimismus zum Wiederaufwerfen der nationalen Frage gedrängt worden war)[59], ging es lange Zeit nicht um die einfache Übernahme bzw. Rückkehr zu westlichen Verhältnissen. Und schon gar nicht spielte die Frage der nationalen Vereinigung ein Rolle. Umso größeren Einfluß hatte die demokratische politische Kultur der BRD bei ihnen und auch bei den Reformkräften innerhalb der SED.

Erst über die versagende Ökonomie, die immer bedrückender werdenden demokratischen Defizite des Regimes, was sich besonders in der völligen Verweigerung zum inneren Dialog äußerte, wurde sich die ostdeutsche »Teil-Gesellschaft« wieder ihrer gesamtdeutschen Herkunft gewiß und »Nation« und »Wiedervereinigung« erlangten ihre geschichtsmächtige Funktion zurück. Daß dies 1989 zuerst in Kreisen der Arbeiterschaft und in bestimmten, vernachlässigten Grenzregionen im Süden und Süd-Westen der DDR der Fall war, verwundert weniger, wenn man sich der Mühe unterzieht, daraufhin die entsprechenden Ergebnisse bereits von Anfang der 70er Jahre anzusehen. Exemplarisch für das Nord-Süd-Gefälle gibt ein Dokument Auskunft, das auf Umfrageergebnissen bei Oberschülern der 11. und 12. Klassen basiert. Diese sonst stets besonders »positiv« optierende Population wird durch die gesondert ausgewiesenen Ergebnisse aus Jena so interessant, wurde Jena doch zu einem der (bescheidenen) Zentren der Opposition.

Aber selbst hier bleibt es bei dem scheinbar sich ausschließenden Befund, daß die hohe Ablehnungsquote der Abgrenzungspolitik (62 Prozent) mit der fast uneingeschränkten Bevorzugung der gesellschaftlichen Verhältnisse der DDR (96 Prozent) einhergeht.

Sich als Deutscher zu fühlen und zur deutschen Nation zu bekennen war und blieb für einen erheblichen Teil der DDR-Deutschen wichtig, ohne daß dies mit einer Ablehnung der DDR-Gesellschaft verbunden war. Umgekehrt bedeutete das Bekenntnis zur DDR nicht notwendigerweise eine Abkehr von der deutschen Nation. Der österreichische Weg einer eigenen Bewußtseinsnation hätte nur eine Chance gehabt, wenn es gelungen wäre, die essentiellen Defizite auf dem Gebiet der Demokratie und der Ökonomie als entscheidender Grundlage einer anderen Lebensweise in einem hinreichenden Maße zu überwinden.

Einen demokratischen Sozialismus mit entsprechend demokratischer politischer und Alltagskultur auf deutschem Boden zu verwirklichen stand aber die spätstalinistische Hegemonialmacht solange entgegen, bis es zu spät war, die inzwischen entstandene ökonomische und in ihrem Gefolge gesamtgesellschaftliche Krise zu überwinden.

Was bleibt?

Eine Schlußbemerkung

Das Lamento mancher Bürgerbewegter, man hätte 1989 »die Macht ergreifen« müssen, geht an der historischen Wirklichkeit vorbei. Schon deshalb, weil unter den Bedingungen der wirtschaftlichen und finanziellen Krise der DDR kein wie auch immer geartetes, demokratisch legitimiertes Regime eine noch hinreichend lange Zeit mit der Unterstützung der Mehrheit der Bevölkerung rechnen konnte, um die notwendige Reform von Staat, Wirtschaft und Gesellschaft durchzuführen. Es sei denn, die politische Klasse der BRD hätte ihren Schatten übersprungen und wäre bei einem vernünftigen Konzept der längerfristigen Unterstützung der DDR etwa nach dem 10-Punkte-Plan Kohls und der Vertragsgemeinschaftsidee Modrows geblieben. Doch beides hatte sich schnell als Träumerei an deutschen Kaminen herausgestellt...

Was bleibt von den zumindest für den Zeitraum zwischen 1965 und 1976 festgestellten und dokumentierten Keimen einer DDR-Identität? Eins läßt sich mit Sicherheit feststellen: Sie überdauert nun als Mentalität – auch nach dem Verschwinden des Identitätsobjekts DDR. Selbst Nach-Wende-Umfragen bekräftigen diese Schlußfolgerung.[60]

Die Werte und die Wertigkeit, die diese kollektive und personale Identität/Mentalität prägten, sind stabil wie die weiterwirkenden Mentalitätsstrukturen. Und nicht alle in der DDR erworbenen Auffassungen, Werte und Verhaltensmuster verflüchtigen sich so schnell wie »Zeitgeist-Meinungen«.

Zwar sind mit dem Untergang der DDR wesentliche ordnungspolitische und ideologisch begründete Auffassungen und Überzeugungen verlorengegangen. Sie wurden abgestreift und/oder als veraltet bzw. verfälscht abgelehnt, womit auch elementare Bestandteile von subjektiver »DDR-Identität« vernichtet wurden. Doch gleichzeitig wirken grundlegende lebensweltliche Erfahrungen und in der DDR-Gesellschaft sozio-kulturell eingeübte gewohnheitsmäßige Haltungen und Werte nach. Eine anti-marktwirtschaftliche, moralisch-geistige Grundströmung prägt die »Mentalität der Ossis«.

Die Erfahrung mit einer Gesellschaft, in der trotz ihres genetischen Grunddefekts – ihrer totalitären Struktur und autoritären Praxis – sowie ihrer sonstigen Defizite nicht mehr die entscheidende Differenzierungsachse durch Eigentum und Kapitalbesitz, sondern durch berufliche Qualifikation und Arbeit, durch Bildung und die Rolle im System der vertikalen und horizontalen gesellschaftlichen Arbeitsteilung gebildet worden war, wird sich als sehr zählebig erweisen.

Hinzu kommt aus dem letzten Jahrzehnt DDR, daß die Ostdeutschen nicht nur eine historische Erfahrung mit einer gesamtgesellschaftlichen Krise so oder so verinnerlicht haben. Sie bringen auch die Erfahrung von einer politischen Umwälzung mit, in der das Volk als Souverän handelte. Es nahm sich vorenthaltene Grundrechte, indem es nicht nur eine Regierung abwählte, sondern einen Staat selbst abgeschafft hat. Es stellte ein System bloß – und verließ es schließlich –, von dem es annehmen mußte, daß es seinen Interessen nicht mehr entsprechen konnte oder wollte.

Das ist eine für die deutsche Geschichte bis dahin einmalige kollektive politische Erfahrung nur der Ostdeutschen. Es war ein Ergebnis der von Millionen gelebten politischen und Alltagskultur der DDR, daß ein den ganzen Staat mit seinem bedeutendem Gewaltpotential vernichtender Umwälzungsprozeß in unvergleichlich friedlichen und politisch kulturvollen Bahnen verlief und verlaufen konnte. Diese kollektive Tat einer friedlichen Revolution wird selbst für diejenigen, die sie nur passiv geschehen ließen, weil sie sie für unvermeidlich hielten oder auch ahnten, daß der Preis hoch sein wird, zum wichtigsten und fortlebenden Erbe der DDR-Identität werden.

Werden wir Deutsche dies als Bereicherung einer neuen gesamtdeutschen Identität begreifen? Oder laufen wir Gefahr, daß wir in unserer Identitätssuche auf den Stand der 50er Jahre zurückgeworfen werden, weil dieser Hoffnung neue Dämonisierungsstrategien und Verdrängungsmechanismen diametral entgegenwirken? Ruhe als erste Bürgerpflicht – diese gutbürgerliche Empfehlung gehört jedenfalls nicht mehr zur Mentalität gelernter DDR-Bürger.

Anmerkungen

1) Heinz Niemann: Meinungsforschung in der DDR. Die geheimen Berichte des Instituts für Meinungsforschung an das Politbüro der SED, Bund-Verlag Köln,1993.

2) Dr. Hans Erxleben: Information an den Untersuchungsausschuß, betr. Amtsmißbrauch durch den ehemaligen Generalsekretär des ZK der SED, Erich Honecker (6.Jan.1990). Kopie im Besitz des Verfassers.

3) Archivierungsliste des Instituts für Meinungsforschung zur Übergabe an das Büro des Politbüros der SED (Kopie im Besitz von Dr. Hans Erxleben). Dort werden 268 Positionen angegeben, was darauf zurückzuführen ist, daß bei einigen besonders umfänglichen Umfragen mehrere Bände registriert sind. Zugleich ist zu beachten, daß die Zahl der Fragebögen größer (etwa 280) war, weil zu einem Umfragethema manchmal für verschiedene Probandengruppen leicht modifizierte Fragebögen verwendet wurden. Die Gesamtzahl gestellter Fragen belief sich auf mindestens 5.470.

4) Einen Vorläufer für eine Art von der Parteiinformation unabhängige Meinungsforschung, der aber ab 1949 entsprechend umfunktioniert worden ist, hatte es auf Beschluß des Zentralsekretariats der SED vom Sommer 1947 gegeben. Damals wurde ein »Referat für Information bei der Abteilung Werbung, Presse und Rundfunk« gebildet, dessen Aufgabe Max Fechner auf der 12. Tagung des Parteivorstandes mit den Worten umriß: »Das Referat soll sich ausschließlich mit der Erforschung der Vokssstimmung befassen. Das einlaufende Material soll der regelmäßigen Orientierung des Z(entral)S(ekretariats) dienen und bei unserer Argumentation in Presse und Rundfunk berücksichtigt werden.« (Vgl. Archiv der Stiftung der Parteien und Massenorganisationen der DDR im Bundesarchiv, Zentrales Partei Archiv, im folgenden abgek.: SAPMO, BArch, ZPA, IV2/1/22).

5) SAPMO, BArch, ZPA, NL 182/897. Alle Zitate ebenda.

6) A a.O., IV2/902/31.

7) Alle bisherige, zum Teil vehemente Kritik, setzt an der behaupteten Seriösität der Ergebnisse an, indem die gegenteilige Behauptung als richtig unterstellt wird, nur mit dem Unterschied, daß sie nicht wie im Buch mit harten Daten und Fakten belegt wird oder auf nur eines der dort vorgebrachten Argumente eingegangen würde. Die Kritiker beschwören eine Atmosphäre allseitiger Furcht und Bespitzelung, wodurch ein Bild vom DDR-Bürger dieser Jahre unterstellt wird, der selbst noch als anonym befragter Mensch im stillen Kämmerlein voller kriecherischer Feigheit nur die angeblich erwartete »positive« Meinung ankreuzte. Dem widersprechen nicht nur die bisher präsentierten Fakten. Wie soll man außerdem erklären, daß in einem und demselben Bericht neben den bestrittenen »positiven« ebensolche ermittelt wurden, die die Herrschenden gewiß wenig erfreut haben dürften. Was sollte man mit positiv frisierten Berichten anfangen, die streng geheim blieben?! Und wenn schon die Befindlichkeit des damaligen DDR-Probanden ins Spiel gebracht werden soll, könnte man nicht ebenso vom genauen Gegenteil ausgehen, daß die »geknechtete SED-Gegner-Seele« die einmalige Chance genutzt hätte, es den Herrschenden wenigstens »anonym« mal zu zeigen?! Dafür geben im übrigen eine ganze Anzahl von ständigen Leser- und Hörerzuschriften an verschiedene Medien mit gepfefferter und oft höhnischer Kritik, und dies meist nicht einmal anonym, Zeugnis. Ulbricht dürfte es gegenüber den Berichten des Instituts für Meinungsforschung wie seinerzeit Churchill gehalten haben, der angesichts ihm vorgelegter geschönter Statistiken gesagt haben soll: »Meine Statistiken fälsche ich mir selber!«
Die Kritiker der wissenschaftlichen Glaubwürdigkeit der Daten (fast ausschließlich westdeutscher Herkunft oder herostratisch bekannte Gegner der DDR) entsprechen zwar dem inzwischen herrschenden Zeitgeist, sie sind aber nicht in der Lage, ernsthafte Einwände gegen die Methode vorzubringen oder auch nur zu erklären, wieso auch verschiedentliche

Nach-Wende-Umfragen in manchen Ergebnissen die Analysen von vor 30 bis 20 Jahren bekräftigen. So kann jeder seriöse Zeithistoriker und Sozialwissenschaftler die u.a. von der Projektgruppe »Identitätswandel« (ident) beim Gesellschaftswissenschaftlichen Forum e.V. Berlin erbrachten Umfrageergebnisse von 1990, 1992 und 1994 heranziehen, wenn er die Validität der in diesem Buch dokumentierten Ergebnisse prüfen will. Wenn danach 1994 die Formulierung »Die Geschichte der DDR ist die Geschichte eines Unrechtsstaates« 42,6% ganz bzw. 29,9% teilweise ablehnen und nur 18,6% bejahen, dann besagt das sicherlich etwas über die Solidität der ein Vierteljahrhundert früher ermittelten hohe Zustimmung zu den gesellschaftlichen Verhältnissen der DDR aus. (Vgl. einige weitere Ergebnisse in: Neues Deutschland, 6.Mai 1994, S.14 sowie Anmerkung 59)
Auch sei auf die schon an anderer Stelle erwähnten Ergebnisse der unabhängig vom damaligen Institut für Jugendforschung ermittelten Daten verwiesen, das – dem Jugendalter geschuldet – nicht nur vergleichbare, sondern sogar noch leicht höhere positive Zustimmungsraten ermittelte. Eine erst 1993 aufgemachte Zeitreihe zum Anteil der uneingeschränkt bejahenden politischen Einstellung z.B. bei Lehrlingen (politische Identifikation mit der DDR) zeigt, daß bei dieser (sonst stets etwas hinter den Oberschülern und der studentischen Jugend zurückbleibenden Probandengruppe) sich diese von 39% (1969) über 70% (1973) steigerte, ehe sie über 63% (1975) auf 50% (1979) abfiel, letzmalig 1984 diese Marke erreichte, um erst danach rapide abzufallen (Ende 1988 auf 10%, Ende 1989 auf 3%).

8) SAPMO, BArch, ZPA, IV2/902/31.
9) A.a.O., JIV2/2997.
10) A.a.O., IVA2/902/32.
11) Bericht über die Arbeit und die Erfahrungen des Instituts für Meinungsforschung nach einjähriger Tätigkeit vom 27. Juli 1965. Alle Zitate ebenda.
12) A.a.O., IV2/902/31. Alle Zitate ebenda.
    Erst 1970 erschien ein Buch »Methoden der marxistisch-leninistischen Sozialforschung«, herausgegeben von Walter Friedrich, im Deutschen Verlag der Wissenschaften, und 1972 folgte von Kurt Rückmann ein Titel »Demoskopie oder Demagogie«, Akademie Verlag, Berlin, 1972, in dem es auch um die methodologischen und methodischen Grundlagen der Meinungsforschung ging.
13) Kopie im Besitz des Verfassers.
14) SAPMO, BArch, ZPA, JIV2/3-1400.
15) Kopie im Besitz des Verfassers. Alle Zitate ebenda.
16) Bericht über die Tätigkeit des Instituts für Meinungsforschung im Jahre 1967, SAPMO, BArch, IVA/902/31.
17) Nicht nur schlichtweg Verbote geplanter Umfragen durch Politbüro-Mitglieder machte den Meinungsforschern zu schaffen, sie hatten es auch manchmal mit geradezu himmelschreiend dummen Eingriffen des Apparates zu tun. Besondere Mißbilligung fanden Fragebogen-Entwürfe mit gewollt provokativen, alternativen, konditionalen und als Filter gedachten Fragestellungen bzw. Antwortmodellen.
    Das Zentralinstitut für Jugendforschung erhielt auf einen eingereichten Fragebogen-Entwurf (für die Studenten-Intervallstudie 69) die Auflage, aus dem vorgegebenen Antwortmodell folgende mögliche Antworten zu streichen, da sie »falsch« seien: »Der westdeutsche Staat kann nicht reaktionär sein, denn er zählt zu den ökonomisch und technisch stärksten Staaten in Europa... Die Technisierung schafft in allen modernen Industriestaaten zwangsläufig eine entfremdete Gesellschaft... Mit der weiteren wissenschaftlich-technischen Entwicklung erhält die Intelligenz die führende Rolle in der Gesellschaft...Die wissenschaftlich-technische Revolution führt zu einer Annäherung der kapitalistischen und der sozialistischen Gesellschaftsordnung.« (SAPMO, BArch, ZPA, IVA2/16/162)

18) SAPMO, BArch, ZPA, JIV2/3-1400.

19) A.a.O., IVA2/9002/32.

20) Kopie im Besitz von Dr. Hans Erxleben.

21) SAPMO, BArch, vorl. SED 20717.

22) Ebenda

23) Archivierungsliste mit Übergabeprotokoll.

24) Zusammenfassende Analyse einer Umfrage des Instituts für Meinungsforschung zu Problemen der Entwicklung des geistig-kulturellen Lebens in Industriegebieten vom 16. April 1971 (A.a.O., IV/A2/906/42)

25) SAPMO, BArch, ZPA, JIV2/3A-3254.

26) Zuschrift des damaligen Interviewer-Gruppenleiters Bodo Salpius in: »Neues Deutschland«, vom 5./6. März 1994.

27) SAPMO, BArch, JIV2/3/2853. Am 14.November 1989 wandte sich der ehemalige Stellvertretende Direktor, Dr. Kurt Rückmann, an das Mitglied des Politbüros Günter Schabowski und schlug diesem vor, ein neues Institut für Meinungsforschung zu bilden, was Schabowski für »ruhigere Zeiten« in Aussicht stellte. (Kopien des Briefwechsels im Besitz von Heinz Niemann)

28) Vgl. Heinz Niemann: Vorlesungen zur Geschichte des Stalinismus, Dietz- Verlag Berlin, 1992, S.121ff und Ders.: Meinungsforschung..., S. 63f.

29) Niemann, Meinungsforschung..., S. 36 u. 59.

30) Hartwig Schmidt in »Freitag«, vom 11. Februar 1994. Ähnlich: Barbara Riedmüller-Seel (FU Berlin) und Hans-Günter Meyer (WZB) auf einer Veranstaltung des Berliner Instituts für Sozialwissenschaftliche Studien (BISS), siehe: Deutschland Archiv, H.3, 1994, S.300.

31) Günter Gaus: Moral, die auf die Trommel gespannt. In: »Freitag«, vom 11. Febr. 1994.

32) »Berliner Morgenpost«, vom 23. Okt. 1993. Wie soll auch nur der Versuch, sich der objektiven historischen Wahrheit zu nähern, ausgehen, wenn man als Wissenschaftler z.B. bei der Beurteilung des antifaschistischen Charakters eines Staates wie der DDR dieser diesen Antifaschismus abspricht, weil man eben nur als einziges Kriterium dafür gelten läßt, ob anstelle der totalitären nazistischen Diktatur ein demokratischer Verfassungsstaat westlicher Prägung installiert wurde oder nicht, oder wenn man – ebenfalls K. Schröder vom Forschungsverbund »Der SED-Staat« an der FU Berlin fordert, die DDR konsequent aus der Perspektive von Faschismus zu sehen, ehe an eine »Amnestie« für »Strolche, die frei herumlaufen« (Stefan Wolle vom »Unabhängigen Historikerverband«) gedacht werden dürfe.

33) Hans-Joachim Maaz: Sei lieb, sei brav und angepaßt, in: »Berliner Zeitung«, vom 15./16. Febr. 1994.

34) Heinz Niemann: Über Schwierigkeiten mit der Einigkeit und Recht und Freiheit. Referat auf der Gemeinsamen Wissenschaftlichen Konferenz der Complutense-Universität Madrid und der Humboldt-Universität zu Berlin »Quo vadis Germania?«, vom 27. – 29. Juli 1990, S.6 (als Manuskript gedruckt).

35) Belinda Cooper: »Die Ossis mag ich lieber«, in: »DIE ZEIT«, vom 4. Oktober 1992.

36) Vgl. dazu neuerdings: Michael Vester/Peter von Oertzen/Heiko Geiling/Thomas Hermann/Dagmar Müller, Soziale Milieus im gesellschaftlichen Strukturwandel. Zwischen Integration und Ausgrenzung. Bund-Verlag Köln, 1993.

37) So u.a. Helmut Hanke: Freizeit in der DDR, Berlin, 1979.6; Günter Manz: Lebensweise im Sozialismus, Berlin, 1983; Peter Voß u.a.: Die Freizeit der Jugend, Berlin, 1981; Christa Ziermann/Edgar Drefenstedt/Werner Jehser: Die geistige Kultur der sozialistischen Gesellschaft, Berlin, 1976.

38) Hans Koch/Helmut Hanke/Christa Ziermann/Wilfried Barthel: Zur Theorie der sozialistischen Kultur, Dietz Verlag Berlin 1982, S. 349 f. (Eine Sonderstellung nimmt Rudolf

Bahros Buch (1978) »Die Alternative« ein, das bei einer systematischen Darstellung der Entwicklung des dissidenten politischen Denkens in der DDR natürlich entsprechend gewürdigt werden müßte.)

39) DDR. Das Manifest der Opposition. Eine Dokumentation. Wilhelm Goldmann Verlag München,1978; vgl. auch: Heinz Niemann: Der sog. »Bund Demokratischer Kommunisten Deutschlands« in der Opposition und Dissidenz der DDR, in: Deutschland Archiv, H.5,1991.

40) Heinz Niemann: Sechs Thesen über die politische Kultur im entwickelten Sozialismus, Berlin, 1989 (als Manuskript gedruckt). Alle Zitate ebenda.

41) Gert-Joachim Glaeßner: Sozialistische Systeme. Einführung in die Kommunismus- und DDR-Forschung, Opladen, 1982; Ralf Rytlewski: Ein neues Deutschland? Merkmale, Differenzierungen und Wandlungen in der politischen Kultur der DDR, in: Der Bürger im Staat. Zur politischen Kultur der DDR, H.3, hrsg. von der Landszentrale für politische Bildung Baden-Württemberg, 1989; Kurt Sontheimer (zusammen mit Wolfgang Bergem): Die politische Kultur der DDR, in: Kurt Sontheimer, Deutschlands politische Kultur, Verlag Piper, München-Zürich, 1990, S.60ff.

42) Rytlewski, S.155.

43) Gregor Gysi: Wir mitten in Europa. Plädoyer für einen neuen Gesellschaftsvertrag, in: Neues Deutschland, vom 17. Febr. 1994.

44) Dieter Fuchs: Einstellungen zum politischen System der Bundesrepublik, in: Politische Kultur in Deutschland, Westdeutscher Verlag Opladen, 1987, S. 359.

45) Vgl.Ina Merkel: Frauen in der DDR, in: Hubertus Knabe (Hrsg.), Aufbruch in eine andere DDR, Reinbeck b.Hamburg 1989, S. 90.

46) Anne Hampele/Stefan Naevecke: Erwerbstätigkeit von Frauen in den neuen Bundesländern – Lebensmuster unter Druck, in: Gert-Joachim Glaeßner (Hrsg.) Der lange Weg zur Einheit, Dietz Verlag Berlin, 1993, S.109.

47) Herta Kuhrig/Wulfram Speigner (Hrsg.): Wie emanzipiert sind Frauen in der DDR?, Köln 1979, S.104f.

48) SAPMO, BArch, ZPA, IV2/3A-1838.

49) Schriftliche Auskunft von Dr. Hans Erxleben, der als ehem. Mitarbeiter des IfM speziell mit den Medien befaßt war. Die Unterlagen der Medienforschung durch die Anstalten befinden sich im Deutschen Rundfunkarchiv Berlin. Vgl. hierzu auch: Christa Seifert, Begehrte Zahlen. Der Beginn der Zuschauerforschung im Deutschen Fernsehfunk, in: 1965. Warten auf den Frühling. Unsere Medien – Unsere Republik, Teil 2, Heft 4, Marl 1993, S. 25-27 und Lieselotte Mühlberg: Hörerforschung des DDR-Rundfunks, in. Heide Riedel, Mit uns zieht die neue Zeit... 40 Jahre DDR-Medien, Berlin 1993, S.173-180.

50) SAPMO, BArch, ZPA,JIV2/2-1531.
Immer wieder gebar dieses System auf Grund entsprechender Hinweise Honeckers oder Herrmanns exorbitante journalistische Ungeheuer. So erschien am 11.Januar 1977 im SED-Zentralorgan eine tabellarische Gegenüberstellung von Preisen von Lebensmitteln in der DDR und der BRD. Ohne auch nur mit einem Wort auf die unterschiedlichen Durchschnittseinkommen oder auf die Kaufkraft von Mark der DDR und DM einzugehen, wurden eine ganze Reihe von Posten aufgeführt, von denen der DDR-Normalverbraucher seit Jahren nur träumen konnte. Die Empörung in der Bevölkerung war entsprechend groß, und die Leserbriefredaktionen erhielten wütende und höhnische Zuschriften, wo denn der Laden zu finden sei, der Rinds- und Schweinslendchen, frische Hasen oder Putenfilets verkaufe. (A.a.O., IVB/2/5-63)

51) Vgl. SAPMO, BArch, vorl.SED 18286/1.

52) Vgl. SAPMO, BArch, ZPA,IV2/2.033/49.

53) Ebenda. Der Filmregisseur Gerhard Bengsch, so berichtet ein »Freund« an Lamberz, glaubte zu dieser Zeit, die DDR sei »in einer Situation wie während des ›Vorfrühlings‹ 1968 in der CSSR« und die »Politik der Partei müsse über kurz oder lang geändert werden, wozu auch personelle Veränderungen gehörten.« (Ebenda) Er wurde zurecht gerückt, aber Lamberz schien die erhoffte »personelle Veränderung« nicht ein solches Sakrileg, als daß er es weitergemeldet und es ernstere Folgen gegeben hätte.
Der damalige Direktor der Sektion Journalistik an der Karl-Marx-Universität Leipzig, der aus dem ZK-Apparat stammende Prof. Dr. Emil Dusiska, versuchte auf seine Weise die kontraproduktive Infomationspolitik zu mildern, indem er immer mal wieder die Journalisten und anderen Multiplikatoren zu mehr persönlichem Mut in ihrer Arbeit aufforderte. So hatte er im Mai 1977 vor den Teilnehmern eines Lehrgangs für Wirtschaftsjournalisten diese zu mehr Kampfgeist und Mut gegenüber Leitern, die die Behandlung bestimmter Probleme verböten, aufgefordert. Dann – so der Informant – »verstieg er sich sinngemäß zu der Bemerkung, er habe in allen früheren Funktionen (ND, Agitationskommission) auch oft Dinge getan, die ihm verboten worden seien. Dann sagte er: ›Zwei Wirtschaftssekretäre des ZK haben sich erschossen, aber ich lebe noch.‹« Als Sanktionen schlug der zuständige Abteilungsleiter vor: 1. Eine Verwarnung an Dusiska, »daß er sich als Direktor der Sektion Journalistik an der Karl-Marx-Universität in Leipzig nicht mehr weiter so produzieren kann. 2. Mit sofortiger Wirkung wird unterbunden, daß Emil Dusiska bei von uns organisierten Lehrveranstaltungen für Journalisten auftritt. 3. Es muß überlegt werden, ob es möglich ist, Genossen Dusiska noch zwei Jahre bis zu seiner Emeritierung als 65jähriger in seiner Funktion zu halten.« (SAPMO, BArch, ZPA,vorl. SED-20705)
54) Vgl. SAPMO, BArch, ZPA, IV2/2.033/49.
55) SAPMO, BArch, ZPA, vorl. SED-20705.
56) Die Vorkommnisse anläßlich des Brandt-Besuches in Erfurt haben die SED-Oberen tief bewegt. Ulbricht, der natürlich den Gegnern seiner Deutschlandpolitik in Moskau wie in der eigenen Führung keine Vorwäde durch irgendwelche »Vorfälle« liefern wollte, hatte selbstredend größte Wachsamkeit befohlen, aber zugleich auf »zivilisiertes Verhalten« gedrängt. Die insgesamt harmlosen Sympathiekundgebungen für Willy Brandt aber waren Wasser auf die Mühlen des zur Macht drängenden Honecker, der alles tat, Ulbrichts Vorgehen zu diskreditieren. Zwei gesonderte Sitzungen des Sekretariats des ZK befaßten sich speziell mit den Ursachen und Verantwortlichen dafür, daß es zu den Sympthiekundgebungen kommen konnte. Das Protokoll dieser Sitzung liest sich wie ein Kriegstagebuch über eine verlorene Schlacht. Es wimmelt nur so von Ausdrücken wie ›Gefechtsstand«, »Kommandopunkte«, »Oberbebefehl«, Abschnittkommandeur«, »Stab«, ›Durchbruch«, »Tiefensicherung«, »Funkstille« und ›feindliche Kräfte«. Und in der Tat wurde der »Besuch« im nachhinein wie der Einfall des Feindes bewertet. Der verantwortliche ZK-Abteilungsleiter versicherte nun den anwesenden Mielke, Hager, Norden, Grüneberg, Dickel u.a.:«Wir haben mit ihnen (den verantwortlichen Funktionären – d.V.) gesprochen, daß sie sich auf den Gegner einstellen müssen. Wir haben mit ihnen über die taktische Linie hinaus klassenmäßig gesagt, was sind das für Leute, die kommen. Wir haben gesagt, der Feind kommt zu uns.« Mielke hatte für die beiden Treffen von Erfurt und Kassel die bezeichnenden Decknamen »Konfrontation 1« und Konfrontation 2« erfunden. (SAPMO, BArch, ZPA, JIV 2/3A-1858)
57) Stefan Hilsberg: Identitätsmuster in Ost und West, in: Deutschland Archiv, H.3, 1994, S.292.
58) Rüdiger Thomas: Sozialer Wandel in der DDR – Transformation oder Modernisierung?, in: »Modernisierung« versus »Sozialismus«, Formen und Strategien sozialen Wandels im 20.Jahrhundert, Erlangen 1983, S. 283.

59) Vgl. Heinz Niemann: Als Honecker und Schmidt sich einig waren... Zu einem vergessenen Erbteil der SED-Nachfolgepartei: Was wollten die Autoren des »Spiegel-Manifests« 1977/78?, in: Neues Deutschland, 27.Juli 1994, S.8.

60) Dazu liegen zahlreiche Veröffentlichungen seit 1990 vor. Von diesen sei eine der frühen Publikationen hervorgehoben, deren Ergebnisse zwar durch die hysterischen Elemente in der öffentlichen Meinung der unmittelbaren Wendezeit beeinflußt sind, zugleich aber den Vorteil haben, noch unter DDR-Bedingungen erhoben worden zu sein und ihnen auf keinen Fall der Vorwurf nostalgischer Verklärung gemacht werden kann.
Peter Förster/Günther Roski: DDR zwischen Wende und Wahl. Meinungsforscher analysieren den Umbruch, Berlin, Sept. 1990.

Öffentlichkeit, politisches Alltagsbewußtsein und Meinungsforschung in der DDR

Nachwort

Sicher wird mancher Leser wie auch der Nachwort-Autor nicht alle Einschätzungen und Schlußfolgerungen teilen, die Heinz Niemann an die Ergebnisse der damaligen Umfrage-Ergebnisse knüpft. Aber allein der Umstand, sie der wissenschatlichen und der allgemeinen Öffentlichkeit soweit wie möglich zugänglich gemacht zu haben, ist außerordentlich verdienstvoll.

Die vorliegende Auswahl von Forschungsunterlagen des Instituts für Meinungsforschung beim Politbüro des ZK der SED und ihre Interpretation durch Heinz Niemann regt zur Erörterung von mindestens drei Problemkomplexen an: erstens dem der Öffentlichkeit, zweitens dem des politischen Alltagsbewußtseins und drittens dem der Meinungsforschung in der DDR-Gesellschaft. Es fällt auf, daß – von den gängigen Klischee- und Pauschalurteilen abgesehen – in der reichhaltigen, Bibliotheken füllenden Literatur über die DDR vor und seit 1989/90 diese Problemfelder bisher eine vergleichsweise wenig differenzierte Behandlung und Diskussion erfahren haben.

Dabei ist es schon bemerkenswert, allerdings durchaus konsequent, daß die generell rigiden Genehmigungs- und Verschluß-Bestimmungen für empirische Sozialwissenschaften für die institutionelle Meinungsforschung noch strikter gehandhabt wurden. Ihre unmittelbar politische Aussagekraft und das damit möglicherweise in Frage gestellte politische Informationsmonopol der SED-Politbürokratie war wohl dafür verantwortlich. Erst das allmähliche Erschließen und Dokumentieren der empirischen Befunde, aber auch die theoretische Analyse und Diskussion in der DDR aus weithin unbearbeitet gebliebener Problemkomplexe wie Öffentlichkeit und öffentliche Meinung der DDR-Gesellschaft ermöglichen entsprechend zusammengefaßte Darstellungen. Die bisher solidesten Aussagen empirischer wie theoretischer Art wurden an Hand der untereinander vergleichbaren Ergebnisse aus 25jähriger Tätigkeit des Leipziger Zentralinstituts für Jugendforschung von Walter Friedrich und seinen Mitarbeitern vorgelegt.[1] Auch aus der Hörerforschung des Rundfunks und der Zuschauerforschung des Fernsehens der DDR liegen erste analytische Beiträge[2] vor, während die Ergebnisse des nicht allein ökonomische Konsumentenwünsche erfassenden Instituts für Marktforschung offenbar noch nicht öffentlich zugänglich sind. Das besonders geheimnisumwitterte Institut für Meinungsforschung kann mit den vorliegenden Veröffentlichungen[3] hoffentlich dazu beitragen, die systematische Bearbeitung einiger der im folgenden benannten Fragen zu befördern.

Entgegen anderslautenden Feststellungen gab es auch in der DDR selbstverständlich eine Öffentlichkeit. Gegenüber dem Modell BRD war es in der DDR allerdings eine demokratieamputierte, zugleich Menschen in ihrer Freiheit einschränkende und schließlich andersartige Öffentlichkeit. Eine solche Differenzierung ist unverzichtbar, um zu einem begründeten Urteil zu kommen und nicht alle Unterschiede den Grundübeln der DDR zuzuschreiben.

Es gehört allerdings zu den fundamentalen Konstruktionsfehlern staatssozialistischer Gesellschaften, die Freiheiten bürgerlich-demokratischer Öffentlichkeit eingeschränkt und beseitigt zu haben. Öffentliche Artikulation unterschiedlicher Interessen, ihre adäquate politische Präsens in Parteien, Organisationen und Vereinen, die Freiheit der Presse und der freien Meinungsäußerung, aber auch der ungehinderte Zugang zu gesellschaftlich relevanten Informationen und Informationsmitteln durch die Öffentlichkeit seien an dieser Stelle nur als Stichworte genannt. Daß auch in der BRD in dieser Hinsicht vielfältige Einschränkungen bestehen, darf in diesem Zusammenhang nicht interessieren. Wesentlich ist, daß die diesbezüglichen Defizite der DDR qualitativ größer und tiefgreifender waren als in der BRD, und daß vor allem mit dem eigenen

Anspruch auf historischen Fortschritt ein Rückschritt gegenüber den Errungenschaften bürgerlicher Öffentlichkeit praktiziert wurde. Hier liegen letztlich auch die tieferen Ursachen für die Behandlung empirischer Ergebnisse öffentlicher Meinung als geheime Verschlußsache.

Ohne von dem soeben Festgestellten etwas zurückzunehmen oder zu relativieren, sind zugleich die Einschränkungen und Verbote öffentlicher Meinungsbildung in der DDR zu würdigen, die Nationalismus und Neofaschismus, Rassismus und Gewalt betrafen. Hierher gehören auch Pornographie und öffentliche Entwürdigung der Frau, wie verklemmt und zugleich halbherzig dies zeitweise auch gehandhabt wurde. Das DDR-Fernsehen bot keine Gewalt- und Mord-Orgien.

Schließlich ist die DDR-Öffentlichkeit auch deshalb nicht einfach am BRD-Modell zu messen, weil sie hinsichtlich ihrer Inhalte, Institutionen und Kommunikationsformen einfach anders war. Für die »große Politik«, aber auch für den Alltag der Menschen waren in der BRD und DDR durchaus verschiedene Themen und Schwerpunkte öffentlich wichtig. Die Öffentlichkeit der Arbeitsbrigade und der Gewerkschaftsgruppe in der DDR sucht ihresgleichen in der BRD. Im DDR-Fernsehen fehlte Meinungsvielfalt, wie sie etwa – allerdings nur in ihrer Anfangszeit – in westdeutschen Talk-Shows offensichtlich wurde. Andererseits gab es im West-Fernsehen kaum eine solche gesellschaftlich problemreiche und künstlerisch anspruchsvolle Fernsehdramatik, wie sie Adlershof sendete. Das subtile Hinhören und »zwischen-den-Zeilen«-Lesen in Massenmedien, in der Belletristik und auf den Theaterbühnen war und ist bei den Ostdeutschen weitaus besser ausgebildet.

Es ist hier nicht der Ort, die genannten Spezifika der DDR-Öffentlichkeit weiter auszuführen und zu illustrieren. Die Beispiele verweisen aber nicht nur auf die inhaltliche Verschiedenheit von Öffentlichkeit und politischem Alltagsbewußtsein in der DDR. Politisches Alltagsbewußtsein sozialisiert sich über Familienmilieu und Freundeskreise, Bildungsinhalte und Bildungsinstitutionen, Arbeitszusammenhänge, Massenmedien, politische Vereinigungen und Freizeitklubs, Konsumangebote und technische Kommunikationsmittel. Sie sind eingebettet bzw. Bestandteil eines politischen und Sozialsystems, die zugleich die Art und Weise des Zustandekommens und der Mechanismen für die Äußerungen dieses Alltagsbewußtseins bedingen.

Wie komplex sind daher oft die in der Meinungsforschung immer wieder gestellten Fragen – selbst die scheinbar einfachsten – für die Befragten. Erst recht, wenn es um die Fragen nach der Überlegenheit des Sozialismus über den Kapitalismus, das Verhältnis von DDR und BRD und die gesellschaftlichen Verhältnisse in der DDR ging. Wieviel Biographie, politische Wirklichkeit, Sprachregelungen, konkrete Befragungs-Situation werden bei der Beantwortung wirksam!? Das war und ist kein DDR-Spezifikum, sondern gilt für jede Art von Umfrage-Forschung. Es gehört zu den Selbstverständlichkeiten der demoskopischen und generell sozialwissenschaftlichen Fachliteratur und braucht deshalb nicht weiter erörtert zu werden. Allerdings ist es bei der Analyse der empirischen Befunde zu beachten, und das verlangt bei der Methoden-Analyse mehr als »nur« die Wahrung der Anonymität der Befragten und die statistische Professionalität bei der Vorbereitung und Auswertung der Untersuchungen. Die Vielgestaltigkeit der intellektuellen und politischen Einflußfaktoren auf das Deuten und Äußern der Befragten verbirgt darüber hinaus inhaltlich-methodische Analysen.

Die diesbezüglich methodologisch interessantesten Forschungen über Zustand, Entwicklung und Funktionsweisen öffentlicher Meinung in staatssozialistischen Gesellschaften wurden m. E. in der UdSSR von B. A. Gruschin und seinen Mitarbeitern durchgeführt. Seit 1957, als er bei der Zeitung »Komsomolskaja Prawda« mit einer kleinen Arbeitsgruppe für Meinungsforschung begann und seine ersten Buchveröffentlichungen hierzu 1967 vorlegte.[4] entwickelte er am Beispiel einer sowjetischen Großstadt ein langfristiges Programm zur Erforschung der öffentlichen Meinung. Von 1967 bis 1974 analysierte er mit einem außerordentlich großzügigen materiellen und personellen Aufwand und mit über 100 eingesetzten Methoden – gezielte und anonyme, formelle und informelle, unmittelbare und mediale, zentrale und territoriale, öffentliche und persönliche Informationsströme in der Stadt Taganrog am Asowschen Meer. Von den zentralen politischen Gremien in Moskau genehmigt, konnte er – fernab von der Zentrale – mit aktiver Unterstützung der örtlichen politischen Organe, der intellektuellen Institutionen, der politischen Alltagskultur und Massenmedien eine hinsichtlich theoretisch-methodologischer Vorbereitung und gesammelter empirischer Daten einmalige Untersuchung über das Zustandekommen und die Funktionsweise öffentlicher Meinung in einer Großstadt durchführen.

Nach einer großen Zahl von Einzelveröffentlichungen und wissenschaftlichen Qualifikationsarbeiten erschien 1980 – noch vor Glasnost und Perestroika – eine zusammenfassende empirisch-theoretische Darstellung der Ergebnisse, die in konzentrierter Form ein gesellschaftspolitisches Meinungsbild über die UdSSR und die Erklärung seines Zustandekommens vermittelt.[5]

Leider schlugen die Bemühungen fehl, DDR-Verlage und wissenschaftspolitische Entscheidungsträger für eine deutsche Übersetzung des 1967er wie auch des 1980er Buches zu gewinnen. Selbst ein reiner Literaturbericht über die Meinungsforschung in der UdSSR wurde 1986 aus der schon im Druck befindlichen Philosophie-Zeitschrift zurückbeordert. Stattdessen wurden allein rein philosophische Darstellungen zur öffentlichen Meinung übersetzt,[6] obwohl in der UdSSR seit den 70er Jahren Ergebnisse der Meinungsforschung politisch und öffentlich genutzt wurden. Die Perestroika verlieh diesen Aktivitäten noch zusätzliche Impulse. Das von T. I. Zaslawskaja 1988 beim Zentralrat der Sowjetischen Gewerkschaften gegründete – jetzt von J. A. Lewada geleitete und kommerziell betriebene – Allunionszentrum für Meinungsforschung ist die inzwischen kompetenteste Institution.[7]

Eine ähnliche Entwicklung der Meinungsforschung vollzog sich übrigens in der Mehrzahl der staatssozialistischen Länder Osteuropas. Bei meinem ersten Besuch bei den Pionieren der ungarischen Soziologie-Entwicklung A. Hegedus und A. Szalai konnte ich bereits 1964 ein seit Jahren regulär und öffentlich arbeitendes Institut für Meinungsforschung beim ungarischen Rundfunk und Fernsehen besuchen.

Es waren erst die Impulse des nach 1961 in der DDR einsetzenden begrenzten gesellschaftlichen Aufbruchs, die auch in der DDR eine institutionalisierte Meinungsforschung zuließen. Das »Neue Ökonomische System« (NÖS), ein intellektuell und weltanschaulich erweitertes Kulturangebot, eine teilweise Verjüngung zentraler Parteiorgane, das Jugend-Kommuniqué 1965, das neue Familien-Gesetzbuch, die Entkrampfung gegenüber den Wissenschaftsdiziplinen Psychologie und Kybernetik und schließlich auch der Politbürobeschluß zur offiziellen Etablierung der Soziologie 1964 – markieren in den 60er Jahren eine limitierte Modernisierung der DDR-Gesellschaft. Wie halbherzig das von Anfang an betrieben wurde, wie sehr es bereits in den 60er Jahren zunehmend und vor allem im Umfeld bzw. Ergebnis des ČSSR-Einmarsches 1968 wieder zurückgenommen wurde, kann hier nicht erörtert werden. In jedem Fall war diese limitierte politische und intellektuelle Öffnung von einer in der DDR herangewachsenen, selbstbewußten und anspruchsvollen, gesellschaftlich und individuell ehrgeizigen Generation von Sozialisten mit vorbereitet und getragen worden, die diese Gesellschaft als die ihre zu gestalten suchte.

Im nachhinein läßt sich feststellen, daß es nach den Möglichkeiten und Leistungen der ersten Nachkriegsjahre die zweite und wahrscheinlich letzte intellektuell-politische Anstrengung zur Formierung einer eigenständigen sozialistischen Reform und Modernisierung in der DDR war. Wie sehr die vorhandene Chance bereits im Ansatz vertan wurde, offenbarte sich in der verhinderten oder wieder zurückgedrehten Demokratie-Erweiterung. Das trifft sowohl für das NÖS wie für das Kulturangebot und die Jugendpolitik zu. Und auch die neu etablierten empirischen Sozialwissenschaften sollten mit ihren Ergebnissen bestenfalls instrumentalisiertes Herrschaftswissen unter weitgehendem Ausschluß der Öffentlichkeit liefern. Die Kritik, ja nicht einmal die Bildungsfunktion zeitgemäßer Sozialwissenschaften war gefragt. Das erklärt schießlich auch die verspätete, befristete, besonders verschlossene und wissenschaftsexterne Organisation des Instituts für Meinungsforschung beim Politbüro der SED. Denn wie perfekt das statistische Instrumentarium auch genutzt und die Anonymität der Befragten auch gewahrt wurde, trug die gesamte Art der Durchführung bis zum Interviewer über den Parteiapparat weder dazu bei, eine intellektuelle Unbefangenheit für die Erfassung der öffentlichen Meinung zu garantieren, noch die Ergebnisse der Öffentlichkeit zugänglich zu machen.

Das ist umso bedauerlicher, als trotz aller notwendigen methodischen Einschränkungen die vorliegenden Ergebnisse eine außerordentlich hohe Akzeptanz der Ideale, aber auch der Realitäten in der DDR-Gesellschaft ausweisen. Zwar lagen sie unter den 98/99 Prozent der Wahlergebnisse und wurden möglicherweise deshalb zur geheimen Verschlußsache, doch dokumentieren sie gerade für die 60er Jahre eine Verankerung sozialistischer Prinzipien und Ziele in weiten Kreisen der DDR-Gesellschaft, auf denen sich aufbauen ließ. Zwar lassen die jetzt veröffentlichten und darüber hinaus gefundenen Forschungsunterlagen des Instituts für Meinungsforschung keine derart theoretisch anspruchsvolle und zusammenfassende Darstellung wie die von B. A. Gruschin und J. A. Lewada zu. Eine weiterführende inhaltliche Auswertung – besonders durch eine unverzichtbare Historisierung der Ergebnisse und im Zusammenhang mit den Ergebnissen der Meinungsforschung bei der Jugend, den Rundfunkhörern, den Fernsehzuschauern sowie den Konsumenten – verspricht einen interessanten und ernstzunehmenden Beitrag zum geistig-politischen Bereich der DDR-Sozialgeschichte.

Prof. Dr. Helmut Steiner, Berlin

Anmerkungen

1) W. Friedrich, H. Griese (Hrg.); Jugend und Jugendforschung in der DDR.
Gesellschaftspolitische Situationen, Sozialisation und Mentalitätsentwicklung
in der achtziger Jahren. Opladen 1991
W. Hennig, W. Friedrich (Hrg.); Jugend in der DDR. Daten und Ergebnisse
der Jugendforschung vor der Wende. Weinheim und München 1991
W. Friedrich; Regierte die SED ständig gegen die Mehrheit des Volkes? In:
J. Cerny, D. Keller, M. Neuhaus (Hrg.); Ansichten zur Geschichte der DDR. Bd.V,
Bonn und Berlin 1994

2) E. Dohlus; Augen und Ohren nach Westen gerichtet? Zuschauer- und Hörerverhalten in
den neuen Bundesländern. ARD-Jahrbuch 1991
L. Mühlberg; Hörerforschung des DDR-Rundfunks, in: H.Riedel (Hrg.); Mit uns zieht
die neue Zeit... – 40 Jahre DDR-Medien. Berlin 1993
G. Voss; Für den Panzerschrank. Soziologische Hörerforschung zu DT64,
in: A. Ulrich, J. Wagner (Hrg.); DT64. Das Buch zum Jugendradio 1964-1993. Leipzig
1993
Ch. Seifert; Begehrte Zahlen. Der Beginn der Zuschauerforschung im Deutschen
Fernsehfunk. In: Unsere Medien – Unsere Republik? Hrsgeg. vom Adolf-Grimme-Institut
Marl 1993
I. Pietrzynski; »Mit großer Aufmerksamkeit verfolgt das Sekretariat die Sendungen ...«,
Die DDR-Archivbestände im Deutschen Rundfunkarchiv Berlin, »medium«, 1994, H. 4

3) H. Niemann; Meinungsforschung in der DDR. Die geheimen Berichte des Instituts für
Meinungsforschung an das Politbüro der SED. Köln 1993

4) B. A. Gruschin; Meinungen über die Welt und die Welt der Meinungen. Probleme der
Methodologie der Erforschung öffentlicher Meinung. Moskau 1967 (russ.)
B. A. Gruschin; Freizeit. Aktuelle Probleme. Moskau 1967

5) B. A. Gruschin, L. A. Onikow (Red.); Masseninformation in einer sowjetischen
Industriestadt. Ergebnisse einer komplexen soziologischen Untersuchung.
Moskau 1980 (russ.)
Rezension dazu von H. Steiner in »Deutsche Zeitschrift für Philosophie«, 1982, H.1

6) A. K. Uledow; Die öffentliche Meinung. Eine Studie zum geistigen Leben
der sozialistischen Gesellschaft. Berlin 1964
A. K. Uledow; Die Struktur des gesellschaftlichen Bewußtseins. Eine soziologisch-theoreti-
sche Untersuchung. Berlin 1972

7) J. Lewada; Die Sowjetmenschen 1989-1991. Soziogramm eines Zerfalls. Berlin 1992

Dokumente

Dokument I
Bericht über eine Umfrage unter Lesern
der Bezirkszeitungen in Cottbus, Halle und Schwerin
(20. Juni 1967)

Dokument II
Bericht über eine Umfrage zu Problemen
der Parteiarbeit
(11. August 1967)

Dokument III
Bericht über eine Umfrage zu Problemen
von Handel und Versorgung
(23. Oktober 1967)

Dokument IV
Bericht über eine Umfrage zu einigen Problemen
der sozialistischen Landwirtschaft
(22 Mai 1968)

Dokument V
Bericht über eine Umfrage zu einigen Problemen
der Berufsausbildung
(28. Mai 1968)

Dokument VI
Bericht über eine Umfrage zu einigen Problemen
der Frau in unserer Gesellschaft
(30. September 1968)

Dokument VII
Bericht über eine Umfrage zu einigen Problemen
der Arbeit im Staatsapparat
(10. Januar 1969)

beim ZK der SED zu einigen Fragen der Entwicklung
des geistig-kulturellen Lebens
(14. Dezember 1972)

Dokument XVI
Information über die Umfrage
zu einigen aktuellen Fragen der gegenwärtigen Politik
(März 1973)

Dokument XVII
Zusammenfassende Darstellung
von Ergebnissen einer Umfrage zur Tätigkeit
und Wirksamkeit von Klubs und Kulturhäusern,
durchgeführt vom Institut für Meinungsforschung
beim ZK der SED unter Einwohnern
in ausgewählten Territorien sowie bei Besuchern
von Klubs und Kulturhäusern
(20. Februar 1975)

Dokument XVIII
Information über die Meinungsumfrage
zur Rolle der Frau in Familie und Gesellschaft
(September 1975)

Dokument XIX
Information über eine Umfrage zum Fernsehen der DDR
(19. April 1976)

Dokument XX
Bericht über eine Umfrage zu einigen Fragen
von Geselligkeit und Unterhaltung
(24. Oktober 1977)

Dokument XXI
Bericht über eine Umfrage zur Sicherheit
und Verteidigung der DDR.
Betriebsumfrage
(21. Februar 1977)

Dokument XXII
Bericht über eine Umfrage zur Sicherheit
und Verteidigung der DDR.
(12. April 1977)

Dokument XXIII
Bericht über eine Umfrage zu einigen Problemen
der sozialistischen Landwirtschaft.
Auszug mit Vergleichsergebnissen
von 1975, 1976, 1977
(14. August 1978)

Dokument XXIV
Kurzfassung über Probleme und Folgerungen
zur Bewußtseinsentwicklung Jugendlicher in der DDR,
die vom Zentralinstitut für Jugendforschung
anläßlich der »Umfrage 69« vorgelegt wurden
(Oktober 1969)

Dokument XXV
Information über einige Fragen der Informationstätigkeit
(6. Oktober 1976)

Dokument I

Institut für Meinungsforschung
      beim ZK der SED

                            Berlin, den 2o.6.1967

      Bericht über eine Umfrage unter Lesern der
      Bezirkszeitungen "Lausitzer Rundschau", Cottbus,
      "Freiheit", Halle und "Schweriner Volkszeitung",
      Schwerin.

Basis: Die zu befragenden Leser dieser Bezirkszeitungen wurden
      durch Stichprobe aus den Abonnentenlisten bei der
      Deutschen Post ermittelt.
      In die Auswertung wurden insgesamt 2.957 Fragebogen
      einbezogen,
      davon aus dem Bezirk Cottbus   954 Fragebogen
            aus dem Bezirk Halle   879 Fragebogen
            aus dem Bezirk Schwerin   1.124 Fragebogen

Methode: Schriftliche Befragung.
      Die Übergabe der Fragebogen erfolgte durch ehrenamtliche
      Mitarbeiter in den Interviewergruppen bei den Kreis-
      leitungen. Die ausgefüllten Fragebogen wurden auf dem
      Postwege an das Institut für Meinungsforschung zurück-
      geschickt.

Zeitraum der
Befragung: 22. Februar – 31. März 1967

                          bestätigt durch

                          Kurt Rückmann

139

Frage 31 Wie lange lesen Sie durchschnittlich an Werktagen in der Bezirkszeitung?

	Cottbus %	Halle %	Schwerin %	Insgesamt %
- bis zu einer Viertelstunde	13,2	11,9	12,5	12,6
- bis zu einer halben Stunde	43,3	43,0	42,5	42,9
- bis zu einer Stunde	32,6	33,2	32,5	32,7
- über eine Stunde	10,5	11,3	11,7	11,2
- ohne Angaben	0,4	0,6	0,3	0,6

Die Lesedauer, die wichtige Rückschlüsse auf die Intensität des Lesens zuläßt, ist in allen Bezirken gleich stark. Frühere Feststellungen, daß die Lesedauer mit zunehmendem Alter größer wird, bestätigten sich ebenfalls in allen Bezirken.

Ein Vergleich mit einer westdeutschen Umfrage unter Abonnenten einer Regionalzeitung (Badische Zeitung) beweist, daß dort die Lesedauer trotz größerem Zeitungsumfang geringer ist als bei uns.

Folgende Lesezeiten wurden vom Institut für Demoskopie in Allensbach ermittelt:

- kürzer als 10 Minuten   5 %
- bis zu 20 Minuten   24 %
- bis zu 40 Minuten   29 %
- bis zu 70 Minuten   15 %

Frage 51 Welche Tageszeitung haben Sie außer der Bezirkszeitung noch abonniert?

	Cottbus %	Halle %	Schwerin %	insgesamt %
- "Neues Deutschland"	18,2	27,5	17,9	20,9
- Zeitung der anderen Blockparteien	5,8	8,8	8,4	7,6
- die Zeitung einer Massenorganisation (zum Beispiel "Junge Welt", "Tribüne")	25,5	23,5	19,5	22,6
- "Berliner Zeitung"	2,1	3,2	2,1	2,4
- eine Abendzeitung	2,1	9,6	1,9	4,2
- keine	53,4	41,2	54,4	50,2

Die hohe Zahl der ND-Leser unter den Abonnenten der "Freiheit", Halle, erklärt sich vor allem aus dem Umstand, daß der Anteil der SED-Mitglieder in der Leserschaft dieser Zeitung größer ist als bei der "Lausitzer Rundschau" oder bei der "Schweriner Volkszeitung".

Frage 101 Welchen Gebieten widmen Sie in der Bezirkszeitung Ihre besondere Aufmerksamkeit?

	Cottbus %	Halle %	Schwerin %	insgesamt %
– den Problemen in Westdeutschland	32,2	43,9	35,6	37,0
– den internationalen Problemen	51,4	60,9	48,1	53,0
– den Staats- und Rechtsfragen	39,7	44,4	39,4	41,0
– der Wirtschaft	25,3	33,6	23,6	27,1
– der Landwirtschaft	25,7	19,6	34,3	27,2
– der Kultur	28,5	33,2	25,4	28,7
– der Wissenschaft und Technik	31,1	35,2	26,2	30,4
– der Volksbildung	18,4	28,1	18,9	21,5
– dem Sport	46,6	49,4	45,8	47,1
– der Berichterstattung aus dem Heimatkreis	81,3	78,5	75,7	78,4

Das Leserinteresse für die einzelnen Gebiete ist nach den vorliegenden Ergebnissen in allen Bezirken gleichmäßig, ausgenommen die Landwirtschaft, für die naturgemäß im Bezirk Schwerin größeres Interesse besteht als z.B. im Bezirk Halle.

Mit weitem Abstand vor allen anderen Interessengebieten führt die "Berichterstattung aus dem Heimatkreis".

Hier erwächst den Redaktionen der Bezirkszeitung die Aufgabe, diesem Teil der Zeitung größte Aufmerksamkeit zu schenken, vor allem auch deshalb, weil weder Fernsehen und Rundfunk noch die überregionale Tageszeitung den Wünschen der Leser in dieser Beziehung gerecht werden kann.

Frage 15: In unserer Republik haben sich neue, sozialistische Beziehungen zwischen den Menschen herausgebildet. Davon werden viele Gebiete und Probleme des Lebens berührt. (Verhalten zum Arbeitskollegen, zum Vorgesetzten, zum Volkseigentum, Familienprobleme u.a.) Wenn Sie von Ihren Erfahrungen ausgehen, welchen Fragen sollte Ihre Bezirkszeitung mehr Beachtung schenken? (Diese Frage wurde als offene Frage gestellt. Nach der Gruppierung ergab sich die folgende Antwortverteilung.)

	Cottbus absolute Zahlen	Halle absolute Zahlen	Schwerin absolute Zahlen	Insgesamt absolute Zahlen
- Familienprobleme	19o	152	197	539
- Verhalten zum Volkseigentum	137	12o	176	433 2.
- Erziehungsprobleme der Jugend	46	78	53	177
- Verhalten zum Arbeitskollegen	52	37	75	164
- Verhalten zum Vorgesetzten	36	39	28	103
- Rechtsfragen (Arbeits- und Familienrecht)	19	24	19	62
- Arbeit mit den Menschen	2o	2o	19	59
- Fragen der wissenschaftlichen Leitungstätigkeit (darunter aktuelle Probleme des neuen ökonomischen Systems der Planung und Leitung	17	22	16	55
- Die neuen Beziehungen der Menschen zueinander	16	15	1o	41
- Allseitige Erziehung zum sozialistischen Menschen (Herausbildung des sozialistischen Bewußtseins)	11	19	15	45
- Erziehungsarbeit im sozialistischen Kollektiv	8	12	9	29
- Die Bevölkerung und ihre Versorgung	3	9	5	17

- 21 -

Zu Frage 151

	Cottbus absolute Zahlen	Halle absolute Zahlen	Schwerin absolute Zahlen	insgesamt absolute Zahlen
Der Werktätige und sein Betrieb (Arbeits-produktivität, Streben nach Weltniveau, Krankenstand u.a.	15	6	4	25
Entwicklungs- und Erziehungsprobleme in den Genossenschaften (LPG, PGH)	4	3	8	15
Probleme der Frauen, der werktätigen Mütter	4	7	2	13
Vorstellung guter Bürger (Entwicklung, Vorhalten u.a.)	1	7	3	11
Freizeitgestaltung	3	5	2	10
Die Ehe in der sozialistischen Gesellschaft	3	1	5	9
Beispiele, wie und wo verändert wurde	3	3	3	9
Entwicklung des geistigen Lebens	1	5	2	8
Erläuterungen von Gesetzen, Verordnungen	6	2	-	8
Wohnungsbau und Einbeziehung der Öffentlichkeit	4	2	2	8
Der Genosse und sein Verhalten im Wohngebiet	1	3	1	5
Soziologie, Psychologie, Betriebspsychologie	3	-	1	4
Probleme der Ethik und Moral	-	2	2	4
Nutzanwendungen aus der Arbeit der Arbeiter-und-Bauern-Inspektion	2	2	-	4
Verhältnis der bewaffneten Organe zur Bevölkerung	3	-	1	3

144

Streng vertraulich !
==========================

Institut für Meinungsforschung
    beim ZK der SED

                    Berlin, den 11. August 1967

Bericht über eine Umfrage zu einigen Problemen der Parteiarbeit
==

Basis: Die Umfrage wurde in 24 Industriebetrieben und
          15 L P G der Bezirke
                Potsdam
                Magdeburg
                Karl-Marx-Stadt
                Rostock
          durchgeführt. Befragt wurde jeweils ungefähr die gleiche
          Anzahl von Genossen und Nichtmitgliedern der Partei.
          Die Befragten wurden in den Industriebetrieben auf
          Partei- bzw. Gewerkschaftsgruppenebene und in den
          LPG meist auf Brigadeebene ausgewählt.
          In die Auswertung wurden
                3087 Fragebogen von Genossen und
                2945 Fragebogen von Nichtmitgliedern
          einbezogen.

Methode: Schriftliche Befragung.
          Mitglieder der Parteiorganisationen übergaben die
          Fragebogen an die zu Befragenden und sammelten sie
          einige Tage später mit versiegelten Urnen wieder ein.

Zeitraum
der Befragung: 7.7. - 24.7.1967

                              bestätigt durch

                              Karl Maron
Verteiler: Leiter des Instituts
Ormig-Platten
an ZK Büro Dohlus

II. Gesamtergebnisse der einzelnen Fragen

A. Ergebnisse der einzelnen Fragen bei der Umfrage unter Parteimitgliedern

Frage 1: Würdest Du uns bitte sagen, wie Du die Parteiarbeit in Deiner Grundorganisation im allgemeinen einschätzt?

	Industrie-betriebe %	L P G %	insgesamt %
- sehr gut	4,0	4,0	4,0
- gut	48,5	38,5	46,1
- befriedigend	43,2	48,4	44,4
- schlecht	3,7	8,6	4,9
- ohne Angaben	0,6	0,5	0,6

Die Parteiarbeit in ihren Grundorganisationen schätzen mit
"sehr gut" und "gut" 5o,1 % der befragten Genossen ein (Bei
Nichtmitgliedern 46,6 %).
Am besten bewerten die Genossen die Parteiarbeit

im VEB Warnow-Werft	mit 79,1 % "sehr gut" und "gut"
im VEB Harzer Werke	mit 77,1 % " "
im VEB Stahl- u. Walzwerk Brandenburg	mit 7o,9 % " "

Am schlechtesten ist die Einschätzung

in der LPG Dereekow	mit 18,6 % "sehr gut" und "gut"
im VEB Strickmaschinenbau Karl-Marx-Stadt	mit 25,0 % "gut" (kein sehr gut)
im VEB Modul Karl-Marx-Stadt	mit 25,8 % "sehr gut" und "gut"
im VEB Wema Plauen	mit 27,3 % "gut" (kein sehr gut)
in der LPG Oberlosa	mit 27,8 % "gut" " "

Frage 10: Wie ist das, kommt der Betriebsparteisekretär bzw.
APO-Sekretär auch an den Arbeitsplatz und unterhält
sich mit Dir?

	Industrie-betriebe %	L P G %	insgesamt %
- er kommt regelmäßig	25,0	22,9	24,5
- er kommt manchmal	36,6	38,2	37,0
- er kommt nur, wenn er eine Arbeit für mich hat	21,8	13,5	19,9
- er kommt nur, wenn besondere politische Ereignisse eingetreten sind	10,9	15,4	12,0
- er war noch nie bei mir	4,4	7,3	5,1
- ohne Angaben	1,3	2,7	1,5

Frage 11: Die Genossen sollen Vertrauensleute der Werktätigen
sein. Wie ist das in Eurer Parteigruppe? Diskutieren
die Genossen ständig mit den parteilosen Kollegen über
politische Probleme oder tun sie es nicht?

	Industrie-betriebe %	L P G %	insgesamt %
- alle Genossen diskutieren ständig mit den parteilosen Kollegen	16,6	5,2	14,0
- der größte Teil der Genossen diskutiert ständig mit den parteilosen Kollegen	40,6	31,7	38,5
- nur ein kleiner Teil der Genossen diskutiert ständig mit den parteilosen Kollegen	40,2	51,6	42,9
- bei uns gibt es überhaupt keine solchen Diskussionen	1,3	5,0	2,1
- ohne Angaben	1,3	6,5	2,5

Frage 19: Sechs Genossen unterhielten sich über ihre Teilnahme an
der Diskussion auf Mitgliederversammlungen.

Genosse A sagte:
Ich beteilige mich eigentlich immer aktiv an der
Diskussion.

Genosse B sagte:
Ich möchte zwar auch gern manchmal was sagen, aber ich
habe Angst, vor einem größeren Kreis zu sprechen.

Genosse C sagte:
Ich würde schon gern mal was sagen, aber meistens
erscheint mir das, was ich zu sagen habe, zu unbe-
deutend.

Genosse D sagte:
Ich würde was sagen, aber es hat ja doch keinen Zweck,
denn es ändert sich ja nichts.

Genosse E sagte:
Ich würde was sagen, aber dann bekomme ich bloß
Schwierigkeiten und werde womöglich benachteiligt.

Genosse F sagte:
Ich sage nichts, weil mich die Probleme nicht interessieren, die auf unseren Mitgliederversammlungen behandelt
werden.

Welcher Meinung würdest Du Dich anschließen?

	Industrie betriebe %	L P G %	insgesamt %
- der Meinung des Genossen A	35,6	29,1	34,0
- der Meinung des Genossen B	16,1	18,2	16,6
- der Meinung des Genossen C	14,2	12,0	13,7
- der Meinung des Genossen D	23,5	25,2	23,9
- der Meinung des Genossen E	7,1	9,9	7,7
- der Meinung des Genossen F	0,8	1,0	0,8
- ohne Angaben	2,7	4,6	3,3

Fast ein Viertel der befragten Genossen (23,9 %) sagt in
Mitgliederversammlungen nichts, weil "es ja doch keinen Zweck"
hat, denn "es ändert sich ja nichts" (Meinung des Genossen D),
und 7,7 % sind sogar der Meinung, daß sie durch ihr Auftreten in
Mitgliederversammlungen Schwierigkeiten und Nachteile zu
befürchten haben (Meinung des Genossen E).

Die Antworten D und E sind besonders hoch

im VEB Strickmaschinenbau Karl-Marx-Stadt	mit 54,4 % D und	7,4 % E
in der LPG Dersekow	mit 41,9 % D und	9,3 % E
im VEB Wema Plauen	mit 41,8 % D und	16,4 % E
im VEB Plauener Gardine	mit 37,1 % D und	7,2 % E
in der LPG Atzendorf	mit 30,8 % D und	14,1 % E
im VEB Modul Karl-Marx-Stadt	mit 29,2 % D und	18,o % E

B. Ergebnisse der einzelnen Fragen bei der Umfrage unter

Nichtmitgliedern

==

<u>Frage 1:</u> Die sozialistische Einheitspartei Deutschlands legt
sehr viel Wert darauf, zu erfahren, wie die parteilosen Kollegen oder die Mitglieder anderer Parteien
die Arbeit der SED-Grundorganisation einschätzen.
Würden Sie uns deshalb bitte an Hand der eigenen Erfahrungen in Ihrem Arbeitsbereich eine solche allgemeine Einschätzung geben?

Halten Sie die Arbeit der SED-Parteiorganisation

	Industrie-betriebe %	L P G %	insgesamt %
- für sehr gut	6,5	9,6	7,2
- für gut	38,7	41,9	39,4
- für befriedigend	38,6	34,0	37,5
- für schlecht	7,0	6,9	7,0
- ohne Angaben	9,2	7,6	8,9

Die Ergebnisse zeigen, daß nur 46,6 % der befragten Nichtmitglieder der SED die Parteiarbeit als "sehr gut" und "gut" einschätzen.
Dabei gibt es auch noch sehr große Unterschiede zwischen den einzelnen Betrieben und LPG. Am besten wird von den Nichtmitgliedern
die Parteiarbeit in

der LPG Harsleben	mit 80,0 % sehr gut und gut
der LPG Blönsdorf	mit 71,0 % sehr gut und gut
dem VEB Warnow-Werft	mit 63,8 % sehr gut und gut
dem VEB Harzer Werke	mit 63,1 % sehr gut und gut

eingeschätzt.

Am schlechtesten ist die Einschätzung in

dem VEB Wema Plauen	mit 21,2 % sehr gut und gut
dem VEB Spinnereimaschinen Karl-Marx-Stadt	mit 26,4 % sehr gut und gut
dem VEB LEW Hennigsdorf	mit 26,7 % sehr gut und gut
dem VEB Strickmaschinen Karl-Marx-Stadt	mit 27,2 % sehr gut und gut

Frage 4: Haben Sie bei persönlichen Gesprächen mit Mitgliedern der SED den Eindruck gewonnen, daß Ihre Hinweise, Vorschläge oder Kritiken ernsthaft geprüft und behandelt wurden?

	Industrie-betriebe %	L P G %	insgesamt %
- ja	31,0	32,3	31,3
- nein	14,1	13,7	14,0
- das war nur manchmal der Fall	30,2	22,8	28,5
- ich kann es nicht beurteilen, weil solche Gespräche nicht stattfanden	20,0	24,1	20,9
- ohne Angaben	4,7	7,2	5,3

Die positivste Meinung von den Genossen ihrer Grundorganisation
haben die Nichtmitglieder in den Industriebetrieben

   im VEB Harzer Werke   mit 44,6 % "Ja"-Antworten

   im VEB Stahl- u. Walzwerk
        Hennigsdorf   mit 44,2 % "Ja"-Antworten

in der Landwirtschaft

   in der LPG Harsleben   mit 67,5 % "Ja"-Antworten

   in der LPG Linum   mit 61,6 % "Ja"-Antworten

Die meisten "Nein"-Antworten kamen aus dem

   VEB Georgi-Dimitroff-Werk
        Magdeburg   mit 36,6 % und aus dem

   VEB Strickmaschinenbau
        Karl-Marx-Stadt   mit 31,8 %

Die höchsten Anteile der Antwort "ich kann es nicht beurteilen,
weil solche Gespräche nicht stattfanden" gab es:

in der Industrie

   im VEB Landbaukombinat Stendal mit 34,3 %

   im VEB Ernst-Thälmann Werk
        Magdeburg   mit 29,8 %

   im VEB LEW Hennigsdorf   mit 26,4 %

in der Landwirtschaft

   in der LPG Atzendorf   mit 35,3 %

   in der LPG Dersekow   mit 35,3 %

Bemerkenswert ist bei dieser Frage auch, daß 17,1 % Männer,
jedoch 3o,4 % der Frauen diesen Faktor "nicht beurteilen"
können, "weil solche Gespräche nicht stattfanden".
Diese Antwort wurde auch von 36,1 % der Befragten im Alter
unter 2o Jahren angekreuzt.

Frage 5: Nehmen wir an, Sie würden mit einem bestimmten politischen
Problem nicht allein fertig, hätten sich jedoch gern
Klarheit darüber verschafft. Würden Sie sich in einem
solchen Fall an einen Genossen wenden?

	Industrie-betriebe	L P G	insgesamt
	%	%	%
- ja	76,2	77,1	76,4
- nein	19,6	14,1	18,3
- ohne Angaben	4,2	8,8	5,3

Den höchsten Prozentsatz an "Ja"- Antworten haben

die LPG Dersekow   mit 91,2 %
die LPG Manker   mit 90,9 %
der VEB Fischkombinat
    Rostock   mit 87,6 %
der VEB Stahl- u. Walz-
    werk Hennigsdorf   mit 86,5 %

Am wenigsten Vertrauen zu den Genossen bringen die Befragten

im VEB Wema Plauen   mit 42,3 % "Nein" - Antworten
im VEB Strickmaschinen-
    bau Karl-Marx-Stadt mit 36,4 % "Nein" - Antworten

zum Ausdruck.

Institut für Meinungsforschung
  beim ZK der SED   Berlin, den 30.9.1968

    Bericht über eine Umfrage zu einigen Problemen der
    Frau in unserer Gesellschaft

Basis: Die Umfrage wurde auf zwei Ebenen durchgeführt
         a) <u>Umfrage unter Werktätigen in 11 Großbetrieben
            mit einem hohen Anteil an weiblichen Be-
            schäftigten</u>
         Die Fragebogen wurden in geschlossenen Bereichen
         der Betriebe an alle dort Beschäftigten übergeben.
         In diese Auswertung konnten 1.871 ausgefüllte
         Fragebogen einbezogen werden.
         b) <u>Querschnittsbefragung unter der Bevölkerung
            in 7 Bezirken</u>
         Die Namen der zu befragenden Bürger wurden durch
         eine Stichprobe aus der Einwohnermeldekartei er-
         mittelt. In diese Auswertung konnten 2.048 ausge-
         füllte Fragebogen einbezogen werden.

Methode: Schriftliche Befragung
         In den Betrieben wurden die Fragebogen durch Mit-
         glieder der Betriebsparteiorganisation übergeben
         und nach dem Ausfüllen mit versiegelten Urnen ein-
         gesammelt.
         In den Bezirken erfolgte die Übergabe der Fragebogen
         durch ehrenamtliche Mitarbeiter der Interviewer-
         gruppen bei den Kreisleitungen. Die ausgefüllten
         Fragebogen wurden von den Befragten auf dem Postweg
         an das Institut für Meinungsforschung zurückgeschickt.

Zeitraum der   a) in den Betrieben: 17.6. - 2.7. 968
Befragung: b) in den Bezirken: 17.6. - 30.7.1968

                          bestätigt durch
                          i.V. *K. Rüxemann*
                          Karl Maron
Verteiler: Leiter des Instituts
Urmigplatten und 1/D
an Büro Lamberz

Teil I: Zusammengefaßte Einschätzung

Das Ziel der Umfrage bestand darin festzustellen, in welchem
Maße die Gleichberechtigung der Frau in den Anschauungen der
Bürger vorhanden ist, welche Hindernisse bei der Verwirklichung
dieses Verfassungsgrundsatzes noch vorhanden sind und wie die
Möglichkeiten genutzt werden, die sich aus der Gleichberechtigung
ergeben.

Folgende Hauptgedanken lassen sich aus den Ergebnissen der Umfrage ableiten.

1. Die Gleichberechtigung der Frau wird von der überwiegenden
Mehrheit der Bevölkerung der DDR bejaht. Das geht u.a. aus den
Antworten auf Fragen hervor, die sich mit der beruflichen Tätigkeit, der Qualifizierung und der Teilnahme der Frauen am politischen Leben beschäftigen. Daraus ergibt sich z.B., daß der
Anteil derjenigen, die sich gegen die gleichberechtigte Stellung
der Frau aussprechen, verhältnismäßig gering ist.

- Die Auffassung, die Frau sollte überhaupt nicht berufstätig
  sein, vertraten 9 Prozent (in den Betrieben) und 6 Prozent
  (bei der Territorialumfrage/Bezirke) aller Befragten.

- Gegen eine Qualifizierung der Frauen sprachen sich 15 Prozent
  (Betriebe) und 8,5 Prozent (Bezirke) aus.

- Die Meinung, die Beschäftigung mit Politik sei eine Ange-
  legenheit der Männer, äußerten 15 Prozent (Betriebe) und
  12 Prozent (Bezirke).

Als Vergleich seien hier die Ergebnisse zweier Umfragen angeführt, die von westdeutschen Meinungsforschungsinstituten zur
gleichen Problematik durchgeführt wurden.

"Infratest" München ermittelte u.a., daß 66 Prozent aller Befragten der Meinung waren, der Platz einer Frau sei zu Hause;
sie habe für ihre Kinder und ihren Mann zu sorgen und solle in
dieser Aufgabe ganz aufgehen.

Das Institut für Demoskopie, Allensbach bekam auf die Frage, ob
Politik vor allem Männersache sei, von 44 Prozent eine bejahende
Antwort, weitere 14 Prozent wichen einer Antwort aus.

- 3 -

2. Die größten Schwierigkeiten bei der Verwirklichung der Gleich-
berechtigung der Frau ergeben sich aus der Belastung durch Haus-
halt und Kinder.
Diese Feststellung wird vor allem durch die Antworten auf die
Fragen nach den Haupthindernissen für die Qualifizierung der
Frau (Frage 4) bzw. nach den Ursachen für die Zurückhaltung der
Frauen bei Übernahme von leitenden Funktionen (Frage 5) unter-
strichen.

Bei der Frage nach den Haupthindernissen für die Qualifizierung
der Frauen kreuzten 79 Prozent (in den Betrieben) bzw. 82 Prozent
(in den Bezirken) die Antwortvorgabe "die Belastung durch Haushalt und Kinder" an. Im Zusammenhang damit steht das Ergebnis
zur Frage, für welche Tätigkeit das verlängerte Wochenende am
meisten genutzt wird: Familie und Haushalt rangieren dabei weit
an der Spitze.

Auf die Frage, warum viele Frauen trotz entsprechender Voraussetzungen keine leitenden Funktionen übernehmen, meinten weit
über 60 Prozent, die Übernahme einer solchen leitenden Funktion
könnte dazu führen, daß die Familie vernachlässigt wird.

Allerdings war in einigen Betrieben der Anteil der Befragten, der
die Unterstützung durch den Betrieb bei der Qualifizierung der
Frauen als ungenügend einschätzt verhältnismäßig groß. Das trifft
besonders auf den VEB Fortschritt Neustadt (25,5 Prozent) zu.

Auch andere Ergebnisse aus diesem Betrieb lassen den Schluß zu,
daß die politische Arbeit im VEB Fortschritt, besonders die Arbeit
mit den Frauen, viel zu wünschen übrig läßt..

3. Männer wie Frauen sind in hohem Maße an politischen Ereignissen
interessiert; in der überwiegenden Mehrheit haben sie einen festen
parteilichen Standpunkt.
Es wurde u.a. danach gefragt, in welchem Maße die Befragten politische Ereignisse verfolgen. Diese Frage war bereits im Rahmen
einer Territorialumfrage im vergangenen Jahr gestellt worden. Ein
Vergleich der Gesamtergebnisse von 1967 und 1968 bestätigt, daß
das Interesse an Politik unverändert groß ist.

	1967	1968
- mit großem Interesse	42,6 %	42,0 %
- mit mittlerem Interesse	42,0 %	42,0 %
- mit schwachem Interesse	9,0 %	11,0 %
- gar nicht	6,2 %	4,0 %
- ohne Angaben	0,2 %	1,0 %

Obwohl die Detailergebnisse aussagen, daß bei den weiblichen
Befragten das politische Interesse geringer ist als bei den
männlichen, sind die Unterschiede zwischen den beiden Gruppen
nicht von großer Bedeutung.

Stellt man den Ergebnissen der vorliegenden Umfrage das Resultat
einer Umfrage des westdeutschen Instituts für Demoskopie in
Allensbach zur gleichen Themenstellung gegenüber, ergibt sich ein
bezeichnendes Bild für die unterschiedlichen Verhältnisse in
beiden deutschen Staaten. Allensbach ermittelte, daß 8o Prozent
der westdeutschen Bevölkerung nichts von Politik wissen wollen;
bei den Männern wären es 69 Prozent, bei den Frauen sogar 9o Prozent.

Unsere Ergebnisse beweisen, daß die geduldige ideologische und
politische Überzeugungsarbeit der gesellschaftlichen Organisationen und der Massenmedien nicht nur das politische Interesse
sondern vor allem das politische Urteilsvermögen, die Parteinahme
für die sozialistische Ordnung gefördert haben. Das wird u.a. an
den Antworten auf die Frage deutlich, welchen gesellschaftlichen
Verhältnissen der Befragte den Vorzug geben würde; denen in der
DDR oder denen in Westdeutschland. Für die gesellschaftlichen Verhältnisse in der DDR optierten 73 Prozent (Bezirke) bzw. 65 Prozent (Betriebe). Trotz dieses positiven Ergebnisses darf jedoch
nicht übersehen werden, daß ein Teil der Befragten (24 Prozent
bzw. 31 Prozent) bei dieser Frage entweder auf die Antwortvorgabe
"Ich kann es nicht beurteilen" ausgewichen ist oder keine Antwort
gegeben hat. Bei Frauen war diese Tendenz stärker ausgeprägt als
bei Männern. Bei der Betriebsumfrage betrug der Unterschied zwischen
Männern und Frauen fast 1o Prozent.

Die Umfrage hat erneut die große Bedeutung der Massenmedien bestätigt. Sie werden übereinstimmend von den Befragten als die wichtigsten Informationsquellen genannt. Gleichzeitig weisen die Ergebnisse aber auch darauf hin, daß die politische Diskussion im Arbeitskollektiv eine immer größere Rolle spielt: Mehr als 5o Prozent aller Arbeiter, Angestellten und Angehörigen der Intelligenz vertraten die Ansicht, im Arbeitskollektiv diskutiere es sich über politische Fragen am interessantesten.

Bedeutsam ist auch die Tatsache, daß 37 Prozent (Betriebe) bzw. 39 Prozent (Bezirke) aller Befragten, die Ansicht vertreten, es sei notwendig, für Frauen spezielle politische Versammlungen durchzuführen.

Teil II: Kurzanalyse

Frage 1: Die Gleichberechtigung der Frau ist in der DDR gesetzlich festgelegt.
Bekanntlich kann es zwischen Gesetz und Wirklichkeit Unterschiede geben.
Was meinen Sie, wo gibt es noch die größten Schwierigkeiten bei der
Verwirklichung der Gleichberechtigung der Frau im täglichen Leben?

	männlich Betriebe %	männlich Bezirke %	weiblich Betriebe %	weiblich Bezirke %
- auf der Arbeitsstelle	35,9	32,7	31,2	23,7
- in der Öffentlichkeit	18,0	14,5	20,0	13,5
- in der Familie	37,5	36,8	24,2	33,4
- es gibt keine Schwierigkeiten	24,1	23,5	27,7	33,6

Frage 4: Was sind Ihrer Meinung nach die Haupthindernisse für die Qualifizierung der Frau?

	männlich Betriebe %	männlich Bezirke %	weiblich Betriebe %	weiblich Bezirke %
- ungenügende Unterstützung durch den Betrieb	12,6	12,1	11,1	9,8
- Verständnislosigkeit des Ehemannes	9,2	1o,0	6,5	1o,2
- Belastung durch Haushalt und Kinder	85,8	85,2	76,3	79,8
- Interessenlosigkeit der Frau	1o,2	5,1	1o,2	7,5

Frage 5: Viele Frauen übernehmen trotz entsprechender Voraussetzungen keine leitenden Funktionen. Worin sehen Sie die Ursachen?

	männlich Betriebe %	männlich Bezirke %	weiblich Betriebe %	weiblich Bezirke %
- Bedenken vor der damit verbundenen hohen Verantwortung	20,2	16,4	2o,3	2o,9
- Bedenken, durch höheren Zeitaufwand die Familie vernachlässigen zu müssen	68,1	68,8	6o,7	68,6
- Bedenken, in Betrieb auf Verständnislosigkeit und Schwierigkeiten bei den Kollegen zustoßen	21,8	24,5	19,7	16,3
- Beispiele, wo Frauen in leitenden Funktionen scheiterten	3,2	2,7	2,7	1,6

Frage 6: Nehmen wir an, Sie sollten entscheiden, ob ein Mann oder eine Frau – gleiche Qualifikation vorausgesetzt – Ihr Vorgesetzter wird. Wem würden Sie von beiden den Vorzug geben?

	männlich Betriebe %	männlich Bezirke %	weiblich Betriebe %	weiblich Bezirke %
– der Frau	4,5	6,5	9,7	8,0
– dem Mann	33,5	30,8	24,8	27,5
– mir ist das gleich	59,8	61,7	62,0	61,9
– ohne Angaben	2,2	1,0	3,5	2,6

Frage 13: Wenn Sie die gesellschaftlichen Verhältnisse in beiden deutschen Staaten vergleichen, welchen gesellschaftlichen Verhältnissen würden Sie den Vorzug geben?

	männlich Betriebe %	männlich Bezirke %	weiblich Betriebe %	weiblich Bezirke %
- den gesellschaftlichen Verhältnissen in der DDR	69,7	74,5	63,9	72,1
- den gesellschaftlichen Verhältnissen in der Bundesrepublik	6,3	4,2	2,7	2,4
- ich kann das nicht beurteilen	20,0	17,9	27,7	22,7
- ohne Angaben	4,0	3,4	5,7	2,8

163

Frage 14: Das Familiengesetz der DDR sieht vor, daß sich die Ehegatten gemeinsam für die Hausarbeit und die Erziehung der Kinder verantwortlich fühlen. Was meinen Sie, wie sieht es in den Ihnen bekannten Familien aus?

	männlich Betriebe %	männlich Bezirke %	weiblich Betriebe %	weiblich Bezirke %
- die Ehepartner lösen die Aufgaben gemeinsam	59,3	52,3	49,5	44,8
- die Hauptlast des Haushalts und der Erziehung der Kinder liegt bei der Frau	37,5	46,1	44,6	52,9
- die Hauptlast des Haushalts und der Erziehung der Kinder liegt beim Mann	0,5	0,5	0,2	0,3
- ohne Angaben	2,7	1,1	5,7	2,0

Frage 15: Die Einführung der 5-Tage-Arbeits-Woche hat für die meisten Bürger ein verlängertes Wochenende gebracht.
Für welche Tätigkeit nutzen Sie das verlängerte Wochenende am meisten?

	männlich Betriebe %	männlich Bezirke %	weiblich Betriebe %	weiblich Bezirke %
- ich nehme mir mehr Zeit für die Familie	47,4	41,8	38,0	42,5
- ich nehme mir mehr Zeit für die im Haushalt anfallenden Arbeiten	39,3	40,8	55,1	42,2
- ich nehme mir mehr Zeit für meine persönliche Weiterbildung	16,2	15,7	5,1	7,5
- ich nehme mir mehr Zeit zur Befriedigung meiner kulturellen Bedürfnisse	23,4	17,9	14,8	12,6
- ich nehme mir mehr Zeit zum Ausruhen	28,8	22,9	32,3	21,0

165

Dokument VII

Teil I. Kurzanalyse.

Frage 1: Die Arbeit einer Volksvertretung ist vielseitig. Was meinen Sie, über welche Seiten der Tätigkeit sollten die Bürger vor allem informiert werden?

	%
– über Tagungen der Volksvertretung	56,9
– über die Tätigkeit der einzelnen Ausschüsse	35,0
– über die Vorbereitung von wichtigen Beschlüssen	69,3
– über die Tätigkeit der einzelnen Abgeordneten	38,4

Frage 2: Wenn Sie die Berichterstattung über die Arbeit Ihrer Volksvertretung in der örtlichen Presse einschätzen sollten, wie würden Sie diese Berichterstattung beurteilen?

	%		%
– interessant	17,2	– langweilig	4,9
– vielseitig	17,1	– einseitig	11,3
– konkret	19,3	– unkonkret	7,6
– ausreichend	31,4	– nicht ausreichend	33,1
– verständlich	30,1	– unverständlich	1,0

Frage 3: Im Artikel 21 der Verfassung der DDR heißt es: "Jeder Bürger der DDR hat das Recht, das politische, wirtschaftliche, soziale und kulturelle Leben der sozialistischen Gemeinschaft und des sozialistischen Staates umfassend mitzugestalten. Es gilt der Grundsatz 'Arbeite mit, plane mit, regiere mit'!"

Gibt es Ihrer Meinung nach genügend Möglichkeiten

a) mitzuarbeiten
- ja 98,1 %
- nein 0,7 %
- ohne Angaben 1,2 %

b) mitzuplanen
- ja 75,9 %
- nein 13,9 %
- ohne Angaben 10,2 %

c) mitzuregieren
- ja 71,2 %
- nein 14,9 %
- ohne Angaben 13,9 %

Frage 4: In der Verfassung der DDR sind die Grundrechte des Bürgers festgelegt. Wir führen Ihnen einige dieser Grundrechte auf. Könnten Sie uns bitte sagen, wie weit Ihrer Meinung nach diese Grundrechte bereits verwirklicht sind?

	voll verwirklicht %	zum Teil verwirklicht %	nicht verwirklicht %	ohne Angaben %
das Recht auf Mitgestaltung des politischen, wirtschaftlichen, sozialen und kulturellen Lebens der sozialistischen Gemeinschaft	52,1	39,2	0,5	8,2
das Recht auf Arbeit	95,0	3,5	0,1	1,4
das Recht auf Bildung	89,1	8,2	0,1	2,6
das Recht, seine Meinung im Rahmen der Verfassung frei und öffentlich zu äußern	61,8	29,4	4,2	4,6
das Recht auf Sicherung und Unantastbarkeit der Persönlichkeit und Freiheit jedes Bürgers	80,5	14,1	1,1	4,3
die Sicherung des Rechts auf Fürsorge im Alter und bei Invalidität	74,6	22,5	0,8	2,1
das Recht, sich zu einem religiösen Glauben zu bekennen und religiöse Handlungen auszuüben	82,2	12,7	0,7	4,4

Frage 23: Angenommen, Sie würden von Ihrem unmittelbaren Vorgesetzten Ihrer Meinung nach ungerechtfertigt kritisiert
und es könnte keine Klärung herbeigeführt werden. Wie
würden Sie sich in einem solchen Falle verhalten?

%

- ich würde mich an entsprechender
  Stelle beschweren   72,4

- ich würde nichts unternehmen, weil
  sich nichts verändern würde   11,6

- ich würde nichts unternehmen, da ich
  bei Gelegenheit Nachteile befürchten
  müßte   6,4

- ich möchte mich dazu nicht äußern   7,5

- ohne Angaben   2,1

Frage 24: Jeder Mensch hat im täglichen Leben neben freudigen
Erlebnissen auch Ärger.
Wo bzw. worüber ärgern Sie sich eigentlich am meisten?

%

- im Betrieb   34,9
- beim Einkaufen   47,4
- über Handwerker   27,8
- bei Dienststellen des Staatsapparates   6,5
- über die Erziehung der Kinder   6,1

Andere Dinge, über die Sie sich ärgern:

Frage 20: Ganz allgemein gesprochen: Sind Sie mit den Arbeitsbedingungen in Ihrer Dienststelle zufrieden?

	%
- ich bin zufrieden	55,2
- ich bin nicht zufrieden	42,6
- ohne Angaben	2,2

Frage 21: Wenn Sie Ihre wirtschaftlichen Verhältnisse überdenken,
zu welcher Einschätzung würden Sie kommen?

	%
- sehr gut	6,3
- gut	55,4
- teils,teils	29,1
- nicht so gut	7,3
- schlecht	0,7
- ohne Angaben	1,2

Frage 22: Das Recht, seine Meinung entsprechend den Grundsätzen der
Verfassung frei und öffentlich zu äußern, steht jedem
Bürger zu. "Dieses Recht", so heißt es in der Verfassung,
"wird durch kein Dienst- oder Arbeitsverhältnis beschränkt.
Niemand darf benachteiligt werden, wenn er von diesem
Recht Gebrauch macht."

Wenn Sie von den Erfahrungen in Ihrer Dienststelle ausgehen, kann man dann sagen, daß dieser Verfassungsgrundsatz eingehalten wird?

	%
- ja, in vollem Umfange	54,2
- nicht in jedem Falle	34,8
- nein	1,8
- ich möchte mich dazu nicht äußern	7,3
- ohne Angaben	1,9

- lo -

<u>Frage 18:</u> Was würden Sie tun, wenn eine staatliche Stelle in einer Angelegenheit, die Sie angeht, Ihrer Meinung nach ungerecht oder unfreundlich verfährt?

%

- ich würde mich wehren   72,9
- ich würde mich nicht dagegen wehren,
  denn es hat sowieso keinen Sinn   16,8
- ich weiß es nicht   8,3
- ohne Angaben   2,0

<u>Frage 19:</u> Man kann sich der Politik gegenüber verschieden verhalten. Welche Möglichkeit würden Sie für sich als die richtige betrachten?

%

- überhaupt nicht mit Politik
  beschäftigen   5,7
- nur zur Kenntnis nehmen, was in der
  Politik geschieht, aber im übrigen
  anderen die Politik überlassen   36,3
- selbst aktiv politisch tätig sein
  (zum Beispiel im Wohngebiet, im
  Betrieb, in der Schule, in einer
  Partei oder in anderen gesellschaft-
  lichen Organisationen)   50,8
- ohne Angaben   7,2

Frage 12: Haben Sie schon einmal vor der Volksvertretung über
Probleme Ihres Arbeitsgebietes berichtet?

	%
- ja	33,8
- nein	65,1
- ohne Angaben	1,1

Frage 13: Wie wird Ihrer Meinung nach die Autorität der Abgeordneten
im Staatsapparat eingeschätzt?

	%
- sehr hoch	40,7
- nicht sehr hoch	48,5
- gering	3,1
- ohne Angaben	7,7

Frage 14: Die staatlichen Organe bemühen sich, breite Kreise
der Bevölkerung in ihre Arbeit einzubeziehen.
Welche Meinung haben Sie zu dieser Feststellung?

	%
- das stimmt vollkommen	69,5
- dem kann ich nur zum Teil zustimmen	28,4
- das stimmt nicht	0,5
- ohne Angaben	1,6

Frage 4: In der Verfassung der DDR sind die Grundrechte des Bürgers festgelegt. Wir führen Ihnen einige dieser Grundrechte auf. Könnten Sie uns bitte sagen, wie weit Ihrer Meinung nach diese Grundrechte bereits verwirklicht sind?

	Stadt-kreise %	Land-kreise %	Stadt-bezirke %	Städte %	Gemeinden %	gesamt %
das Recht auf Mitgestaltung des politischen, wirtschaftlichen, sozialen und kulturellen Lebens der sozialistischen Gemeinschaft						
- voll verwirklicht	40,4	40,3	46,4	44,1	44,3	42,8
- zum Teil verwirklicht	54,3	53,1	47,4	48,7	44,3	49,6
- nicht verwirklicht	1,9	1,5	1,0	1,6	3,3	2,0
- ohne Angaben	3,4	5,1	5,2	5,6	8,1	5,6
das Recht auf Arbeit						
- voll verwirklicht	93,6	92,2	98,1	93,0	90,9	93,0
- zum Teil verwirklicht	4,2	4,0	1,4	4,2	4,2	3,8
- nicht verwirklicht	—	0,5	—	0,2	0,5	0,3
- ohne Angaben	2,2	3,3	0,5	2,6	4,4	2,9

noch zu Frage 4:

	Stadt-kreise %	Land-kreise %	Stadt-bezirke %	Städte %	Gemeinden %	gesamt %
das Recht auf Bildung						
- voll verwirklicht	81,6	80,6	84,2	83,3	79,4	81,6
- zum Teil verwirklicht	15,3	15,6	13,9	12,8	12,6	14,0
- nicht verwirklicht	0,6	0,8	—	0,2	0,9	0,5
- ohne Angaben	2,5	3,0	1,9	3,7	7,1	3,9
das Recht, seine Meinung im Rahmen der Verfassung frei und öffentlich zu äußern						
- voll verwirklicht	70,2	64,7	73,2	66,4	62,1	66,5
- zum Teil verwirklicht	23,7	29,0	23,4	26,2	26,5	26,1
- nicht verwirklicht	3,6	3,5	2,9	4,2	6,8	4,4
- ohne Angaben	2,5	2,8	0,5	3,2	4,6	3,0
das Recht auf Sicherung und Unantastbarkeit der Persönlichkeit und Freiheit jedes Bürgers						
- voll verwirklicht	78,3	75,1	85,9	75,8	57,9	75,1
- zum Teil verwirklicht	15,3	17,9	14,4	15,1	21,3	17,1
- nicht verwirklicht	2,2	3,0	1,9	3,2	4,2	3,1
- ohne Angaben	4,2	4,0	2,8	4,9	6,6	4,7

noch zu Frage 4:

	Stadt-kreise %	Land-kreise %	Stadt-bezirke %	Städte %	Gemeinden %	gesamt %
die Sicherung des Rechts auf Fürsorge im Alter und bei Invalidität						
- voll verwirklicht	67,7	68,8	72,2	73,5	78,7	72,2
- zum Teil verwirklicht	29,2	25,9	24,9	22,0	15,9	23,2
- nicht verwirklicht	1,7	2,3	1,0	1,9	1,2	1,6
- ohne Angaben	1,4	3,8	1,9	2,6	4,2	3,0
das Recht, sich zu einem religiösen Glauben zu bekennen und religiöse Handlungen auszuüben						
- voll verwirklicht	83,3	78,1	87,1	78,2	73,5	79,1
- zum Teil verwirklicht	11,1	15,1	8,6	15,3	16,9	14,0
- nicht verwirklicht	0,6	2,3	1,0	2,3	3,7	2,1
- ohne Angaben	5,0	4,5	3,3	4,2	5,9	4,8

Frage 26: Jeder Mensch hat im täglichen Leben neben freudigen Erlebnissen auch Ärger.
Wo bzw. worüber ärgern Sie sich eigentlich am meisten?

	Stadt-kreise %	Land-kreise %	Stadt-bezirke %	Städte %	Gemeinden %	gesamt %
- im Betrieb	34,8	40,8	33,5	32,0	32,8	34,8
- beim Einkaufen	41,2	34,5	44,0	32,9	27,6	34,9
- über Handwerker	27,3	31,0	35,9	31,3	28,3	30,3
- über Dienststellen des Staatsapparates	20,1	19,6	17,2	16,9	23,4	19,7
- über die Erziehung der Kinder	8,9	6,6	9,1	7,7	8,9	8,0

Frage 6: Drei Abgeordnete unterhalten sich über ihre Erfahrungen bei der Einbeziehung der Bevölkerung in die Vorbereitung von Beschlüssen der Volksvertretung.

Der erste Abgeordnete meint:
Ich habe die Erfahrung gemacht, daß es schwer ist, breite Teile der Bevölkerung zur Mitarbeit heranzuziehen. Es besteht wenig Interesse und es fehlt vielen die Kenntnis, um sachlich urteilen zu können.

Der zweite Abgeordnete meint:
Ich habe die Erfahrung gemacht, daß es ohne weiteres möglich ist, breite Teile der Bevölkerung für die Mitarbeit zu gewinnen. Es sind großes Interesse sowie genügend Kenntnis vorhanden, um sachlich urteilen zu können.

Der dritte Abgeordnete meint:
Viele Bürger erklären ihre Bereitschaft zur Mitarbeit, wenn trotzdem viele nicht mitmachen, so liegt das vor allem daran, daß wir es nur ungenügend verstehen, den Bürgern konkrete Aufgaben zu stellen.

Welcher Meinung würden Sie sich anschließen?

	Stadt-kreise %	Land-kreise %	Stadt-bezirke %	Städte %	Gemeinden %	gesamt %
- der Meinung des ersten Abgeordneten	22,0	24,2	29,7	31,1	34,7	28,5
- der Meinung des zweiten Abgeordneten	15,3	11,6	11,0	14,4	20,6	15,0
- der Meinung des dritten Abgeordneten	59,9	63,7	55,5	52,7	43,6	54,7
- ohne Angaben	2,8	0,5	3,8	1,8	1,1	1,8

Dokument X

Institut für Meinungsforschung
beim ZK der SED

Streng vertraulich!

Berlin, den 22.3.1971
40 40 00 20
20 30 00 90

Bericht über eine Umfrage zu Problemen des geistig-kulturellen
Lebens

Basis: Die Umfrage wurde in 20 von der Abteilung Kultur
            vorgeschlagenen Betrieben durchgeführt. In diesen
            Betrieben wurden mit 2 verschiedenen Fragebogen

            1.) Werktätige in Produktionsbereichen und
            2.) Funktionäre des Betriebes und der gesell-
                schaftlichen Organisationen

            befragt.
            Für die Auswertung standen
                3.345 Fragebogen von den Werktätigen in
                      Produktionsbereichen und
                1.742 Fragebogen von den Funktionären

            zur Verfügung.

Methode: Schriftliche Befragung
            Die Fragebogen wurden durch Mitglieder der BPO an
            die zu befragenden Kollegen übergeben und nach dem
            Ausfüllen mit verschlossenen Urnen wieder einge-
            sammelt.

Zeitraum der
Befragung: 12. - 29. Januar 1971

                                      bestätigt durch

                                      Karl Maron
Verteiler: Leiter des Instituts
Ornigplatten und 1/D
an Büro Lamberz

Teil II Kurzanalyse

a) Fragen, die nur an Brigademitglieder gerichtet wurden

Frage 1: Viele Brigaden haben sich zur Entwicklung des
geistig-kulturellen Lebens in ihrem Arbeitsbereich einen Kultur- und Bildungsplan erarbeitet.
Können Sie uns bitte sagen, ob Ihre Brigade bzw.
Abteilung auch einen solchen Kultur- und Bildungsplan hat?

	%
- ja	74,7
- nein	20,5
- ohne Angaben	4,8

Die Antwort "ja" wurde am häufigsten in den nachstehenden
Betrieben angekreuzt:

	%
VEB Automobilwerk Eisenach	94,3
VEB "7. Oktober" Berlin	91,9
VEB Neptunwerft Rostock	90,4

(Diese Frage wurde in ähnlicher Form auch an die Funktionäre
gerichtet; siehe Frage 17 bei dieser Gruppe)

Frage 2: Die Kultur- und Bildungspläne in den Brigaden oder
Abteilungen sollen die Interessen der Werktätigen am
geistig-kulturellen Leben berücksichtigen.
Falls Ihre Brigade bzw. Abteilung einen solchen Plan
besitzt, würden Sie uns bitte sagen, ob er Ihren
Interessen entspricht?

(Bei der Auswertung dieser Frage bilden die Befragten, die die
Frage 1 mit "ja" beantwortet haben, 100 %)

	%
- ja	39,0
- zum größten Teil	41,9
- zum geringen Teil	13,0
- nein	2,9
- ohne Angaben	3,2

Frage 6: Wären Sie daran interessiert, daß Ihre Brigade durch
Anregungen Einfluß auf das Entstehen neuer Romane,
Gemälde u.a. Kunstwerke nimmt?

%

- ich wäre sehr daran interessiert   15,2
- das würde mich schon etwas interessieren   38,8
- das interessiert mich nicht   34,4
- ohne Angaben   11,6

Frage 7: Ist Ihnen bekannt, wie Sie sich entsprechend der vorgesehenen Entwicklung Ihres Betriebes fachlich qualifizieren sollen?

%

- es gibt dazu bereits konkrete Festlegungen   48,5
- das ist mir nicht bekannt, ich wäre jedoch
  an einer Qualifizierung sehr interessiert   29,3
- ohne Angaben   22,2

Die Antwort "es gibt dazu bereits konkrete Festlegungen" wurde am
häufigsten gegeben von den Befragten im

%

VEB Werkzeugkombinat Schmalkalden   66,9
VEB Textilkombinat Cottbus   64,4
VEB Pentacon Dresden   60,9

Die größte Häufigkeit der Antwort "das ist mir nicht bekannt, ich
wäre jedoch an einer Qualifizierung sehr interessiert" gab es in
den folgenden Betrieben:

%

VEB Getriebewerk Penig   47,1
VEB Automobilwerk Eisenach   43,3
VEB "7. Oktober" Berlin   43,2

Frage 8: Findet zwischen Ihrer Brigade oder Abteilung und anderen Kollektiven ein ökonomisch-kultureller Leistungsvergleich statt?

	%
– ja	51,7
– nein	21,8
– ich habe davon noch nichts gehört	18,9
– ohne Angaben	7,6

Die Antwort "ja" gab es am häufigsten in den folgenden Betrieben:

	%
VEB Neptunwerft Rostock	80,3
VEB Automobilwerk Eisenach	75,3
VEB Getriebewerk Penig	70,4

Frage 9: Falls der ökonomisch-kulturelle Leistungsvergleich durchgeführt wird, findet er das Interesse bei den Mitgliedern Ihrer Brigade?

	%
– bei allen	9,2
– bei den meisten	31,2
– bei wenigen	10,2
– findet kein Interesse	1,5
– ein ökonomisch-kultureller Leistungsvergleich wurde noch nicht durchgeführt	12,8
– ohne Angaben	35,1

(Die Fragen 8 und 9 wurden in ähnlicher Form auch an die Funktionäre gerichtet; siehe Fragen 27 und 28 bei dieser Gruppe)

<u>Frage 10:</u> Wodurch wurden Sie vor allem veranlaßt, am geistig-kul-
turellen Leben teilzunehmen bzw. sich selbst kulturell
zu betätigen?

(Es konnten mehrere Antworten angekreuzt werden.)

	%
- durch die Eltern bzw. nächsten Angehörigen	8,7
- durch die Lehrer bzw. Lehrausbilder	4,3
- durch die Kollegen	14,3
- durch die Verpflichtungen im sozialistischen Wettbewerb	33,7
- durch Gespräche über kulturelle Ereignisse im Kreis der Freunde oder Bekannten	7,9
- durch Veranstaltungen und Diskussionen in gesellschaftlichen Organisationen	5,9
- durch Buch-, Theater- oder Filmbesprechungen und Kritiken in Zeitungen oder Zeitschriften	6,9
- durch Kunsterlebnisse (wie zum Beispiel Theaterbesuche)	10,9
- durch Anregungen aus Programmen der betrieb-lichen Kultureinrichtungen sowie der gesell-schaftlichen Organisationen	5,5
- ohne Angaben	25,9

<u>Frage 11:</u> Wird Ihrer Meinung nach die Verwirklichung des Kultur-
und Bildungsplanes vom Leiter Ihres Arbeitsbereiches
ausreichend unterstützt?

	%
- ja	41,9
- nein	18,8
- das kann ich nicht beurteilen	27,2
- ohne Angaben	12,1

Die meisten "ja" - bzw. "nein" - Antworten gab es in den folgenden
Betrieben:

		%
- ja	VEB Pentacon Dresden	68,6
	VEB Kabelkombinat Oberspree Berlin	56,6
	VEB Mathias-Thesen-Werft Wismar	51,5
- nein	VEB Robotron Radeberg	37,6
	VEB Kombinat "Fortschritt" Neustadt	30,3
	VEB "7. Oktober" Berlin	29,7

b) Fragen, die nur an Funktionäre gerichtet wurden

__Frage 17:__ Viele Brigaden haben sich zur Entwicklung des geistig-kulturellen Lebens in ihrem Arbeitsbereich einen Kultur- und Bildungsplan erarbeitet. Können Sie uns bitte sagen, ob Ihre Brigaden bzw. Arbeitsbereiche auch solche Kultur- und Bildungspläne haben?

	%
– ja, alle	46,7
– die Mehrheit	32,0
– nur wenige	11,4
– nein	8,7
– ohne Angaben	1,2

(siehe auch Frage 1 bei den Brigademitgliedern)

__Frage 18:__ Sind Sie über die Aufgabenstellungen und Zielsetzungen dieser Pläne informiert?

	%
– in vollem Umfang	43,3
– zum größten Teil	39,2
– zum geringen Teil	8,6
– nein	7,6
– ohne Angaben	1,3

__Frage 19:__ Falls es in einer bzw. in einigen Brigaden oder Abteilungen Ihres Arbeitsbereiches keinen Kultur- und Bildungsplan gibt, was ist Ihrer Meinung nach der Hauptgrund dafür (Es konnten mehrere Antworten angekreuzt werden.)

	%
– weil bei den Kollegen nur geringes Interesse für das geistig-kulturelle Leben im Arbeitskollektiv vorhanden ist	27,5
– weil ein solcher Plan von der übergeordneten Leitung nicht gefordert und unterstützt wird	14,6
– weil nicht bekannt ist, wie ein Kultur-und Bildungsplan aussehen und wie damit gearbeitet werden soll	14,8
– ohne Angaben	47,0

Frage 20: Haben Sie den Eindruck, daß in den Brigaden Ihres Arbeitsbereiches, die einen Kultur- und Bildungsplan haben, das geistig-kulturelle Leben im letzten Jahr wesentlich verbessert wurde?

	%
- es wurde wesentlich verbessert	25,2
- es wurde etwas verbessert	49,5
- es hat sich nichts geändert	13,0
- es hat sich verschlechtert	1,1
- das kann ich nicht beurteilen	8,5
- ohne Angaben	2,7

Frage 21: Es gibt unterschiedliche Meinungen über die Verantwortung für den Inhalt der Kultur- und Bildungspläne. Was meinen Sie, wo liegt hauptsächlich die Verantwortung?

(Es konnten mehrere Antworten angekreuzt werden.)

	%
- bei den Brigaden	53,6
- bei der Werkleitung	13,6
- bei den Bereichs- und Abteilungsleitern	30,9
- bei der AGL	41,4
- bei der APO	10,7
- ohne Angaben	3,6

Frage 22: Was meinen Sie, welche Festlegungen sollten in den Kultur-
und Bildungsplänen der Brigaden Ihres Arbeitsbereiches vor
allem enthalten sein?

(Es konnten mehrere Antworten angekreuzt werden.)

	%
- Festlegungen über die fachliche Qualifizierung	85,6
- Festlegungen über politische Weiterbildung	81,2
- Festlegungen über gemeinsame gesellige Veranstaltungen (Brigadeabende, Ausflüge usw.)	77,0
- Festlegungen über gemeinsame Besuche kultureller Veranstaltungen	73,9
- Festlegungen über sportliche Betätigung	69,9
- Festlegungen über künstlerisches Schaffen in der Freizeit	30,9
- Festlegungen über den ökonomisch-kulturellen Leistungsvergleich	58,8
- Festlegungen über aktive Mitwirkung in der gesellschaftlichen Arbeit (z.B. der Schule oder im Wohngebiet)	57,2
- Festlegungen über Aussprachen zu Kunstwerken und zum künstlerischen Schaffen, Gespräche mit Schriftstellern und Künstlern	43,3
- ohne Angaben	1,0

Frage 23: Haben sich die nachfolgenden Formen und Methoden zur Aufstellung der Kultur- und Bildungspläne in Ihrem Arbeitsbereich bewährt?

	ja %	nein %	wurde noch nicht angewandt %	ohne Angaben %
- die Aufstellung nach Musterplänen für Kultur und Bildung	24,1	10,4	33,5	32,0
- die Berücksichtigung der Aufgaben, die von den übergeordneten Leitungen gestellt wurden	46,7	8,7	12,0	32,6
- die Berücksichtigung der persönlichen Wünsche der Brigademitglieder	70,9	2,2	7,7	19,2

Frage 24: Können Sie uns bitte sagen, von wem in Ihrem Arbeitsbereich bereits Analysen oder Einschätzungen über die Entwicklung des geistig-kulturellen Lebens angefertigt wurden?

(Es konnten mehrere Antworten angekreuzt werden.)

	%
- vom Bereichs- oder Abteilungsleiter	20,9
- von der APO-Leitung	14,0
- von der AGL	25,1
- gemeinsam von der APO-Leitung, dem staatlichen Leiter und der AGL	32,7
- bisher wurden keine Analysen oder Einschätzungen angefertigt	14,6
- ist mir unbekannt	22,8
- ohne Angaben	2,9

Frage 25: Wie beurteilen Sie die Anleitung, die Sie bisher von der Betriebsleitung, der Parteileitung und der BGL zu Fragen der kulturellen Tätigkeit erhalten haben?

	gut	befrie- digend	unge- nügend	keine An- leitung erhalten	ohne Angaben
	%	%	%	%	%
- Anleitung durch die Betriebsleitung	15,1	27,9	20,4	21,1	15,5
- Anleitung durch die Parteileitung	16,3	23,9	18,0	22,6	19,2
- Anleitung durch die BGL	27,6	32,7	17,9	12,4	9,4

Frage 26: Haben sich Rechenschaftslegungen der Brigaden zu Fragen des geistig-kulturellen Lebens Ihrer Meinung nach bewährt?

	sehr bewährt	wenig bewährt	wurden noch nicht durch- geführt	ohne Angaben
	%	%	%	%
- bei der Verteidigung der Brigadeverpflich- tungen zum Kampf um den Titel "Kollektiv der so- zialistischen Arbeit"	64,0	9,3	14,1	12,6
- bei der Auswertung des sozialistischen Wett- bewerbs	51,1	15,3	13,5	20,1
- bei ökonomisch-kulturellen Leistungsvergleichen	40,4	10,4	26,0	23,2

__Frage 27:__ Findet zwischen den Brigaden Ihres Arbeitsbereiches und
anderen Abteilungsbereichen ein ökonomisch-kultureller
Leistungsvergleich statt?

	%
- ja	52,3
- nein	38,2
- ich habe davon noch nichts gehört	7,2
- ohne Angaben	2,3

(siehe auch Frage 8 bei den Brigademitgliedern.)

__Frage 28:__ __Diese Frage nur beantworten, wenn die vorhergehende Frage__
__mit "ja" beantwortet wurde.__
Findet der ökonomisch-kulturelle Leistungsvergleich das
Interesse bei den Kollegen Ihres Arbeitsbereiches?

(Bei der Auswertung dieser Frage bilden die Befragten, die die
Frage 27 mit "ja" beantwortet haben, 100 %.)

	%
- bei allen	12,1
- bei den meisten	69,7
- bei wenigen	14,3
- findet kein Interesse	1,2
- ohne Angaben	2,7

(siehe auch Frage 9 bei den Brigademitgliedern.)

__Frage 29:__ Haben Brigaden bzw. die Abteilung auf dem Gebiet der
kulturellen Tätigkeit feste Verträge?

	ja %	nein %	Vertrag ist in Vorbereitung %	ohne Angabe %
- mit Schulen oder anderen Bildungseinrichtungen	65,8	22,4	3,3	8,5
- mit der Nationalen Front oder Volksvertretungen	5,6	48,7	1,3	44,4
- mit Kultureinrichtungen (z.B. Theater, Klubhaus)	29,1	38,2	3,4	29,3
- mit Künstlern, Schriftstellern u.a.	16,8	43,2	2,3	37,7

c) Fragen, die in gleicher Form an Brigademitglieder und Funktionäre
gerichtet wurden.

Frage 30: Wie schätzen Sie die von Ihrer Brigade bzw. Abteilung
durchgeführten Brigade- bzw. Abteilungsveranstaltungen
mit geselligem Beisammensein ein?

	Brigade- mitglieder %	Funktionäre %
– es sind im allgemeinen gute Veranstaltungen	67,4	82,0
– mir gefallen die Veranstaltungen nicht sehr	12,2	8,9
– kann ich nicht beurteilen, da ich solche Veranstaltungen in der Regel nicht besuche	15,1	5,1
– ohne Angaben	5,3	4,0

Frage 31: Falls von Ihrem Arbeitskollektiv im letzten Jahr keine
Brigadeabende oder andere kulturelle Veranstaltungen
durchgeführt wurden, welches waren Ihrer Meinung nach
dafür die wesentlichen Gründe?

(Es konnten mehrere Antworten angekreuzt werden.)

	Brigade- mitglieder %	Funktionäre %
– weil sich in der Brigade niemand darum gekümmert hat	5,9	7,9
– weil für solche Veranstaltungen bei den Kolleginnen und Kollegen kein Interesse vorhanden ist	6,4	3,4
– weil zentrale Veranstaltungen stattfanden	3,0	4,6
– weil es finanzielle Schwierigkeiten gab	7,6	6,8
– ständiger Schichtbetrieb und ungünstige Verkehrsbedingungen	11,2	6,4
– weil das Arbeitskollektiv erst neu gebildet wurde	2,8	5,4
– weil durch die unterschiedlichen Interessen der Kollegen keine Einigkeit zu erreichen war	11,3	7,0
– weil die Unterstützung durch Vertreter der Betriebsleitung bzw. der gesellschaftlichen Organisationen ungenügend war	8,2	4,0
– ohne Angaben	60,3	71,0

Frage 32: Was meinen Sie, haben in Ihrer Brigade Gespräche mit
Künstlern, Schriftstellern, Schauspielern usw. dazu
beigetragen, das geistig-kulturelle Leben zu bereichern?

	Brigade-mitglieder %	Funktionäre %
- viel	8,5	11,7
- wenig	13,2	21,0
- gar nicht	10,3	6,3
- solche Gespräche haben bisher nicht stattgefunden	56,6	55,7
- ohne Angaben	11,4	5,3

Frage 33: Welche Gründe sind für Sie ausschlaggebend, am geistig-
kulturellen Leben teilzunehmen?

(Es konnten mehrere Antworten angekreuzt werden.)

	Brigade-mitglieder %	Funktionäre %
- weil ich daran Freude habe	28,0	45,2
- weil es ein Ausgleich zu meiner beruflichen Tätigkeit ist	24,4	49,1
- weil ich in geistig-kulturellen Auseinandersetzungen einen festen Standpunkt einnehmen und sachkundig mitreden kann	6,7	20,6
- weil es mein Bildungsniveau erhöht	25,0	49,0
- weil es zu einem guten Lebensstil gehört	12,4	17,5
- weil es zu einem harmonischen Familienleben beiträgt	10,7	16,4
- weil ich Talent habe und es weiter entwickeln will	2,3	1,8
- ohne Angaben	21,9	5,5

Frage 35: Wie beurteilen Sie die Möglichkeiten, die im Betrieb
für ein vielfältiges geistig-kulturelles Leben vorhanden sind?

	Brigade- mitglieder	Funktionäre
	%	%
- gut	18,4	31,7
- ausreichend	30,5	42,4
- ungenügend	18,4	20,5
- das kann ich nicht beurteilen	17,0	-
- ohne Angaben	15,7	5,4

Nutzen Sie die vorhandenen Möglichkeiten?

	Brigade- mitglieder	Funktionäre
	%	%
- meistens	31,3	48,8
- selten	33,6	38,7
- nie	12,2	4,6
- ohne Angaben	22,9	7,9

noch zu
Frage 35a: Was müßte Ihrer Meinung nach im Betrieb für ein vielfältiges geistig-kulturelles Leben getan werden?

(Diese offene Zusatzfrage beantworteten 15,5 % der Brigademitglieder und 40,1 % der Funktionäre. Nach der Gruppierung der
Antworten ergab sich die folgende Verteilung:)

	Brigade-mitglieder	Funktionäre
	%	%
- bessere Leitungstätigkeit auf geistig-kulturellem Gebiet, Ver-besserung der Arbeit der gesell-schaftlichen Organisationen, qualifizierte Funktionäre, bessere Information	5,1	18,0
- größeres und breiteres Angebot, höheres Niveau, Wunsch nach speziellen Veran-staltungen, die auf das Interesse der Kollegen eingehen	5,0	9,3
- mehr finanzielle Mittel und materielle Voraussetzungen für die Kulturarbeit (z.B. Bau kultureller Einrichtungen)	1,7	8,4
- bessere Nutzung vorhandener Möglich-keiten, bessere Klubhausarbeit, Arbeit in Zirkel und Arbeitsgemeinschaften	0,8	7,9
- mehr Betriebs- und Brigadeveranstaltungen	1,5	1,9
- mehr Zeit für Kulturarbeit, weniger Über-stunden, freies Wochenende, bessere Ver-kehrsverbindungen	1,3	1,8
- Organisierung sportlicher Veranstaltungen	1,3	1,7
- Zusammenarbeit zwischen Betrieb und Wohn-gebiet, Vertragsbeziehungen Betrieb - örtl. Rat	0,3	0,4

Frage 35b: Wie beurteilen Sie die Möglichkeiten, die im Wohngebiet
für ein vielfältiges geistig-kulturelles Leben vorhanden sind?

	Brigade-mitglieder	Funktionäre
	%	%
- gut	4,5	5,3
- ausreichend	11,6	20,5
- ungenügend	30,6	60,8
- das kann ich nicht beurteilen	29,4	-
- ohne Angaben	23,9	13,4

Nutzen Sie die vorhandenen Möglichkeiten?

	Brigade-mitglieder	Funktionäre
	%	%
- meistens	12,6	14,9
- selten	22,5	36,8
- nie	29,8	28,8
- ohne Angaben	35,1	19,5

noch zu
Frage 35b: Was müßte Ihrer Meinung nach im Wohngebiet für ein
vielfältiges geistig-kulturelles Leben getan werden?

(Diese offene Zusatzfrage beantworteten 12,1 % der Brigademitglieder und 35,6 % der Funktionäre. Nach der Gruppierung der Antworten ergab sich die folgende Verteilung:)

	Brigade-mitglieder	Funktionäre
	%	%
– bessere Leitungstätigkeit auf geistig-kulturellem Gebiet, Verbesserung der Arbeit der gesellschaftlichen Organisationen, qualifizierte Funktionäre, bessere Information	2,6	11,7
– mehr finanzielle Mittel und materielle Voraussetzungen für die Kulturarbeit (z.B. Bau kultureller Einrichtungen)	2,9	12,5
– größeres und breiteres Angebot, höheres Niveau, Wunsch nach speziellen Veranstaltungen, die auf das Interesse der Kollegen eingehen	3,6	7,5
– bessere Nutzung vorhandener Möglichkeiten, bessere Klubhausarbeit, Arbeit in Zirkel und Arbeitsgemeinschaften	0,7	3,5
– bessere Arbeit der Hausgemeinschaften, mehr Eigeninitiative	1,3	2,4
– Organisierung sportlicher Veranstaltungen	1,2	2,3
– Zusammenarbeit zwischen Wohngebiet und Betrieb, Vertragsbeziehungen Betrieb – örtl. Rat	0,5	1,9
– Verbesserung der Verkehrsverbindungen	0,2	0,9

Frage 36: Betätigen Sie sich auf sportlichem Gebiet?

	Brigade-mitglieder	Funktionäre
	%	%
- ja	34,9	39,2
- nein	57,5	56,6
- ohne Angaben	7,6	4,2

Frage 37: Würden Sie uns bitte sagen, was Sie hauptsächlich daran hindert, so an kulturellen Veranstaltungen teilzunehmen, wie es Ihren Wünschen entspricht?

(Es konnten mehrere Antworten angekreuzt werden.)

	Brigade-mitglieder	Funktionäre
	%	%
- Studium oder Qualifizierung	8,1	16,8
- gesellschaftliche Funktionen	7,1	40,6
- Haushalt und Gartenarbeit	22,2	16,3
- Familie und die Beschäftigung mit den Kindern	22,3	28,3
- ungünstige Verkehrsverhältnisse	15,7	14,3
- Schichtarbeit	28,4	5,6
- Müdigkeit und Abgespanntheit	30,8	38,6
- finanzielle Schwierigkeiten	5,5	3,1
- ohne Angaben	12,9	13,4

Institut für Meinungsforschung
beim ZK der SED

Streng vertraulich!

Berlin, den 13.9.1972

30 00 00 06
20 30 00 90

Bericht über eine Umfrage zu Problemen der Politik

und der Wirtschaft

Basis: Die Umfrage wurde in 34 Industriebetrieben der Kreise Dessau, Schmalkalden, Zwickau - Stadt, Prenzlau, Görlitz und Potsdam durchgeführt.

Für die Auswertung standen 3.989 Fragebogen zur Verfügung.

Methode: Schriftliche Befragung

Die Fragebogen wurden von Mitgliedern der Betriebsparteiorganisationen an die Werktätigen übergeben und nach einigen Tagen mit versiegelten Urnen wieder eingesammelt.

Zeitraum
der Befragung: August 1972

bestätigt durch

Karl Maron
Leiter des Instituts

Verteiler:
2 Exemplare Gen. Lamberz
1 Exemplar Gen. Modrow
2 Exemplare Institut

II. Gesamtergebnis

Frage 1: Was meinen Sie zu der Feststellung, daß die weitere Entwicklung in der Welt in entscheidendem Maße vom Sozialismus
bestimmt wird?

	%
- stimmt absolut	55,4
- stimmt teilweise	39,9
- stimmt absolut nicht	1,3
- ohne Angaben	3,4

Frage 2: Was hat hauptsächlich dazu beigetragen, daß in Europa der
Frieden bisher erhalten wurde?

	1972 %	1971/72 %
- die Stärke der sozialistischen Länder	63,9	58,0
- die Stärke der kapitalistischen Länder	0,7	0,8
- weil beide Seiten gleich stark sind	32,4	36,7
- ohne Angaben	3,0	4,5

Frage 3: Wie beurteilen Sie die Politik der Regierung der DDR
gegenüber der BRD?

	1972 %	1971/72 %
a) Ist diese Politik richtig und entspricht sie den Interessen des Friedens und der Bürger der DDR?		
– ja	65,6	77,4
– nein	10,8	10,7
– das kann ich nicht beurteilen	19,8	9,0
– ohne Angaben	3,8	2,9
b) Sollte die Regierung der DDR gegenüber der BRD größeres Entgegenkommen zeigen?		
– ja	55,3	55,9
– nein	24,3	30,6
– das kann ich nicht beurteilen	15,9	8,8
– ohne Angaben	4,5	4,7

Frage 4: Wie schätzen Sie den Entwicklungsstand beim sozialistischen Aufbau in der DDR auf folgenden Gebieten ein?

	1972 %	1971/72 %
Bildungswesen		
- gut	83,4	77,1
- zufriedenstellend	9,6	13,1
- unbefriedigend	0,9	1,7
- ohne Angaben	6,1	8,1
wirtschaftliche Entwicklung		
- gut	31,8	27,3
- zufriedenstellend	48,7	42,6
- unbefriedigend	10,1	16,7
- ohne Angaben	9,4	13,4
sozialistische Demokratie		
- gut	42,6	36,7
- zufriedenstellend	34,5	33,3
- unbefriedigend	8,5	11,6
- ohne Angaben	14,4	18,4
Lebensstandard der Bevölkerung		
- gut	24,2	18,0
- zufriedenstellend	53,5	50,4
- unbefriedigend	16,5	25,5
- ohne Angaben	5,8	6,1
kulturelle Entwicklung		
- gut	50,4	47,9
- zufriedenstellend	33,9	32,0
- unbefriedigend	7,1	8,0
- ohne Angaben	8,6	12,1
Entwicklung von Wissenschaft und Technik		
- gut	48,3	46,0
- zufriedenstellend	35,4	32,3
- unbefriedigend	7,0	7,7
- ohne Angaben	9,3	14,0

Frage 5:   Sind Sie der Meinung, daß die Errungenschaften der DDR
           mit allen Mitteln, selbst mit Waffengewalt, verteidigt
           werden müssen, wenn sie bedroht werden?

	1972	1971/72
– ja	52,9	46,9
– nein	16,3	20,8
– ich möchte mich dazu nicht äußern	24,9	26,6
– ohne Angaben	4,9	5,7

Frage 6:   Wie beurteilen Sie die jetzige Politik der Regierung der
           BRD?

	1972	1971/72
– Es ist eine Politik der Entspannung und Friedenssicherung, die eine Verständigung mit den sozialistischen Ländern anstrebt.	28,0	29,8
– Es ist eine Politik, die notgedrungen dem veränderten Kräfteverhältnis zugunsten des Sozialismus in Europa in gewissem Maße Rechnung trägt, indem sie in der Außenpolitik einige Zugeständnisse macht, aber in ihrem Wesen unverändert aggressiv ist.	45,2	49,9
– das kann ich nicht beurteilen	19,6	14,4
– ohne Angaben	7,2	5,9

Frage 7:   Wie schätzen Sie die persönliche Rolle des jetzigen Bun-
           deskanzlers der BRD und Vorsitzenden der SPD, Brandt, in
           der Politik der BRD ein?

	1972	1971/72
– ein Politiker, der gute Beziehungen zu den sozialistischen Ländern anstrebt, aber an der konsequenten Verfolgung einer solchen Politik durch andere politische Kräfte gehindert wird	50,9	53,4
– ein Politiker, der die Interessen des Monopolkapitals vertritt, es aber im Gegensatz zu seinen Vorgängern für angebracht hält, die Positionen des Imperialismus durch eine beweglichere Taktik zu stärken	25,5	30,1
– das kann ich nicht beurteilen	17,0	11,9
– ohne Angaben	6,6	4,6

Frage 8: Wenn Sie die Politik der größten Parteien in der BRD, der SPD und der CDU/CSU, miteinander vergleichen, zu welcher Auffassung würden Sie dann gelangen?

	1972	1971/72
– die SPD und die CDU/CSU haben völlig unterschiedliche politische Auffassungen und Ziele	23,9	23,5
– die SPD und die CDU/CSU unterscheiden sich nur in den Methoden und in einigen politischen Auffassungen, aber nicht in ihrer grundsätzlichen Zielstellung	40,9	47,0
– zwischen der SPD und der CDU/CSU gibt es gar keine Unterschiede in ihren politischen Auffassungen und Zielen	4,3	4,6
– das kann ich nicht beurteilen	25,1	15,4
– ohne Angaben	5,8	7,5

Frage 9: In einer Diskussion wurden folgende Meinungen geäußert:

Bürger A:

Die fortschreitende Abgrenzung zwischen der DDR und der BRD ergibt sich aus dem Gegensatz der Gesellschaftsordnung. In der DDR herrscht die Arbeiterklasse. In der BRD herrschen die Monopolkapitalisten. Die machen kein Hehl daraus, daß sie unseren Staat und die Errungenschaften der Arbeiterklasse hassen und beseitigen wollen. Da kann es doch keine Gemeinsamkeit oder "innerdeutsche Beziehungen" geben.

Bürger B:

In beiden Staaten leben Deutsche, und es bestehen viele verwandtschaftliche Beziehungen. Das gibt dem Verhältnis zwischen der DDR und der BRD einen besonderen Charakter. Man kann deshalb nicht von einer so strengen Abgrenzung sprechen, wie sie zwischen anderen Staaten mit gegensätzlicher Gesellschaftsordnung besteht.

Bürger C:

Ich bin gegen jede Form der Abgrenzung. Wie soll man einen stärkeren Verkehr zwischen der DDR und der BRD verhindern.

Welche Auffassung kommt Ihrer Meinung am nächsten?

	1972	1971/72
– die Meinung des Bürgers A	25,2	29,2
– die Meinung des Bürgers B	51,6	48,1
– die Meinung des Bürgers C	16,5	15,5
– ohne Angaben	6,6	7,2

Frage 10: Würden Sie der Feststellung zustimmen, daß die BRD für die DDR imperialistisches Ausland ist und daß es keine einheitliche deutsche Nation gibt?

	1972	1971/72
– ja	31,6	37,7
– nein	47,8	4,6
– das kann ich nicht beurteilen	15,1	12,0
– ohne Angaben	5,5	5,7

Frage 11: Wie Sie wissen, vertiefen sich die Beziehungen zwischen der DDR und der Sowjetunion immer mehr. In einer Diskussion wurden dazu nachstehend aufgeführte Meinungen geäußert.
Welche Meinung kommt Ihrer Auffassung am nächsten?

	1972 %	1971/72 %
– Die Sowjetunion hat die größten Erfahrungen beim Aufbau der entwickelten sozialistischen Gesellschaft; gleichzeitig ist sie eine der stärksten Industriemächte der Welt. Deshalb kann ein besonders enges Bündnis mit der Sowjetunion für die DDR nur von Nutzen sein und zum Wachsen ihres internationalen Ansehens beitragen.	52,4	39,3
– Die Beziehungen zwischen der DDR und der Sowjetunion unterscheiden sich nicht von den Beziehungen der DDR zu anderen sozialistischen Staaten.	12,6	9,3
– Die enge Zusammenarbeit zwischen der Sowjetunion und der DDR engt die Selbständigkeit der DDR ein und bringt der Sowjetunion mehr Vorteile als der DDR.	25,8	37,7
– ohne Angaben	9,2	13,6

INSTITUT FÜR MEINUNGSFORSCHUNG
IN DER DEUTSCHEN DEMOKRATISCHEN REPUBLIK
108 BERLIN 8, POSTSCHLIESSFACH 95, AG 220

Umfrage
zum Fernsehen der DDR

Werte Kollegin! Werter Kollege!

Es ist ein wesentliches Merkmal unserer sozialistischen Demokratie, daß sich die Politik der zentralen Führungsorgane der Deutschen Demokratischen Republik auf die aktive Mitarbeit der Bevölkerung stützt. Dazu gehört auch, daß sie die Meinung der Bürger unserer Republik zu wichtigen Fragen des gesellschaftlichen Lebens erfahren.

Um Ihre Meinung zu einigen Fragen des Programms des Fernsehens der DDR kennenzulernen, wendet sich das

Institut für Meinungsforschung

deshalb mit der Bitte an Sie, den vorliegenden Fragebogen auszufüllen.

Die Befragung ist anonym. Uns interessiert bei der Beantwortung weder Ihr Name noch Ihre Adresse, sondern nur Ihre Meinung. Deshalb ist es auch nicht möglich, Rückfrage bei Ihnen zu halten, wenn einzelne Fragen nur unvollständig oder nicht beantwortet werden.

Sie brauchen bei den meisten Fragen nur eine oder einige der vorgegebenen Antwortmöglichkeiten anzukreuzen. Die hinter den Fragen stehenden Zahlen sind für die Auswertung bestimmt und für Sie ohne Bedeutung.

Werfen Sie bitte den ausgefüllten Fragebogen in die vom Institut verschlossene Urne.

Wir danken Ihnen herzlich für Ihre Bemühungen.

Berlin, Dezember 1972

Direktion

des Instituts für Meinungsforschung

18. Würden Sie uns bitte sagen, wann im allgemeinen bei Ihnen zu Hause der Fernsehapparat eingeschaltet wird?

	vor 18.00 Uhr (1)	etwa 18.00 Uhr (2)	etwa 19.00 Uhr (3)	etwa 20.00 Uhr (4)	mehrfach-ankreuzung (5)		o. Ang.
— Montag-Donnerstag	11,8 O	20,2 O	41,5 O	20,9 O	1,6	136	4,0
— Freitag	11,8 O	21,6 O	36,2 O	18,2 O	0,9	137	11,3
— Sonnabend	62,7 O	11,3 O	12,0 O	7,1 O	1,5	138	5,4
— Sonntag	72,9 O	6,7 O	7,6 O	5,3 O	1,3	139	6,2

19. Und wann ungefähr wird der Fernsehapparat ausgeschaltet?

	vor 21.00 Uhr (1)	etwa 21.00 Uhr (2)	etwa 21.30 Uhr (3)	etwa 22.00 Uhr (4)	später (5)	mehrfach-ankreuzung (6)	o. Ang.
— Montag-Donnerstag	4,4 O	9,5 O	48,1 O	29,3 O	2,8 O	1,3 140	4,6
— Freitag	1,6 O	3,4 O	18,4 O	38,9 O	26,6 O	0,8 141	10,3
— Sonnabend	0,9 O	0,7 O	4,3 O	23,1 O	65,1 O	1,1 142	4,8
— Sonntag	3,2 O	8,1 O	31,3 O	36,2 O	14,3 O	0,4 143	6,5

20. Während des Festivals des sowjetischen Films wurden im November mehrere neue
sowjetische Filme im Fernsehen gezeigt.
Welches dieser Filmwerke hat Ihnen gut gefallen?

	gut gefallen (1)	nicht gefallen (2)	nicht gesehen (3)	o. Ang.	
— Der rote Diplomat	31,5 O	4,0 O	42,6 O	21,9	144
— Bumbarasch	17,8 O	20,0 O	37,7 O	24,5	145
— Salut, Maria	40,5 O	3,5 O	35,2 O	20,8	146
— Leuchte, mein Stern, leuchte	13,9 O	7,2 O	54,9 O	27,0	147
— Offiziere	21,4 O	4,8 O	47,3 O	26,5	148
— Pirosmani	1,9 O	2,6 O	64,5 O	31,0	149
— Schuld und Sühne	30,4 O	7,6 O	37,1 O	22,9	150
— Die Schatten weichen am Mittag	8,4 O	2,5 O	61,2 O	27,9	151

1. Das Fernsehen spielt heute im gesellschaftlichen Leben eine große Rolle.
Würden Sie uns bitte sagen, welche Bedeutung das Fernsehen der DDR in erster Linie für Sie persönlich hat?

68,5 — ich kann mich über wichtige Ereignisse aus aller Welt in Wort und Bild informieren   O   5

32,1 — ich kann meine Bildung erhöhen   O   6

30,0 — mir werden künstlerische Erlebnisse vermittelt   O   7

57,1 — mir werden viele Möglichkeiten der Unterhaltung und Entspannung geboten   O   8

32,0 — ich bin bei vielen Ereignissen direkt dabei   O   9

28,1 — ich erhalte viele Anregungen für das tägliche Leben   O   10

5,6 — Fr. o. Aug.

2. Welchem Zweck sollte das Fernsehen hauptsächlich dienen?

38,9 — der Bildung   O   11

60,4 — der Information   O   12

83,2 — der Unterhaltung   O   13

3,9 - Fr. o. Aug.

3. Nun zur Aktuellen Kamera. Sehen Sie die Aktuelle Kamera?

59,4   meistens   O (1)   14

31,4   selten   O (2)

3,2   nie   O (3)

6,0 — Fr. o. Aug.

4. Welche der nachstehenden Eigenschaften würden Sie der Aktuellen Kamera zuordnen?
(Je mehr Sie Ihr Kreuz nach links setzen, desto mehr trifft die linke Eigenschaft zu; je mehr Sie es nach rechts setzen, desto mehr trifft die rechte Eigenschaft zu.)

	(1)	(2)	(3)	(4)	(5)			o. Aug.
— aktuell	36,4 O	30,2 O	13,4 O	3,9 O	2,7 O	nicht aktuell	15	23,4
— informativ	28,1 O	21,9 O	13,8 O	3,5 O	1,8 O	nicht informativ	16	30,9
— vielseitig	19,7 O	13,3 O	17,2 O	12,0 O	10,7 O	einseitig	17	27,1
— interessant	16,3 O	14,5 O	24,1 O	7,6 O	4,8 O	langweilig	18	35,7
— sachlich	24,3 O	17,4 O	12,3 O	4,6 O	3,3 O	unsachlich	19	38,1
— kritisch	16,5 O	15,2 O	15,4 O	7,6 O	4,0 O	unkritisch	20	41,3

5. Die Aktuelle Kamera bringt aus den verschiedensten Bereichen Tagesinformationen.
Würden Sie bitte Ihre Meinung zum Umfang der Informationen aus den angeführten Bereichen sagen.

	gerade richtig (1)	zu viel (2)	zu wenig (3)	o. Aug.
— aus der DDR	63,7 O	15,5 O	9,4 O	11,4 21
— aus der Sowjetunion	40,8 O	34,5 O	6,0 O	18,7 22
— aus den anderen sozialistischen Ländern	51,4 O	7,5 O	16,8 O	24,3 23
— aus der BRD	28,3 O	3,7 O	46,6 O	21,4 24
— aus den anderen kapitalistischen Ländern	28,4 O	2,1 O	45,4 O	24,1 25
— aus den jungen Nationalstaaten	34,6 O	3,2 O	37,9 O	24,4 26

203

6. Was meinen Sie, sollte die Aktuelle Kamera neben den Kurzinformationen auch zu bestimmten Ereignissen Erläuterungen und Kommentare bringen?

60,3 – ja   O (1)   27

32,4 – nein   O (2)

7,3 – o. Ang.

7. Das Fernsehen der DDR nimmt in verschiedenen Sendungen zu den Problemen des sozialistischen Aufbaus in der DDR Stellung.
Welche Gebiete interessieren Sie in der innenpolitischen Berichterstattung besonders?

54,8 – allgemeines politisches Tagesgeschehen   O 28

27,3 – Wirtschaftspolitik   O 29

9,1 – Landwirtschaftspolitik   O 30

43,4 – Wissenschaft und Technik   O 31

27,3 – Bildung   O 32

40,7 – Kultur   O 33

42,8 – Staats- und Rechtsfragen   O 34

47,5 – Sozial- und Gesundheitswesen   O 35

56,7 – Sport   O 36

2,5 – o. Ang.

8. Würden Sie uns bitte sagen, welche der nachstehend genannten Sendereihen Sie verfolgen?

	meistens (1)	selten (2)	nie (3)	o. Ang.
– Der Schwarze Kanal	O 26,5	O 33,9	O 22,1	37 17,5
– Prisma	O 62,5	O 23,5	O 3,7	38 10,3
– Antworten	O 12,8	O 25,8	O 27,4	39 34,0
– Objektiv	O 31,5	O 34,0	O 10,1	40 24,4
– Treffpunkt Berlin	O 14,1	O 30,2	O 25,8	41 29,9
– Das Professorenkollegium	O 14,8	O 28,6	O 27,2	42 29,4
– Sputnik-Journal	O 3,2	O 17,0	O 40,8	43 39,0
– Porträt per Telefon	O 12,7	O 24,6	O 28,5	44 34,2
– Die Fernsehpressekonferenz	O 7,5	O 23,9	O 32,5	45 36,1
– Die Umschau aus Wissenschaft und Technik	O 44,2	O 24,3	O 9,2	46 22,3

9. Ein wichtiger Teil des Programms des Fernsehens der DDR dient der Unterhaltung.
Wie würden Sie ganz allgemein die jetzigen Unterhaltungssendungen beurteilen?

58,7 – die Unterhaltungssendungen sind besser geworden   O (1)   47

11,3 – die Unterhaltungssendungen sind schlechter geworden   O (2)

25,3 – die Unterhaltungssendungen sind gleich geblieben   O (3)

4,7 – o. Ang.

10. Würden Sie bitte aus folgenden Senderreihen diejenigen nennen, die Ihnen am besten gefallen?

52,2 – Da liegt Musike drin   O 48

62,0 – Klock 8 achtern Strom   O 49

36,0 – Sind Sie sicher   O 50

44,5 – Herzklopfen kostenlos   O 51

36,7 – Schlagerstudio   O 52

30,6 – Wunsch dir was   O 53

91,5 – Ein Kessel Buntes   O 54

16,7 – Disko-Treff   O 55

28,4 – Mit Lutz und Liebe   O 56

36,4 – Die goldene Note   O 57

22,6 – Nußknacker-Suite   O 58

12,1 – Notenkarussel   O 59

53,4 – Tele-Lotto   O 60

43,1 – Treffpunkt Operette   O 61

0,7 – o. Ang.

11. Auf welchen Gebieten sollte das Fernsehen mehr Sendungen über das kulturelle Leben in der DDR bringen?

60,4 – Theateraufführungen (Oper, Operette, Schauspiel)   O 105

11,5 – Konzerte   O 106

17,9 – Kunstausstellungen und Museen   O 107

15,4 – Kulturgruppenarbeit   O 108

17,3 – o. Ang.

Dokument XVI

I n f o r m a t i o n
über die
"Umfrage zu einigen aktuellen Fragen der gegenwärtigen Politik"
vom 19.3. bis 3o.3.1973

Im Rahmen einer Umfrage zu einigen aktuellen Fragen der gegenwärtigen
Politik wurden neben Arbeitern und Angestellten in Betrieben und
Institutionen auch Schüler der 11. und 12. Klassen an Erweiterten
Oberschulen befragt.

Die vorliegende erste Einschätzung stützt sich auf Umfrageergebnisse
folgender EOS:

      Immanuel-Kant-Schule,   Berlin
      Johannes R. Becher,   Jena
      Ernst Schneller,   Burgstädt
      Karl-Marx-Oberschule, Karl-Marx-Stadt
      Goethe-Oberschule,   Perleberg

Es wurden insgesamt 253 Fragebogen ausgegeben, die alle ausgefüllt
zurückgegeben wurden.

Insgesamt kann eingeschätzt werden, daß die Untersuchungsergebnisse
eine positive Entwicklung des sozialistischen Bewußtseins dieser
Schülergruppen widerspiegeln. Dabei ist zu berücksichtigen, daß e s
s i c h   h i e r b e i   u m   junge Menschen mit wenig Lebenser-
fahrung handelt und sich in ihren Antworten sehr stark die Meinung
der sie beeinflussenden Umgebung (Elternhaus, Schule, Jugendverband)
wiederfindet.
Diese positive Gesamtentwicklung kommt vor allem in der Beantwortung
folgender politischer Grundfragen zum Ausdruck:

    7. Wenn Sie die gesellschaftlichen Verhältnisse in beiden
       deutschen Staaten vergleichen, welchen würden Sie den
       Vorzug geben?
       - den gesellschaftlichen Verhältnissen
         in der DDR   96,0 Prozent

    9. Was meinen Sie: Werden sich Sozialismus und Kapitalismus
       soweit angleichen, daß die Unterschiede zwischen ihnen
       allmählich verschwinden?
       Nein   93,0 Prozent

11. Die Regierung der BRD vertritt den Standpunkt, daß
es noch eine einheitliche deutsche Nation gibt. Halten
Sie diesen Standpunkt für richtig?

   - Nein   87,7 Prozent

Trotz dieses positiven Gesamtergebnisses darf nicht übersehen werden,
daß die Umfrage auch einige Schwächen unserer ideologischen Arbeit
sichtbar macht. Das umso mehr, als es sich

   1. um Mängel in wichtigen politischen Grundfragen der
      Politik der Partei handelt, wie z.B. die objektiv not-
      wendige Abgrenzung gegenüber der imperialistischen BRD;
      die Vertiefung des Bündnisses mit der Sowjetunion und
      der sozialistischen Staatengemeinschaft u.a.;

   2. um Schüler der Erweiterten Oberschulen handelt, also um
      ausgewählte Jugendliche, die zu einem bedeutenden Teil
      den Nachwuchs für Wissenschaft, Technik und staatliche
      Leitung darstellen.

Diese negativ zu bewertenden Antworten konzentrieren sich vor allem
auf folgende Fragen:

   10. Würden Sie der Feststellung zustimmen:
       "Uns verbindet nichts mit der imperialistischen BRD -
       aber alles verbindet uns mit der Sowjetunion und
       den anderen sozialistischen Ländern" ?
       - Nein   20,6 Prozent
       - Darüber bin ich mir nicht
         im klaren   14,6   "
                                        ————————
                                     35,2 Prozent

   1. Was meinen Sie: Entspricht die gegenwärtige Politik der
      Regierung der DDR gegenüber der BRD den Interessen der
      Bürger der DDR?
       - Nicht in allen Punkten   27,7 Prozent
       - das kann ich nicht beurteilen   2,0   "

   3. Am 21. Dezember 1972 wurde der Berliner Vertrag über die
      Grundlagen der Beziehungen zwischen den BRD und der DDR

unterzeichnet. Wer hat Ihrer Meinung nach den größten
Anteil am Zustandekommen dieses Vertrages?

- Beide Seiten haben gleichen Anteil am
  Zustandekommen des Vertrages   25,7 Prozent

Außerdem sind einige außerordentlich differierende Ergebnisse
zu beachten. Sie betreffen

<u>Erstens:</u> den Unterschied zwischen allen Schulen (den Gesamtdurch-
schnitt) einerseits und den weit darunter liegenden
Werten der Johannes R. Becher EOS Jena in fast allen
wichtigen Fragen andererseits.

<u>Beispiele:</u>

1. Was meinen Sie: Entspricht die gegenwärtige Politik
   der DDR gegenüber der BRD den Interessen der Bürger
   der DDR?

	Jena	Gesamtdurchschnitt
- Nicht in allen Punkten	52,0 %	27,7 %
- Das kann ich nicht beurteilen	6,0 %	·2,0 %
	58,0 %	29,7 %

10. Würden Sie der Feststellung zustimmen:

"Uns verbindet nicht mit der imperialistischen BRD - aber alles verbindet
uns mit der SU und den anderen sozialistischen Ländern?"

	Jena	Gesamtdurchschnitt
- Nein	32,0 %	20,6 %
- Darüber bin ich mir nicht im klaren	30,0 %	14,6 %
	62,0 %	35,2 %

<u>Zweitens:</u> Unterschiede zwischen den einzelnen Schulen zu bestimm-
ten Fragen.

<u>Beispiel</u>

4. Der Berliner Vertrag über die Grundlagen der Beziehungen zwischen der DDR und BRD wird zweifellos vielfältige Auswirkungen haben. Welche der nachstehend
   genannten Möglichkeiten werden Ihrer Meinung nach
   in der nächsten Zeit eintreten?

4

- der gegenseitige Reiseverkehr wird erweitert werden
  Gesamtdurchschnitt   66,0 %
  EOS Berlin   72,0 %
  EOS Perleberg   80,3 %

Gesamtergebnisse und Bemerkungen zu den einzelnen Fragen

1. Was meinen Sie: Entspricht die gegenwärtige Politik
   der Regierung der DDR gegenüber der BRD den Interessen der Bürger der DDR?

	Gesamtergebnis	Jena
- ja	69,6 %	42,0 %
- nicht in allen Punkten	27,7 %	52,0 %
- nein	--	--
- das kann ich nicht beurteilen	2,o %	6,0 %

2. Wie beurteilen Sie die jetzige Politik der Regierung
   der BRD gegenüber den sozialistischen Staaten?

- es ist eine Politik der
  Entspannung und der Norma-
  lisierung der Beziehungen,
  die das Ziel der Beseitigung des Sozialismus für
  immer aufgegeben hat   2,4 %
- es ist eine Politik, die sich
  notgedrungen den veränderten
  Kräfteverhältnis zugunsten des
  Sozialismus anpaßt, dabei jedoch das alte imperialistische Ziel der Beseitigung des
  Sozialismus mit veränderten
  Methoden weiter verfolgt.   97,2 %
- das kann ich nicht beurteilen   0,4 %

Wir möchten in diesem Zusammenhang auf einen bestimmten Widerspruch in den Antworten aufmerksam machen, der sich in den
Ergebnissen zu 1.2 und 2.2 zeigt: Während 27,7 % der Befragten
noch Vorbehalte zur Politik der DDR gegenüber der BRD haben,
sind 97,2 % der Meinung, daß die Politik der Regierung der
BRD gegenüber den sozialistischen Staaten sich notgedrungen
dem veränderten Kräfteverhältnis zugunsten des Sozialismus
anpaßt, dabei jedoch das alte imperialistische Ziel der Beseitigung des Sozialismus mit veränderten Methoden weiter verfolgt.

3. Am 21. Dezember 1972 wurde der Berliner Vertrag über die Grundlagen der Beziehungen zwischen der DDR und der BRD unterzeichnet.
Wer hat Ihrer Meinung nach den größten Anteil am Zustandekommen dieses Vertrages?

	Gesamtergebnis	Jena
-der Vertrag ist das Ergebnis der Stärke des Sozialismus und der einheitlichen Außenpolitik der sozialistischen Staatengemeinschaft	71,1 %	46,0 %
-der Vertrag ist das Resultat der Politik der Brandt/Scheel-Regierung	0,8 %	0,0 %
-beide Seiten haben gleichen Anteil am Zustandekommen des Vertrages	25,7 %	48,0 %
- das kann ich nicht beurteilen	2,0 %	6,0 %

Der relativ hohe Anteil von durchschnittlich 25,7 % und bei Jena von 48,0 %, den die Antwort hat, "beide Seiten haben gleichen Anteil am Zustandekommen des Vertrages", läßt auf noch starke Illusionen zur Politik der BRD-Regierung schließen und steht zugleich in einem bestimmten Widerspruch zum Ergebnis von 2.2.

4. Der Berliner Vertrag über die Grundlagen der Beziehungen zwischen der DDR und der BRD wird zweifellos vielfältige Auswirkungen haben.
Welche der nachstehend genannten Möglichkeiten werden Ihrer Meinung nach in der nächsten Zeit eintreten?

		Stellenwert
-die internationale Position der DDR wird weiter gestärkt	90,5 %	1
-der Frieden wird sich festigen und die Kriegsgefahr wird sich verringern	68,0 %	3
-die BRD wird sich nicht mehr in die inneren[+] Angelegenheiten der DDR einmischen	3,6 %	7
- die DDR wird weniger Kritik an den gesellschaftlichen Verhältnissen in der BRD üben	0,8 %	8
-es wird keine wesentlichen Veränderungen in der politisch-ideologischen Auseinandersetzung zwischen der DDR und der BRD geben	60,9 %	5
-der gegenseitige Reiseverkehr wird sich erweitern	66,0 %	4
-die kulturellen und sportlichen Beziehungen zwischen der DDR und der BRD werden ausgebaut	69,2 %	2
-es werden günstige Möglichkeiten für die weitere Entwicklung in der DDR durch den Ausbau der Handels- und Wirtschaftsbeziehungen mit der BRD und anderen kapitalistischen Ländern geschaffen	57,7 %	6

[+] und äußeren

Die außerordentliche geringe Anzahl von Befragten, die sich für
die Antwortmöglichkeiten 3 und 4 entschieden, muß als positiv
gewertet werden, während der hohe Anteil von Entscheidungen für
6 und 7 offensichtlich vorhandene Illusionen widerspiegelt
(Stellenwerte 2 (!) und 4).

5. Was meinen Sie, wird die Regierung der BRD den Berliner Vertrag
   über die Grundlagen der Beziehungen zwischen der DDR und der BRD
   einhalten?

	Gesamtdurchschnitt	Jena
-ja, auf jeden Fall	9,5 %	18,0%
-ja, aber nur dann, wenn die Regierung der BRD dazu gezwungen wird, Geist und Buchstaben des Vertrages einzuhalten	80,6 %	60,0%
-nein, sie wird den Vertrag nicht einhalten	--	--
-das kann ich nicht beurteilen	8,3 %	20,0 %

Während man den Durchschnitt von 80,6 % zur Antwortmöglichkeit
2 positiv bewerten muß, zumal ohne Jena dieser Durchschnitt noch
bedeutend besser ausfällt, muß auf das negative Ergebnis in Jena
aufmerksam gemacht werden, wo die Summe von 1 und 4 = 38,0 % ergibt.

6. Welche der folgenden Merkmale sind ihrer Auffassung nach typisch
   für die DDR bzw. die BRD?

	DDR Stellenw.	BRD Stellenw.	Beide Stellenwert
-soziale Sicherheit	98,4% /1	--% /6	0,4% /7
-Demokratie	79,1% /6	5,1% /2	5,5% /2 (!)
-gute Ausbildungsmögl.	96,0% /2	0,4% /5	1,2% /6
-Menschlichkeit	88,1% /3	0,4% /5	2,4% /5
-Mitbestimmung	84,6% /4	2,4% /3	4,7% /3
-Freiheit	68,0% /7	12,6% /1 (!)	4,0% /4
-Fürsorge im Alter	83,4% /5	1,6% /4	9,1% /1

Aus den Antworten ergibt sich, daß Fragen der Demokratie und der
Freiheit ungenügend wissenschaftlich und klassenmäßig bei diesen
Jugendlichen geklärt sind. Dabei ist noch zu berücksichtigen, daß
die Frage 2 von 10,3 % und die Frage 6 von 15,4 % nicht beantwor-
tet wurde. Besonders negativ ist das Ergebnis der Umfrage zu den
Problemen Freiheit und Demokratie in der EOS Jena:

	DDR	BRD	Beide	Ohne Antw.
-Demokratie	64,0%	14,0%	--	22,0% !
-Freiheit	50,0%	26,0%	2,0%	22,0% !

7. Wenn Sie die gesellschaftlichen Verhältnisse in beiden deutschen Staaten vergleichen, welchen würden Sie den Vorzug geben?

- den gesellschaftlichen Verhältnissen in der DDR   96 %

- den gesellschaftlichen Verhältnissen in der BRD   ---- !

- das kann ich nicht beurteilen   3,6 %

Bemerkenswert ist, daß nicht einer der Befragten den gesellschaftlichen Verhältnissen in der BRD den Vorzug gibt. Das betrifft auch die Ergebnisse aus Jena! (Allerdings haben dort acht Prozent erklärt, daß sie die Frage nicht beurteilen können.)

8. Was sind Ihrer Meinung nach die entscheidenden Ursachen für die weltweite diplomatische Anerkennung der DDR?

		Stellenwert
- das veränderte internationale Kräfteverhältnis zugunsten des Sozialismus	85,8 %	2
- die politische und ökonomische Entwicklung der DDR	86,2 %	1
- der Berliner Vertrag über die Grundlagen der Beziehungen zwischen der DDR und der BRD	52,6 %	3
- das Aufgeben der Einmischung der BRD in die außenpolitischen Beziehungen der DDR	1,6 %	5
- der Einfluß der Sowjetunion und der anderen sozialistischen Staaten	40,3 %	4

Da hier mehrere Antworten möglich waren, ist die Häufigkeit der gegebenen Antworten zu den einzelnen Fragen und der sich daraus ergebende Stellenwert der Antworten interessant. Danach ist positiv einzuschätzen, daß das veränderte internationale Kräfteverhältnis zugunsten des Sozialismus und die politische und ökonomische Entwicklung der DDR fast die gleiche Häufigkeit in den Antworten erhalten. Als negativ bzw. widersprüchlich muß man dagegen werten, daß zwar 85,8 % das veränderte Kräfteverhältnis zugunsten des Sozialismus als ausschlaggebend für die diplomatische Anerkennung der DDR anführen, aber nur 40,3 % die Anerkennung der DDR auf den Einfluß der UdSSR und der anderen sozialistischen Staaten zurückführen.

9. Was meinen Sie: Werden sich Sozialismus und Kapitalismus in
der Zukunft soweit angleichen, daß die Unterschiede zwischen
ihnen allmählich verschwinden?

- ja   0,0 %
- nein   98,0 %
- das kann ich nicht beurteilen   0,8 %

Das Ergebnis, daß nicht einer der Befragten "Ja" zur Theorie
der Angleichung von Sozialismus und Kapitalismus sagte (auch
nicht in Jena) ist außerordentlich positiv und steht in
völliger Übereinstimmung mit dem Ergebnis zu Frage 7.2.

10. Würden Sie der Feststellung zustimmen: "Uns verbindet nichts
mit der imperialistischen BRD - aber alles verbindet uns mit
der Sowjetunion und den anderen sozialistischen Ländern!"?

	Gesamtergebnis	Nur Jena	Ohne Jena
- ja	63,2 %	38,0 %	69,4 %
- nein	20,6 %	32,0 %	17,7 %
- darüber bin ich mir nicht im klaren	14,6 %	30,0 %	10,7 %
Summe von 2 und 3:	35,2 %	62,0 %	28,4 %

11. Die Regierung der BRD vertritt den Standpunkt, daß es noch
eine einheitliche deutsche Nation gibt. Halten Sie diesen Standpunkt für richtig?

	Gesamtdurchschnitt	Jena
- ja	4,0 %	12,0 %
- nein	87,7 %	68,0 %
- das kann ich nicht beurteilen	7,5 %	20,0 %

12. In einer Diskussion wurden folgende Meinungen geäußert:

Bürger A: Die Abgrenzung zwischen der DDR und der BRD ergibt
sich aus dem Gegensatz der Gesellschaftsordnungen.
In der DDR herrscht die Arbeiterklasse. In der BRD
herrschen die Monopolkapitalisten. Daran ändert auch
der Berliner Vertrag über die Grundlagen der Beziehungen zwischen der DDR und der BRD nichts.

Bürger B: In beiden Staaten leben Deutsche, und es bestehen viele
verwandtschaftliche Beziehungen. Das gibt dem Verhältnis zwischen der DDR und der BRD einen besonderen
Charakter
Besonders nach dem Abschluß des Berliner Vertrages über
die Grundlagen der Beziehungen zwischen der DDR und

der BRD kann man deshalb nicht von einer so
strengen Abgrenzung sprechen, wie sie zwischen
anderen Staaten mit gegensätzlicher Gesellschaftsordnung besteht.

Bürger C: Ich bin gegen jede Form der Abgrenzung. Sie soll
nur einen stärkeren Verkehr zwischen der DDR und
der BRD verhindern.

Welche Auffassung kommt Ihrer Meinung am nächsten?

		Jena
- die Meinung des Bürgers A:	83,0 %	70,0 %
- die Meinung des Bürgers B:	14,2 %	24,0 %
- die Meinung des Bürgers C)	1,2 %	6,0 %
Summe von 2 und 3:	30,0 % ! ——→	

Da diese Ergebnisse im wesentlichen mit den Antworten zur
Frage 11 übereinstimmen, sind sie als besonders aussagekräftig
zu bewerten und machen auf wichtige Schwerpunkte unserer
ideologischen Arbeit aufmerksam.

13. Wenn Sie die Politik der größten Parteien in der BRD, der SPD
und der CDU/CSU, miteinander vergleichen, zu welcher Auffassung
würden sie dann gelangen?

- die SPD und die CDU/CSU haben
  völlig unterschiedliche poli-
  tische Auffassungen und Ziele   2,0 %

- die SPD und die CDU/CSU unterscheiden sich zwar in den Methoden,
  in einigen politischen Auffassungen,
  aber nicht in ihrer grundsätzlichen
  Einstellung zum kapitalistischen
  System   94,1 %

- zwischen der SPD und der CDU/CSU
  gibt es gar keine Unterschiede in
  ihren politischen Auffassungen und
  Zielen   1,6 %

- das kann ich nicht beurteilen   2,4 %

Man muß hier die ausgesprochen positiven Ergebnisse hervor-
heben, die sich darin ausdrücken, daß 94,1 % eine eindeutige
Einschätzung und Haltung zur SPD und CDU/CSU geben.

14. Wie schätzen Sie die persönliche Rolle des jetzigen Bundes-
kanzlers der BRD und Vorsitzenden der SPD, Brandt, in der
Politik der BRD ein?

- er ist ein Politiker, der ehrlich bemüht ist,
  gute Beziehungen zu den sozialistischen Ländern
  zu entwickeln und eine Politik des Friedens

- er ist ein Politiker, der notgedrungen dem veränderten Kräfteverhältnis zugunsten des Sozialismus in Europa Rechnung trägt.

- er ist ein Politiker, der die Interessen der
Arbeiter in der BRD vertritt und auch den Sozia-
lismus anstrebt, nur mit anderen Mitteln und
Methoden

- er ist ein Politiker, der die Interessen des
Monopolkapitals vertritt, es aber im Gegensatz
zu seinen Vorgängern für angebracht hält, die
Positionen des Imperialismus durch eine beweg-
lichere Taktik zu stärken.

Wegen der ausgesprochenen Differenziertheit und Widersprüchlichkeit
der Antworten zu dieser Frage geben wir die Ergebnisse aller
Schulen und den Durchschnitt an:

Schulen:	1	2	3	4
Berlin	4,0 %	80,0 %	4,0 %	70,0 %
Jena	26,0 %	60,0 %	0 %	54,0 %
Karl-Marx-Stadt	16,3 %	51,0 %	0 %	71,4 %
Burgstädt	9,3 %	65,1 %	0 %	76,7 %
Perleberg	13,1 %	77,0 %	0 %	73,7 %
Gesamt:	13,8 %	67,2 %	0,8%	69,2 %

Abschließende Bemerkungen

Bei den vorstehenden Einschätzungen kann es sich nur um eine erste
allgemeine Auswertung der vorliegenden Untersuchungsergebnisse handeln.
Diese sind außerordentlich aussagekräftig und aufschlußreich und verlangen eine weitere gründliche wissenschaftliche Auswertung und Bearbeitung, damit die Analyse des Bewußtseinsstandes unter diesen Gruppen
von Jugendlichen vervollständigt und entsprechende Schlußfolgerungen
für die Fortführung zielgerichteter ideologischer Arbeit gezogen
werden können.
In diesem Zusammenhang wäre es angebracht, jene Ergebnisse zum Vergleich heranzuziehen, die vor ca. zwei Jahren zu ähnlichen und zum
Teil identischen Problemen von der Forschungsgruppe Geschichtsbewußt-
sein des Instituts für Gesellschaftswissenschaften beim ZK der SED
erarbeitet wurde.
Die Unterteilung der Befragten nach Geschlechtern wurde in dem vorliegenden Material nicht berücksichtigt, da die Ergebnisse in der Regel
nur unwesentlich vom Durchschnitt abweichen.

I n f o r m a t i o n

über eine Meinungsumfrage zur Rolle der Frau in Familie
und Gesellschaft

Dieser Information liegt eine Umfrage zugrunde, die im September
1975 vom Institut für Meinungsforschung beim ZK der SED in
12 Industriebetrieben mit Frauen und Männern sowie in zwei Kauf-
häusern und zwei Krankenhäusern mit Frauen durchgeführt wurde.

+   +   +

Die Hauptergebnisse der Umfrage machen deutlich, daß es auf
der Grundlage der vom VIII. Parteitag beschlossenen Politik
bedeutsame Fortschritte bei der Verwirklichung der Gleichberechtigung der Frau in der sozialistischen Gesellschaft und in
der Familie gibt.

In diesem Zeitraum hat vor allem die Erkenntnis unter den Frauen
und Männern zugenommen, daß eine verheiratete Frau berufstätig
sein soll. Während 1970 über 72 Prozent der befragten Frauen
diese Meinung vertraten, sind es 1975 fast 82 Prozent. Eine
ähnliche Entwicklung vollzog sich in den Auffassungen der Männer.
Im Jahre 1970 waren knapp über 65 Prozent von ihnen der Meinung,
daß eine verheiratete Frau berufstätig sein soll, 1975 sind es
über 70 Prozent.

Gewachsen ist das Verständnis der Frauen für die erstrangige
Bedeutung der Arbeit für ihre Persönlichkeitsentwicklung. So
vertreten heute fast 87 Prozent der befragten Frauen den Standpunkt, daß sich die Berufstätigkeit günstig auf ihre eigene
Entwicklung auswirkt. Zugleich erklären fast 35 Prozent der
Frauen – das sind etwa 14 Prozent mehr als 1970 –, daß sie die
Arbeit im Haushalt nicht ausfüllt. 47 Prozent meinen, sie würden
ihre Berufstätigkeit nicht mehr aufgeben, auch wenn der Mann
ein höheres Einkommen hätte.

Vor allem bei jungverheirateten Frauen und Männern entwickelt
sich stärker die gemeinsame Verantwortung von Mann und Frau bei
der Betreuung und Erziehung der Kinder. Viele Befragte dieser
Gruppe (etwa 70 Prozent der Frauen und 80 Prozent der Männer
bis 29 Jahre) erklären, daß sie diesen Pflichten gemeinsam
nachkommen.

Die Meinung, wieviel Kinder eine Familie haben sollte, hat sich
gegenüber 1970 so verändert, daß 1975 rund 72 Prozent der befragten Frauen und Männer übereinstimmend die Auffassung vertreten, daß zwei Kinder zu einer Familie gehören sollten.

Hoch geschätzt werden die Maßnahmen zur Verbesserung der Arbeits-
und Lebensbedingungen der Frauen. Vor allem Frauen und Männer
mit mehreren Kindern sowie Arbeiterinnen erklären, daß auf
diesem Gebiet viel getan wird. Außerordentlich positiv werden
die Kredite für junge Eheleute bewertet. Fast 90 Prozent der
Frauen und 85 Prozent der Männer betrachten diese Kredite als
eine wirksame Hilfe für die Gründung einer Familie. Etwa 36 Prozent der Frauen und Männer vertreten zugleich die Auffassung,
daß diese Kredite auch den Wunsch nach Kindern fördern.

Die Ergebnisse der Umfrage verdeutlichen aber auch, daß sich
die Verwirklichung der Gleichberechtigung der Geschlechter in
den verschiedenen Alters- und sozialen Gruppen unterschiedlich
vollzieht. Sie machen sichtbar, daß mit den Fortschritten auf
diesem Gebiet und der weiteren Gestaltung der entwickelten
sozialistischen Gesellschaft stets neue Fragen und Probleme
aufgeworfen oder bekannte auf neue Art gestellt werden. Die
Ergebnisse weisen dabei vorrangig auf die nachfolgenden hin:

1. Zur Rolle der Frau in der Gesellschaft, besonders im Arbeitsbereich und in der Familie

   Aus der Umfrage geht hervor, daß im Zusammenhang mit der
   Hauptaufgabe, der Einheit von Wirtschafts- und Sozialpolitik
   Grundfragen der Verwirklichung der Gleichberechtigung der
   Frau im Prozeß der Gestaltung der entwickelten sozialistischen
   Gesellschaft, besonders auch bei der Herausbildung der

Gründlichere Untersuchungen sollten die Ursachen dieser
Erscheinungen allseitig analysieren und entsprechende Schlüsse
ziehen. Das wird auch dadurch erhärtet, daß es zwischen
sozialen Gruppen stärkere Unterschiede gibt. So ist beispielsweise ein geringerer Teil von Arbeiterinnen im Vergleich zu
den weiblichen Angehörigen der Intelligenz der Auffassung,
daß ihre Meinung anerkannt wird bzw. daß sie Unterstützung
bei ihrer Qualifizierung erhalten (etwa 10 Prozent weniger).
Hinzu kommt, daß nicht nur die Auffassungen der Frauen zu
diesen Fragen eine relativ stark rückläufige Tendenz auf-
weisen, sondern auch die Meinungen der Männer, die teilweise
noch rückläufiger sind. Die Umfrage sagt in diesem Zusammenhang
auch aus, daß nach wie vor ein Drittel der befragten Frauen
einschätzt, daß es Frauen im Arbeitsbereich schwerer als
Männer haben.

2. **Zur Berufstätigkeit der Frau**

In den vergangenen fünf Jahren hat sich sowohl unter den Frauen
als auch unter den Männern die Auffassung zur Berufstätigkeit
der verheirateten Frau weiterhin positiv entwickelt. Als Motiv
wird am häufigsten von den Frauen (fast 54 Prozent) der
finanzielle Beitrag zum Lebensunterhalt der Familie genannt.
Dieser Grund spielt mit wachsender Zahl der Kinder eine zunehmende Rolle. Während 62 Prozent der Frauen mit einem Kind
dieses Motiv vorrangig für ihre Berufstätigkeit angeben, sind
es bei Frauen mit drei Kindern 70 Prozent und bei vier und mehr
Kindern 79 Prozent der Frauen. Bei den Altersgruppen 25 bis
29 Jahre und 30 bis 39 Jahre ist das materielle Motiv mit
65 Prozent bzw. 63 Prozent der Befragten besonders stark ausgeprägt.

Gleichzeitig kann eingeschätzt werden, daß sich neben den
materiellen in wachsendem Maße auch immer mehr ideelle Motive
herausbilden und zunehmend das Denken und Handeln der Frauen
in bezug auf ihre Berufstätigkeit bestimmen. Immer mehr Frauen
(ca. 65 Prozent) sagen, daß sie sich ein Leben ohne berufliche
Tätigkeit nicht mehr vorstellen können, daß sie (ca. 22 Prozent)
etwas Nützliches für die Gesellschaft leisten möchten.

Ein Vergleich zwischen den Arbeiterinnen und den weiblichen
Angehörigen der Intelligenz zeigt dabei eine unterschiedliche
Rangfolge der Motive zur Arbeit. Bei den Arbeiterinnen steht
das Motiv "finanziell zum Lebensunterhalt der Familie beitragen zu wollen" an erster Stelle, auf Rang zwei kommt das Motiv
"weil mich die Arbeit im Haushalt nicht befriedigt". Erst
an fünfter Stelle steht, "um mich im Berufsleben zu entwickeln". Dagegen steht bei den weiblichen Angehörigen der
Intelligenz an erster Stelle "weil mich die Arbeit im Haushalt
nicht befriedigt", an zweiter Stelle, "um mich im Berufsleben
zu entwickeln" und an dritter Stelle "um finanziell zum
Lebensunterhalt der Familie beizutragen". Es zeigt sich, daß
der Grad der Qualifikation und auch die Art der Berufstätigkeit wesentlich die Arbeitsmotivikation beeinflussen.

Aber trotz der unterschiedlichen Motive erweist es sich, daß
die Frauen selbst immer deutlicher die Rolle der Arbeit bei
der Entwicklung ihrer Persönlichkeit erkennen und danach
handeln.

Auch unter den Männern haben sich die Auffassungen zur Berufstätigkeit weiter positiv entwickelt. Dennoch ist charakte-
ristisch, daß noch viele Männer eine solche Errungenschaft
wie die Berufstätigkeit der Frau geringer schätzen, als es
die Frauen tun, daß sie Schwierigkeiten stärker betonen und
gemeinsam erreichte Teilerfolge überschätzen. So gibt es
zwischen Auffassungen der Männer und denen der Frauen auf
einigen Gebieten erhebliche Unterschiede. Fast 18 Prozent
mehr Männer als Frauen betrachten deren Berufstätigkeit unter
dem Motiv "finanziell zum Lebensunterhalt der Familie beizutragen". Und fast 34 Prozent der Männer sind im Gegensatz
zu 16 Prozent der Frauen der Meinung, daß die Frau mit arbeiten
aufhören sollte, wenn der Ehemann ein höheres Einkommen als
gegenwärtig hat. Gegenüber 1970 hat die Zahl der Männer um
über 5 Prozent zugenommen, die ihrer Frau empfehlen, verkürzt
zu arbeiten.

Diese und andere Ergebnisse der Umfrage machen sichtbar, daß
unter Männern noch stärker als unter Frauen die Auffassung
vorhanden ist, daß die Frau vor allem aus materiellen Gründen

arbeiten sollte. Sie machen zugleich deutlich, daß die bejahende
Haltung vieler Männer zu den neuen Anforderungen der Gleichberechtigung der Geschlechter in der entwickelten sozialistischen Gesellschaft nicht gefestigt ist und auf dem Gebiet der
beruflichen Tätigkeit der Frau durch die bürgerliche Ideologie
geprägte traditionelle Auffassungen noch mit am stärksten
wirken.

In der gesamten ideologischen Tätigkeit sollte darum der
grundlegenden Klärung der entscheidenden Rolle der Arbeit
bei der Entwicklung des Menschen als Persönlichkeit und bei
der Gleichberechtigung der Geschlechter eine noch größere
Aufmerksamkeit geschenkt werden. Vor allem gilt es bewußter
zu machen, daß die Berufstätigkeit der Frau die wichtigste
Bedingung und Voraussetzung für ihre Stellung als gleich-
berechtigtes Mitglied in der entwickelten sozialistischen
Gesellschaft ist.

3. Zur Berufstätigkeit und Mutterschaft sowie Familiengröße

Die Umfrage macht sichtbar, daß es in den vergangenen fünf
Jahren gelungen ist, eine größere Bejahung der Berufstätigkeit
verheirateter Mütter mit Klein- bzw. schulpflichtigen Kindern
zu erreichen. Nur 9 Prozent der befragten Frauen sind der
Meinung, daß eine Mutter nicht berufstätig sein soll. Demgegenüber vertreten über 18 Prozent der Männer diesen Standpunkt. Zugleich zeigt die Umfrage aber auch, daß die hohe
Befürwortung der Berufstätigkeit einer verheirateten Frau mit
Kindern dadurch eingeschränkt wird, daß ein großer Teil der
befragten Männer und Frauen (etwa 70 Prozent) erklärt, daß
dieser Kreis von Frauen verkürzt arbeiten sollte.

Weiterhin bestätigen die Ergebnisse der Umfrage die Erfahrungen, daß es einen engen Zusammenhang zwischen den Ansprüchen
der Frauen zur Entwicklung ihrer Fähigkeiten und Talente,
der Wahrnehmung ihrer neuen gesellschaftlichen Stellung und
der Anzahl der Kinder gibt. So äußern etwa 50 Prozent der
Befragten die Meinung, sich den Wunsch nach einem Kind erst
dann zu erfüllen, wenn die berufliche Ausbildung bzw. das

- 8 -

Studium abgeschlossen ist. Zugleich meint die große Mehrheit
(72 Prozent) der Männer und Frauen, daß zwei Kinder zu einer
Familie gehören sollten. Es zeigt sich jedoch auch wie bereits
bei anderen Umfragen auf diesem Gebiet, daß die gewünschte
Kinderzahl höher liegt als bei den meisten Befragten tatsächlich Kinder vorhanden sind. So ergibt die Umfrage, daß
ca. 69 Prozent der befragten Frauen und fast 66 Prozent der
befragten Männer kein oder nur ein Kind haben. Dabei gilt
es jedoch zu berücksichtigen, daß von den Befragten etwa
33 Prozent der Frauen und 19 Prozent der Männer nicht ver-
heiratet sind.

Als wichtigster Grund für die geringe Anzahl und den Wunsch
nach weniger Kindern werden die noch ungenügenden Wohnver-
hältnisse angeführt. Fast 60 Prozent der Frauen und etwa
59 Prozent der Männer nennen dieses Problem mit ziemlich
großem Abstand zu anderen Gründen. In den Altersgruppen bis
29 Jahre sind es über 70 Prozent der Befragten. Relativ stark
ausgeprägt ist aber auch die Meinung, daß man ohne bzw. mit
einem Kind angenehmer leben kann. Über 30 Prozent der Frauen
und fast 37 Prozent der Männer sind dieser Auffassung. Dabei
zeigt sich, daß diese Denkweise in der Rangfolge der Gründe
von der vierten Stelle 1970 im Jahre 1975 auf die zweite gerückt ist. Diese Haltung wird dadurch noch ergänzt und verstärkt, daß über 28 Prozent der Frauen und über 30 Prozent
der Männer meinen, daß Kinder zuviel Geld kosten. Weiterhin
äußern sich über 45 Prozent der Frauen und 42 Prozent der
Männer dahingehend, daß erst alle größeren Anschaffungen für
den Haushalt getätigt sein sollten, bevor Kinder geboren
werden. Im Gegensatz zu diesen Meinungen, die teilweise ange-
wachsen sind oder in der Rangfolge jetzt vordere Plätze einnehmen, spricht der Grund ungenügender Kinderkrippenplätze
nicht mehr diese entscheidende Rolle wie vor Jahren. Obwohl
immer noch annähernd 30 Prozent der Befragten fehlende Kinderkrippenplätze als einen wichtigen Grund für eine geringe Zahl
von Kindern nennen, so ist dieser jedoch von der zweiten Stelle
1970 auf den vierten Rang 1975 zurückgegangen. Darin widerspiegeln sich sehr deutlich die verstärkten Anstrengungen, die
auf diesem Gebiet nach dem VIII. Parteitag unternommen wurden.

Die Umfrage macht hinsichtlich des Zusammenhangs von Berufstätigkeit der Frau und Familie vor allem zwei Tendenzen deutlich.
Die eine Tendenz besteht darin, daß sich die gemeinsame Verantwortung von Mann und Frau für die Lösung aller Aufgaben und
Probleme in der Familie entwickelt. So wurden in der gemeinsamen
Bewältigung der Hausarbeit und in der gemeinsamen Übernahme der
Verantwortung für die Kindererziehung offensichtliche Fortschritte erreicht. Während bei der Umfrage 1970 nur 38,1 Prozent
der verheirateten Frauen vermerkten, daß die Hausarbeit gemeinsam erledigt wird, sind es jetzt 49,2 Prozent. Mit 58,2 Prozent
schätzen die Männer das noch positiver ein. (1970: 49,9 Prozent)
73 Prozent der verheirateten Männer mit Kindern bringen zum
Ausdruck, daß die Kinder von beiden Ehepartnern gemeinsam erzogen und betreut werden; dieser Meinung schließen sich 61 Prozent der befragten verheirateten Frauen mit Kindern an. Hervorzuheben ist hierbei, daß sich die gemeinsame Verantwortung vor
allem stark bei den Frauen und Männern bis 24 Jahre entwickelt
hat. 72 bzw. 83 Prozent dieser Altersgruppe nennen diesen
Faktor.

Die andere Tendenz besteht darin, daß die Befragten die Lösung
der Anforderungen und Aufgaben in der Familie im Übergang der
Frau zur Teilzeitarbeit oder auch einer vorübergehenden Aufgabe
ihrer Berufstätigkeit sehen. So hat die Meinung, daß eine verheiratete Frau mit Klein- oder schulpflichtigen Kindern nur
verkürzt arbeiten sollte, in den letzten Jahren außerordentlich
stark zugenommen. Diese Auffassung vertraten 1975 etwa 72 Prozent der befragten Frauen und fast 58 Prozent der befragten
Männer. 1970 hatten ca. 53 Prozent der Frauen und fast 46 Prozent der Männer eine solche Haltung, wobei es allerdings zu
beachten gilt, daß damals die Fragestellung nur darauf gerichtet war, ob eine verheiratete Frau berufstätig sein sollte,
während 1975 die Frage lautete, ob eine verheiratete Frau als
Mutter von Klein- bzw. schulpflichtigen Kindern berufstätig
sein sollte. Die vorgenannte Tendenz der Meinung nach Teilzeitarbeit ist noch stärker in der Altersgruppe der Frauen zwischen
25 und 29 Jahren ausgeprägt. Von ihnen vertreten etwa 78 Prozent
diese Auffassung. Unterstrichen wird dies auch durch die Tatsache, daß fast 72 Prozent der Frauen und ca. 75 Prozent der

- 2 -

5. Fragen zu den Sehgewohnheiten und -erwartungen von
   Schichtarbeitern
   (Zu diesem Komplex wurden zusätzlich 481 Beschäftigte
   aus 5 Betrieben befragt, in denen es ein durchgängiges
   Schichtsystem gibt.)

Zu 1. - Einschätzung des Fernsehprogramms durch die Zuschauer

Auf die Frage "Wenn Sie sich die Programmgestaltung des
Fernsehens der DDR in den letzten Wochen vergegenwärtigen,
welche Gesamtnote würden Sie - entsprechend den Zensuren
in der Schule - dem Fernsehen geben?", antworteten:

Note	1	2 %
Note	2	29,7 %
Note	3	50,7 %
Note	4	8,6 %
Note	5	1,8 %
ohne Angaben		7,2 %

Daraus ergibt sich eine Durchschnittsnote von 2,77. Diese
Bewertung liegt besser als bei einer Umfrage in 10 Industriebetrieben im Frühjahr 1975, wo eine Durchschnittsnote von
2,98 ermittelt wurde.

Auffällig ist, daß in der Regel alte und ältere Menschen
die Fernsehleistungen positiver bewerten als jüngere und
junge. Eine Ausnahme davon bilden die Lehrlinge, die zu den
Antwortenden mit der positivsten Einschätzung gehören.
Ebenso auffällig ist, daß in der Regel die Frauen das Fern-
sehprogramm positiver beurteilen als die Männer.

Wie bei allen Umfragen der letzten Jahre wurde mit Hilfe
verschiedener Fragen untersucht, welche Rolle das Fernsehen
für die Befriedigung der geistig-kulturellen Bedürfnisse
der Menschen spielt.

Auf die Frage "Welchem Zweck sollte das Fernsehen vorwiegend
dienen" antworteten:
(Es waren mehrere Antworten möglich.)

der Bildung	38,1 %
der Information	59,7 %
der Unterhaltung	80,4 %
ohne Angaben	2,1 %

Hervorzuheben ist, daß sich das Interesse an der Information durch das Fernsehen erhöht hat. Dies drückt sich darin aus, daß bei der Betriebsumfrage 1975 nur 53,5 % und bei der Betriebsumfrage 1974 54,1 % die Informationsgebung als vorwiegenden Zweck des Fernsehens ankreuzten. Außerdem drückt es sich darin aus, daß auf die Frage "Würden Sie uns bitte sagen, welche Bedeutung das Fernsehen der DDR in erster Linie für Sie persönlich hat" mit 69 % die meisten Befragten antworteten: "Ich kann mich über wichtige Ereignisse aus aller Welt in Wort und Bild informieren."

Hier steht die Antwort "Mir werden viele Möglichkeiten der Unterhaltung und Entspannung geboten" mit 58,8 % erst an zweiter Stelle.

Zu 2. - Antworten zur Aktuellen Kamera

Die Umfrage bestätigt eine weiterhin leicht steigende Tendenz der Sehbeteiligung an der Aktuellen Kamera. Auf die Frage "Sehen Sie die Aktuelle Kamera um 19.30 Uhr" antworteten

meistens	45,3 %
selten	46,7 %
nie	6,2 %
ohne Angaben	1,8 %

Wie bereits im Frühjahr 1975 wurde auch jetzt wieder
folgende Frage gestellt: "Wie reagieren Sie, wenn Ihnen
Sendungen des Fernsehens der DDR nicht gefallen ?"

Die Antworten:

	1976	1975
Ich sehe sie mir trotzdem an	8,4 %	6,6 %
Ich schalte einen anderen Sender ein	45,8 %	53,2 %
Ich schalte das Gerät ab	41,9 %	35,8 %
ohne Angaben	3,9 %	4,4 %

Aufschlußreich ist in diesem Zusammenhang noch die
soziale Gliederung bei der Antwort "Ich schalte einen
anderen Sender ein".

	1976
Arbeiter	51,5 %
Angestellte	37,9 %
LPG bzw. GPG-Mitglieder	55,7 %
PGH-Mitglieder	75,0 %
Intelligenz	31,5 %
Lehrlinge	59,0 %

Was meinen Sie, welchem Zweck sollten die Programme des Fernsehens der DDR vorwiegend dienen?
(Es waren mehrere Antworten möglich)

	I. Programm	II. Programm
	%	%
der Bildung	34,0	49,7
der Information	61,2	39,3
der Unterhaltung	88,2	48,7
ohne Angaben	3,7	17,7

4. Die jetzige Umfrage bringt uns zum ersten Mal eine umfassende
Übersicht, wie populär die einzelnen Sendetage einer Woche im
Zusammenhang mit deren ja im Prinzip gleichbleibenden Programmgestaltung sind. Danach steht an erster Stelle der Samstag mit
seinen Unterhaltungssendungen, wo 77 % der Befragten sagten, daß
sie dann oft sehen. Es folgt der Montag mit der Sendung "Für den
Filmfreund ausgewählt" mit 65,8 %. Auch der Freitag mit seinen Film-
serien liegt mit 61,6 % noch sehr hoch. Am schlimmsten schneiden
der Dienstag (33,2 %) mit seinen Fernsehspielen und -filmen sowie
der Donnerstag (35,8 %) mit Prisma, Objektiv und anschließenden
Fernsehfilmen ab. Hier müßten Überlegungen einsetzen, wie das geändert werden kann.

Problematisch ist auch der Sonntag, wo nur 48,5 % der Zuschauer
oft sehen. Dabei ist der Sonntag nach Ergebnissen verschiedener
Untersuchungen eigentlich der Tag mit besonders hoher Bereitschaft
zum Fernsehen (Ausgeruhtsein, keine Veranstaltungen usw.). Auch dies
müßte noch einmal durchdacht werden.

Institut für Meinungsforschung   **Streng vertraulich!**
beim ZK der SED

Berlin, den 24.10.1977
40 40 00 20
20 30 05

Bericht über eine Umfrage zu einigen Fragen von
Geselligkeit und Unterhaltung

<u>Basis:</u>   Die Umfrage wurde bei Werktätigen in
42 Betrieben und Institutionen der ver-
schiedenen Wirtschaftsbereiche in je einem
Kreis der Bezirke Cottbus, Dresden, Erfurt,
Halle und Rostock durchgeführt (siehe dazu
auch Vorbemerkungen, Seite 2).
Außerdem wurden in den gleichen Kreisen
Schüler der Klassen 10 bis 12 an Erweiterten
Oberschulen bzw. Studenten befragt.
Für die Auswertung standen zur Verfügung:
     - Werktätige   2.908 Fragebogen
     - Schüler und
       Studenten   450 Fragebogen

<u>Methode:</u>   Schriftliche Befragung
Mitglieder der Parteiorganisationen übergaben
die Fragebogen an die zu Befragenden und
sammelten sie nach dem Ausfüllen mit versiegelten Umfragetaschen wieder ein.

Zeitraum der
<u>Befragung:</u>   - bei Werktätigen   8.-18.August 1977
     - bei Schülern und
       Studenten   8.-16.September 1977

bestätigt durch

Lene Berg
Leiter des Instituts

<u>Verteiler:</u>

1. und 2. Exemplar: Genosse Lamberz
       3. Exemplar: Genosse Hager
       4. Exemplar: Genossin Ragwitz
5. und 6. Exemplar: Institut

- 1 -

Inhaltsverzeichnis

Die Detailergebnisse der beiden Umfragen, untergliedert nach

Kreisen
Geschlecht
Alter
Familienstand
Tätigkeit
Schulbildung
Wohnortgröße
Wirtschaftszweigen (nur bei der Umfrage unter Werktätigen)

werden - weil sehr umfangreich - nicht automatisch mitgeliefert.
Sie können von interessierten Bezugsberechtigten angefordert werden.·

II. Ergebnisse der Umfrage bei Werktätigen und bei
    Schülern und Studenten

Frage 1: In seiner Freizeit kann man sehr unterschied-
          lichen Neigungen nachgehen. Dabei spielen sicher
          gesellige und unterhaltende Veranstaltungen eine
          Rolle.
          Für welche F o r m e n von Geselligkeit und
          Unterhaltung interessieren Sie sich in Ihrer
          Freizeit - unabhängig von den vorhandenen
          Möglichkeiten?

          (Es waren mehrere Antworten möglich)

          Die Ergebnisse wurden nach der Rangfolge geordnet

	Werktätige %	Schüler und Studenten %
- Sehen von Unterhaltungs- sendungen im Fernsehen	77,4	55,8
- geselliges Beisammensein mit Freunden und Bekannten in Wohnung oder Garten	70,6	72,9
- Hören von Unterhaltungs- sendungen im Rundfunk	42,5	45,8
- Kinobesuch	41,7	82,0
- Besuch von Tanzverans- staltungen/Diskotheken	41,6	78,4
- Besuch von Volks-, Heimat-, Pressefesten	37,8	35,3
- Besuch von öffentlichen Unterhaltungsveranstaltungen	37,2	17,6
- Besuch von Sportver- anstaltungen	33,7	39,8
- geselliges Beisammensein in Gaststätten	31,9	31,3
- Besuch von Operetten- und Musicalaufführungen	27,1	27,6
- Besuch von Zirkus- und Varietévorstellungen	24,6	11,1
- Konzertbesuch	14,7	29,3
- Kabarettbesuch	12,9	23,1
- Besuch von Schauspiel- aufführungen	12,3	24,2
- Opern-, Ballettbesuch	12,2	15,6
- ohne Angaben	0,8	0,0

(siehe auch Diagramm, Anlage 1)

Frage 2: Wie schätzen Sie allgemein das A n g e b o t
an geselligen und unterhaltenden Veranstaltungen
in Ihrem Wohnort ein?

a) am Wochenende (von Freitagabend bis Sonntag):

	Werktätige %	Schüler und Studenten %
- ausreichend	13,3	16,4
- nicht ausreichend	65,1	71,1
- das kann ich nicht beurteilen	16,8	12,2
- ohne Angaben	4,8	0,3

b) an Werktagen:

- ausreichend	15,2	19,3
- nicht ausreichend	45,7	48,9
- das kann ich nicht beurteilen	29,3	30,9
- ohne Angaben	9,8	0,9

(siehe auch Diagramm, Anlage 2)

Frage 3: Wo können Sie in Ihrem Wohnort bzw. in der
näheren Umgebung gesellige und unterhaltende
Veranstaltungen besuchen?

(Es waren mehrere Antworten möglich)

Die Ergebnisse wurden nach der Rangfolge geordnet

	Werktätige %	Schüler und Studenten %
- Kino	57,3	85,3
- Gaststätte	50,0	60,4
- Theater	38,1	45,6
- Sportanlagen	34,5	49,8
- Naherholungszentren, Parks	31,8	32,9
- Diskothek/Tanzsaal	31,6	74,0
- Kultur- oder Klubhaus	29,9	54,4
- Kultur- oder Klubräume	8,6	16,4
- Jugendklub/Jugendzimmer	8,0	37,3
- es gibt andere Möglichkeiten	8,7	12,4
- es gibt keine Möglichkeiten	3,8	0,0
- ohne Angaben	9,1	2,0

Frage 4: Wie o f t etwa besuchen Sie gesellige und
unterhaltende Veranstaltungen?

	Werktätige %	Schüler und Studenten %
- mehrmals im Monat	13,4	45,8
- etwa monatlich einmal	18,8	29,6
- mehrmals im Jahr	39,0	21,6
- selten bzw. gar nicht	24,2	2,9
- ohne Angaben	4,6	0,1

(siehe auch Diagramm, Anlage 3)

Frage 5: W a n n besuchen Sie vor allem gesellige und
unterhaltende Veranstaltungen?

	Werktätige %	Schüler und Studenten %
- vor allem am Wochenende (von Freitagabend bis Sonntag)	79,6	92,7
- vor allem an Werktagen	5,0	6,2
- ohne Angaben	15,4	1,1

Frage 6: Wie oft gehen Sie zu T a n z v e r a n ‑ s t a l t u n g e n ?

	Werktätige %	Schüler und Studenten %
- mehrmals im Monat	9,1	37,3
- etwa monatlich einmal	11,4	25,8
- mehrmals im Jahr	35,3	27,6
- selten bzw. gar nicht	40,4	9,1
- ohne Angaben	3,8	0,2

Frage 7: Was sind für Sie die **w i c h t i g s t e n**
G r ü n d e für den Besuch geselliger und
unterhaltender Veranstaltungen?

(Es waren mehrere Antworten möglich)

Die Ergebnisse wurden nach der Rangfolge geordnet

	Werktätige %	Schüler und Studenten %
– weil ich daran Freude habe	53,1	77,8
– weil ich gern unter Menschen bin	41,8	60,7
– weil ich mich dabei mit anderen Menschen unterhalten kann	35,0	53,3
– weil es ein Ausgleich zu meiner beruflichen Tätigkeit ist	33,2	34,4
– weil es zum Leben dazugehört	28,2	22,9
– weil es zu einem harmonischen Familienleben beiträgt	26,4	6,0
– weil ich gern ausgehe	22,9	28,2
– weil es der Partner wünscht	6,9	2,7
– weil es zum guten Ton gehört	3,1	0,2
– andere Gründe	6,6	10,2
– ohne Angaben	5,2	0,4

(siehe auch Diagramm, Anlage 4)

- 9 -

Frage 8: Wenn Sie s e l t e n   o d e r   n i e zu
geselligen und unterhaltenden Veranstaltungen
gehen, worin liegen dafür die wichtigsten Gründe?

(Es waren mehrere Antworten möglich)

Die Ergebnisse wurden nach der Rangfolge geordnet

	Werktätige %	Schüler und Studenten %
- die Möglichkeiten dafür sind zu gering	36,0	20,0
- viele Veranstaltungen entsprechen nicht meinen Wünschen und Bedürfnissen	25,0	18,7
- weil ich Verpflichtungen in Haushalt und Familie habe	21,3	3,8
- ich habe andere Interessen	10,4	10,2
- durch Studium/Qualifizierung bleibt mir zu wenig Zeit dafür	3,2	24,0
- ohne Angaben	28,0	48,9

Frage 9: Was erwarten Sie allgemein von geselligen und
unterhaltenden Veranstaltungen?

(Es waren mehrere Antworten möglich)

Die Ergebnisse wurden nach der Rangfolge geordnet

	Werktätige %	Schüler und Studenten %
- Vergnügen, Spaß	61,5	81,1
- Entspannung, Zerstreuung	56,9	52,0
- Ausgleich zur beruflichen Tätigkeit	35,2	30,7
- Geselligkeit, Kontakte mit anderen Menschen	34,7	60,0
- Gespräche, Unterhaltungen, Gedankenaustausch	30,4	57,3
- künstlerischen Genuß	20,9	32,9
- Anregungen für die eigene Freizeitgestaltung	15,0	20,7
- eigenes Aktivwerden, Einbezogensein, nicht nur Zuschauer sein	8,0	22,7
- Begegnungen mit Künstlern	5,7	10,4
- ich habe keine besonderen Ansprüche und Erwartungen	3,9	0,4
- ohne Angaben	3,5	0,2

<u>Frage 10:</u> M i t   w e m   besuchen Sie   v o r w i e g e n d
gesellige und unterhaltende Veranstaltungen?
(Es waren mehrere Antworten möglich)
Die Ergebnisse wurden nach der Rangfolge geordnet

	Werktätige %	Schüler und Studenten %
- vorwiegend mit meinem Partner bzw. mit anderen Familienangehörigen	73,1	31,8
- vorwiegend mit Freunden und Bekannten	25,6	72,2
- vorwiegend mit Arbeits- kollegen	12,6	0,4
- allein	3,7	2,7
- ohne Angaben	3,7	0,0

Frage 11: Worauf legen Sie bei T a n z v e r a n -
s t a l t u n g e n besonderen Wert?
(Es waren mehrere Antworten möglich)
Die Ergebnisse wurden nach der Rangfolge geordnet

	Werktätige %	Schüler und Studenten %
- auf die gepflegte U m g e b u n g	66,0	63,3
- auf die gute g a s t r o n o m i s c h e Betreuung	61,2	46,4
- auf eine dem Anlaß entsprechende M u s i k	50,0	65,1
- auf die Qualität der D a r b i e t u n g e n	48,9	71,1
- auf andere Faktoren	2,8	7,6
- ohne Angaben	7,4	1,8

<u>Frage 12:</u> Was bevorzugen Sie bei Tanzveranstaltungen:

	Werktätige %	Schüler und Studenten %
- Musik von einem Orchester bzw. einer Kapelle/Gruppe	78,6	58,0
- Musik vom Tonband bzw. von Schallplatten	10,6	36,4
- ohne Angaben	10,8	5,6

<u>Frage 13:</u> Was meinen Sie, sollte es mehr Unterhaltungs-
sendungen bzw. -veranstaltungen geben, in denen
die Zuschauer bzw. Teilnehmer z u m M i t -
m a c h e n, M i t s p i e l e n, M i t -
r a t en angeregt oder aufgerufen werden?

	Werktätige %	Schüler und Studenten %
- ja	63,3	76,9
- nein	23,0	20,2
- ohne Angaben	13,7	2,9

238

- 14 -

Frage 14: Welcher Art waren die geselligen und unterhaltenden Veranstaltungen, die Sie 1977 mit
Ihrem A r b e i t s k o l l e k t i v be-
suchten?

(Es waren mehrere Antworten möglich)

Die Ergebnisse wurden nach der Rangfolge geordnet

	Werktätige %	Schüler und Studenten %
- Brigadefeier/Feier im Arbeitskollektiv	61,1	59,6
- Brigadefahrt/Exkursion	40,3	58,4
- Betriebsvergnügen	39,9	13,6
- Besuch von Sportver-anstaltungen	17,2	27,3
- Filmbesuch	14,0	58,2
- Museums- oder Aus-stellungsbesuch	11,0	37,3
- Besuch einer Unterhaltungs-veranstaltung	9,4	8,2
- Operetten-, Musicalbesuch	6,9	15,3
- Buchdiskussion	5,6	10,9
- Schauspielbesuch	5,0	32,2
- Konzertbesuch	3,0	17,1
- Opern-, Ballettbesuch	2,2	18,4
- andere Veranstaltungen	7,6	27,1
- wir haben 1977 im Kollektiv noch keine gesellige Ver-anstaltung besucht	11,5	1,6
- ohne Angaben	4,7	2,0

Frage 15: In welchem Kreis feiern Sie am liebsten?
(Es waren mehrere Antworten möglich)
Die Ergebnisse wurden nach der Rangfolge geordnet

	Werktätige %	Schüler und Studenten %
- mit Freunden und Bekannten	71,6	94,2
- im Kreis der Familie	70,1	42,7
- im Arbeitskollektiv	30,6	13,1
- in der Interessen- oder Sportgemeinschaft	7,8	17,1
- ohne Angaben	1,8	0,0

Frage 16: Was bevorzugen Sie, wenn Sie einen Abend mit Freunden und Bekannten verbringen möchten?

	Werktätige %	Schüler und Studenten %
- den Besuch einer Gaststätte	19,5	24,0
- den Besuch eines Kulturhauses bzw. einer anderen Kultureinrichtung	12,5	25,8
- wir bleiben zu Hause	58,5	43,3
- ohne Angaben	9,5	6,9

Frage 17: Wenn Sie sich Freunde und Bekannte einladen,
womit unterhalten Sie dann Ihre Gäste vorwiegend?

(Es waren mehrere Antworten möglich)

Die Ergebnisse wurden nach der Rangfolge geordnet

	Werktätige %	Schüler und Studenten %
- wir diskutieren miteinander	63,4	76,9
- wir hören Musik (Schallplatten, Tonband, Kassetten)	61,9	88,7
- wir sehen gemeinsam Fernsehsendungen	34,3	12,7
- wir tanzen	23,0	43,1
- wir machen Brett- oder Kartenspiele o.ä.	22,4	25,8
- wir sehen uns Lichtbilder/Schmalfilme an	15,7	15,3
- wir beschäftigen uns mit einem gemeinsamen Hobby	10,9	17,8
- wir singen gemeinsam	10,4	14,0
- wir hören Rundfunksendungen	10,1	6,9
- ohne Angaben	2,9	0,9

Frage 18: Auf welche Weise hören Sie vorwiegend Musik
a m W o c h e n e n d e (von Freitagabend
bis Sonntag)?

(Es waren mehrere Antworten möglich)

	Werktätige %	Schüler und Studenten %
– im Rundfunk	69,4	76,7
– im Fernsehen	61,8	32,7
– von Schallplatten	37,2	45,8
– vom Tonband	31,4	38,2
– von Kassetten	24,4	37,3
– im Konzert	4,3	8,9
– bei anderen Musik- veranstaltungen (z.B. Diskothek)	10,9	52,2
– ohne Angaben	1,9	0,2

Frage 19: Auf welche Weise hören Sie vorwiegend Musik
a n W e r k t a g e n ?

(Es waren mehrere Antworten möglich)

	Werktätige %	Schüler und Studenten %
– im Rundfunk	82,1	90,4
– im Fernsehen	46,2	18,0
– von Schallplatten	21,9	26,4
– vom Tonband	21,2	28,7
– von Kassetten	19,0	33,1
– im Konzert	1,6	5,1
– bei anderen Musik- veranstaltungen (z.B. Diskothek)	3,6	9,3
– ohne Angaben	2,9	0,2

Frage 20: Für welche Art von M u s i k interessieren
Sie sich besonders?

(Es waren mehrere Antworten möglich)

Die Ergebnisse wurden nach der Rangfolge geordnet

	Werktätige %	Schüler und Studenten %
- Schlagermusik	78,5	38,4
- Stimmungsmusik	56,5	31,3
- Blas- und Marschmusik	45,0	3,6
- Volksmusik	44,4	8,7
- Operette, Musical	44,3	31,6
- Beat	25,9	84,0
- Oper	15,0	11,3
- internationale Folklore	12,0	11,6
- Chansons	11,5	18,0
- politische Lieder, Lieder der Singebewegung	8,7	17,1
- sinfonische und Kammermusik	8,1	24,0
- Jazz	7,9	16,2
- ich interessiere mich nicht für Musik	0,3	0,2
- ohne Angaben	1,0	0,0

Frage 4: Wurden Sie Ihrer Meinung nach in die Vorbereitung
und Ausarbeitung des neuen Statuts Ihrer LPG genügend einbezogen?

	Pflanzenprod. %	Tierprod. %
- ja	58,9	48,6
- nein	31,0	39,6
- ohne Angaben	10,1	11,8

Auch bei dieser Frage zeigen sich in der Beantwortung bemerkenswerte Unterschiede zwischen den einzelnen Altersgruppen. Bei der
Antwort "ja" wurde folgende Verteilung beobachtet:

	Pflanzenprod. %	Tierprod. %
bis 24 Jahre	48,3	41,4
25 - 29 Jahre	53,6	39,2
30 - 39 Jahre	62,8	55,0
40 - 49 Jahre	63,1	50,5
50 - 59 Jahre	62,2	45,6
60 Jahre und älter	46,8	53,7

(siehe auch das Diagramm, Anlage 2)

Interessant sind weiterhin die Unterschiede bei der Antwort "ja"
zwischen den Befragten, die Mitglied bzw. Nichtmitglied der LPG
sind:

	Pflanzenprod. %	Tierprod. %
Mitglied der LPG	61,8	49,6
Nichtmitglied der LPG	43,8	36,7

Schließlich soll auch bei dieser Frage auf die großen Differen-
zen zwischen den Ergebnissen in den einzelnen LPG bei der Antwort
"ja" hingewiesen werden:

LPG Pflanzenproduktion	%
LPG Mackenrode	86,7
LPG Polkenberg	78,3
LPG Lüdersdorf	75,0
LPG Pretzsch	46,6
LPG Niederkaina	39,0
LPG Sarow	27,6

Fortsetzung der Frage nächste Seite

<u>Frage 8:</u> Wurden Sie in Ihrer LPG in die Vorbereitung und
Ausarbeitung der neuen Betriebsordnung genügend
einbezogen?

	Pflanzenprod. %	Tierprod. %
- ja	56,7	47,7
- nein	34,1	42,5
- ohne Angaben	9,2	9,8

Auch hier zum Vergleich die Ergebnisse für die Antwort <u>"ja"</u>
in den einzelnen Altersgruppen:

	Pflanzenprod. %	Tierprod. %
bis 24 Jahre	45,0	31,1
25 - 29 Jahre	38,0	45,1
30 - 39 Jahre	58,2	52,5
40 - 49 Jahre	65,3	47,8
50 - 59 Jahre	62,7	50,8
60 Jahre und älter	52,7	53,3

(siehe auch das Diagramm, Anlage 3)

Ebenso interessant sind bei dieser Frage die Meinungen der
Befragten, die Mitglied bzw. Nichtmitglied der LPG sind. Mit
<u>"ja"</u> antworteten:

	Pflanzenprod. %	Tierprod. %
Mitglieder der LPG	60,4	49,0
Nichtmitglieder der LPG	34,4	24,1

Fortsetzung der Frage nächste Seite

<u>Frage 12:</u> Es kommt vor, daß die Arbeitszeit nicht voll aus-
genutzt wird.
Was sind Ihrer Meinung nach dafür die wichtigsten
Gründe?
(Es waren mehrere Antworten möglich)
Die Antworten wurden nach der Rangfolge geordnet

	Pflanzenprod. %	Tierprod. %
- Stillstandszeiten durch fehlende Ersatzteile	72,6	nicht gefragt
- Fehler in der Leitungstätigkeit bzw. Mängel in der Arbeitsorganisation	23,6	22,9
- ungenügendes Verantwortungsbewußtsein einzelner Genossenschaftsbauern bzw. Arbeiter	21,8	26,6
- Lücken im Maschinensystem	11,6	nicht gefragt
- schlechte Arbeitsbedingungen	11,6	22,9
- zu viele Sitzungen und Beratungen während der Arbeitszeit	9,0	6,3
- fehlende Technik	nicht gefragt	32,0
- die Störanfälligkeit der Maschinen	nicht gefragt	26,6
- unzureichende Transportkapazität	nicht gefragt	17,4
- andere, hier nicht genannte Gründe	8,1	9,2
- darüber habe ich noch nicht nachgedacht	4,1	8,7
- ohne Angaben	11,1	12,3

<u>Frage 29:</u> Welche der folgenden Eigenschaften halten Sie für
einen Bürger der DDR für b e s o n d e r s wich-
tig?
(Es waren mehrere Antworten möglich)
Die Antworten wurden nach der Rangfolge geordnet

	Pflanzenprod. %	Tierprod. %
- Liebe zu seiner Heimat	67,7	66,3
- Erziehung der eigenen Kinder zu guten Staatsbürgern	62,8	60,3
- Kameradschaftlichkeit und Hilfsbereitschaft	57,1	61,5
- hohe Arbeitsmoral und Fleiß	55,7	60,9
- Freundschaft mit der Sowjetunion und den anderen sozialistischen Ländern	47,5	50,9
- hohes berufliches Können	45,8	50,4
- Stolz auf das bisher Erreichte	41,7	47,1
- allseitige Bildung	40,9	43,9
- Solidarität mit den Werktätigen aller Länder	40,6	43,9
- Verbundenheit mit der Arbeiterklasse und ihrer Partei	39,2	45,8
- Einsatz aller Kräfte und Fähigkeiten für sein sozialistisches Vaterland	35,9	39,1
- Verteidigung der DDR gegenüber allen Verleumdungen	33,5	37,2
- Bereitschaft zur militärischen Verteidigung der DDR	31,6	33,0
- Haß gegenüber dem Imperialismus	21,1	26,6
- andere, hier nicht genannte Eigenschaften	11,2	10,7
- ohne Angaben	3,0	3,3

<u>Frage 30:</u> Worauf kann Ihrer Meinung nach ein Bürger der
DDR b e s o n d e r s s t o l z sein?
(Es waren mehrere Antworten möglich)
Die Antworten wurden nach der Rangfolge geordnet

	Pflanzenprod. %	Tierprod. %
- daß er in einem Staat lebt, in dem für immer die Grundlagen für eine konsequente Friedenspolitik geschaffen wurden	63,2	63,1
- daß er in einem Staat lebt, in dem es soziale Sicherheit und Geborgenheit für jeden Bürger gibt	57,7	62,8
- daß er in einem Staat lebt, der große sportliche Erfolge erzielt	47,1	49,3
- daß er in einem Staat lebt, an dessen Aufbau und Erfolgen er selbst aktiv beteiligt war und ist	43,3	48,6
- daß er im ersten sozialistischen Staat auf deutschem Boden lebt	38,1	43,2
- daß er in einem Staat lebt, in dem die grundlegenden Menschenrechte verwirklicht sind	37,6	44,5
- daß er in einem Staat lebt, der international geachtet und geschätzt wird	36,3	42,2
- daß er in einem Staat lebt, in dem die Kultur hoch entwickelt ist und gefördert wird	34,0	39,3
- daß er in einem Staat lebt, in dem es einen stabilen wirtschaftlichen Aufschwung gibt	30,0	34,8
- dazu möchte ich mich nicht äußern	8,4	8,6
- ohne Angaben	6,7	3,7

Wenn Sie die gesellschaftlichen Verhältnisse in der DDR und in der BRD vergleichen, welchen gesellschaftlichen Verhältnissen würden Sie den Vorzug geben?

	1978		1977			1976	1975
	Pflanzen-prod. %	Tier-prod. %	LPG Pflan-zenprod. %	%	LPG mit KAP Tierprod. %	%	%
– den gesellschaftlichen Verhältnissen in der DDR	69,5	69,7	67,1	69,7	69,8	68,7	61,0
– den gesellschaftlichen Verhältnissen in der BRD	3,3	3,0	3,1	3,2	2,6	1,9	3,6
– das kann ich nicht beurteilen	18,3	17,2	22,4	19,0	19,0	23,3	23,0
– ohne Angaben	8,9	10,1	7,4	8,1	8,6	6,1	12,4

- 14 -

Frage 9: Viele Menschen ziehen Vergleiche zwischen den sozialistischen und kapitalistischen Ländern. Wenn Sie einen solchen Vergleich durchführen würden, auf welchem Gebiet sind Ihrer Meinung nach die sozialistischen oder kapitalistischen Länder überlegen?

	Wehrpflichtige %	Reservisten %	Bevölkerungs- querschnitt %	Betriebe %
- militärisch				
- sozialistische Länder überlegen	36,6	49,5	45,4	41,4
- kapitalistische Länder überlegen	3,4	2,4	1,7	2,4
- beide gleich	36,4	29,6	28,4	38,3
- das kann ich nicht beurteilen	20,1	16,0	21,6	13,3
- ohne Angaben	3,5	2,5	2,9	4,6

(siehe auch das Diagramm, Anlage 11)

	Wehrpflichtige %	Reservisten %	Bevölkerungs- querschnitt %	Betriebe %
- technisch				
- sozialistische Länder überlegen	15,9	17,3	18,0	12,0
- kapitalistische Länder überlegen	36,9	41,2	39,6	54,6
- beide gleich	29,2	25,5	24,3	18,5
- das kann ich nicht beurteilen	13,2	12,2	13,8	7,7
- ohne Angaben	4,8	3,8	4,3	7,2

(siehe auch das Diagramm, Anlage 11)

Fortsetzung der Frage nächste Seite

Noch Frage 9:

	Wehrpflichtige %	Reservisten %	Bevölkerungsquerschnitt %	Betriebe %
- wissenschaftlich				
- sozialistische Länder überlegen	30,1	31,2	36,4	25,6
- kapitalistische Länder überlegen	13,1	14,6	15,2	28,7
- beide gleich	37,3	34,7	30,5	27,0
- das kann ich nicht beurteilen	13,4	15,2	13,7	10,1
- ohne Angaben	6,1	4,3	4,2	8,6
(siehe auch das Diagramm, Anlage 12)				
- kulturell				
- sozialistische Länder überlegen	60,4	60,4	71,2	66,0
- kapitalistische Länder überlegen	11,9	15,4	6,4	7,5
- beide gleich	12,1	10,2	11,0	10,4
- das kann ich nicht beurteilen	10,2	10,0	7,0	7,4
- ohne Angaben	5,4	4,0	4,4	8,7
(siehe auch das Diagramm, Anlage 12)				

Fortsetzung der Frage nächste Seite

251

Noch Frage 91

	Wehrpflichtige %	Reservisten %	Bevölkerungs-querschnitt %	Betriebe %
- wirtschaftlich				
- sozialistische Länder überlegen	52,7	54,7	46,4	29,4
- kapitalistische Länder überlegen	20,1	23,3	29,3	45,5
- beide gleich	11,5	9,3	10,4	9,5
- das kann ich nicht beurteilen	10,1	8,8	9,5	6,8
- ohne Angaben	5,6	3,9	4,4	8,8

(siehe auch das Diagramm, Anlage 13)

	Wehrpflichtige %	Reservisten %	Bevölkerungs-querschnitt %	Betriebe %
- sozial				
- sozialistische Länder überlegen	89,2	92,2	91,0	84,0
- kapitalistische Länder überlegen	0,8	0,8	1,1	2,9
- beide gleich	1,3	0,6	1,8	3,5
- das kann ich nicht beurteilen	5,0	3,7	3,2	3,9
- ohne Angaben	3,7	2,7	2,9	5,7

(siehe auch das Diagramm, Anlage 13)

Frage 121: Wenn Sie die Politik der Regierung der BRD einschätzen, halten Sie es dann für erforderlich, die Verteidigungskraft der DDR zu erhöhen?

	Wehrpflichtige %	Reservisten %	Bevölkerungs- querschnitt %	Betriebe %
ja	48,9	57,8	51,0	40,7
nein	25,2	18,4	24,0	39,7
das kann ich nicht beurteilen	23,5	21,4	22,5	17,6
ohne Angaben	2,4	2,4	2,5	2,0

(siehe auch das Diagramm, Anlage 16)

Frage 16: Haben Sie an Freundschaftstreffen mit Sowjetsoldaten, die in der DDR stationiert sind, teilgenommen?

	Wehrpflichtige %	Bevölkerungs- querschnitt %	Betriebe %
- ja, einmal	16,7	16,3	18,0
- ja, mehrmals	10,6	19,1	19,8
- nein	72,2	63,0	61,1
- ohne Angaben	0,5	1,6	1,1

Frage 17: In der Regel erzählen Freunde, Bekannte oder Verwandte, die ihren Wehrdienst in der NVA beendet haben, über ihre Erlebnisse während der Armeezeit.
Welchen Eindruck haben Sie ganz allgemein aus diesen Erzählungen über die Wehrdienstzeit gewonnen?

	Wehrpflichtige %	Bevölkerungs- querschnitt %	Betriebe %
- es überwiegt das Positive	11,8	25,0	22,9
- Positives und Negatives halten sich etwa die Waage	53,4	44,8	49,5
- es überwiegt das Negative	22,8	9,9	13,4
- darüber kann ich nichts sagen	11,3	18,8	12,8
- ohne Angaben	0,7	1,5	1,4

Frage 31: Sie haben Ihre Dienstzeit in der NVA beendet. Würden Sie uns bitte sagen, was Ihnen diese Zeit persönlich gebracht hat?
(Es waren mehrere Antworten möglich)

	Reservisten %
- sie war insgesamt nützlich für meine Persönlichkeitsentwicklung	38,2
- in dieser Zeit bin ich politisch reifer geworden	29,6
- ich habe mir bestimmte fachliche Kenntnisse aneignen können, die ich für meinen Beruf gut gebrauchen kann	23,5
- ich habe vieles im Umgang mit anderen Menschen gelernt	50,2
- diese Zeit brachte mir viele persönliche Probleme und Sorgen	28,7
- ich hatte dadurch Nachteile in meiner beruflichen Entwicklung	10,2
- es war für mich insgesamt eine verlorene Zeit	16,9
- ohne Angaben	0,6